Friedrich Steinha

Walter Rehm

Gert Heidenreich

THOMAS GOTTSCHALK

Gert Heidenreich

THOMAS GOTTSCHALK

Die Biographie

Deutsche Verlags-Anstalt
München

Die Bildrechte der in den beiden Bildteilen abgedruckten Fotografien liegen bei den angegebenen Rechteinhabern und sind dort einzuholen.

Bibliographische Information Der Deutschen Bibliothek
Die Deutsche Bibliothek verzeichnet diese Publikation
in der Deutschen Nationalbibliographie;
detaillierte bibliographische Daten sind im Internet
über http://dnb.ddb.de abrufbar.

Typographie und Satz: DVA/Brigitte Müller
Gesetzt aus der Sabon
Reproduktionen: Die Repro GmbH, Ludwigsburg
Druck und Bindearbeit: Clausen & Bosse, Leck
Diese Ausgabe wurde auf chlor- und säurefrei gebleichtem,
alterungsbeständigem Papier gedruckt.
Printed in Germany
ISBN 3-421-05818-0

Nun, wenn ich ein Taugenichts bin, so will ich in die Welt gehen und mein Glück machen.

Joseph von Eichendorff
Aus dem Leben eines Taugenichts

Wenn ich der wäre, für den mich viele halten, könnte ich mit mir nichts anfangen.

Thomas Gottschalk
an seinem dreißigsten Geburtstag 1980[1]

Inhalt

1
Ein Russe in Kulmbach

Der Herbsttag in der Bierstadt Kulmbach ist sonnig und kühl. Über der Plassenburg, dem Roten Turm und dem nadelspitzen Schieferdach der evangelischen Kirche Sankt Petri schwebt ein barockblauer Himmel, und die Mauern der Altstadt glimmen im Erinnerungslicht des vergangenen Sommers. Noch ahnen die Bürger nicht, daß in ihrem romantischen Städtchen ein Talent heranwächst, das in nicht allzu ferner Zeit Schlagzeilen machen wird.

Vorerst gilt ihre Aufmerksamkeit einem jungen Mann, der in einem dunkelgrauen, knöchellangen Mantel und mit russischer Pelzmütze auf dem Kopf durch die Spitalgasse marschiert: sieht aus wie ein sowjetischer Soldat. Folglich ein Feind. Aber wie kommt er her, und was will er hier? Hat er sich aus der nahen DDR in die oberfränkische Kleinstadt abgesetzt?

An der persianergrauen Pelzkappe prangt vorn der rote Stern mit Lenin-Kopf. Darunter sind russischblonde Locken sichtbar. Hochaufgeschossen, in gerader Haltung und mit festem Stiefelschritt, wirft der Russe seinen Schatten in die Straßen, als wäre er hier zu Hause. Jetzt überquert er den Marktplatz, läuft ums Rathaus durch die Obere Stadt, biegt am Schießgraben rechts ab, geht am Gymnasium vorüber und steigt die Anhöhe hinauf. Oben an der katholischen Stadtpfarrkirche Zu Unserer Lieben Frau hält er kurz inne und blickt zum Heilingsschwertturm hinüber. Was plant er? Ist er ein leibhaftiger Sowjetischer oder der sowjetische Leibhaftige? Soll man die Bundeswehr oder den Pfarrer rufen? Von der Kirche aus sieht man ihn den Schießgraben hinuntermarschieren bis zur Langgasse und verliert ihn irgendwo vor dem Holzmarkt aus dem Blick.

Warum nur hat der Soldat ausgerechnet dieses harmlose Städtchen besetzt, wo der Weiße und der Rote Main sich zum Main vereinigen? Ist er wegen des hochprozentigen Kulmbacher Eisbocks in den Westen geflohen? Doch wie hat er das geschafft? Seit sechs Jahren steht in Berlin die Mauer, die Grenzen der DDR sind zwar noch nicht mit Todesstreifen und Selbstschußanlagen gesichert, aber befestigt. Wir sind mitten im Kalten Krieg, und nichts ist in der Bundesrepublik, in Bayern zumal, weniger selbstverständlich als ein sowjetischer Soldat, der in merkwürdig spitzen Stiefeln durch die Biermetropole Oberfrankens spaziert.

Die Zeiten sind im Umbruch. Im April des Jahres war Altkanzler Konrad Adenauer zu Grabe getragen worden. In Bonn regiert eine große Koalition aus CDU und SPD unter einem Kanzler Kiesinger, der drei Jahrzehnte zuvor noch eine niedrige NSDAP-Mitgliedsnummer hatte; in Berlin empfängt ein Bundespräsident namens Heinrich Lübke den iranischen Schah Reza Pahlewi nebst Gattin Farah Diba, und dessen mitgebrachte persische Folterknechte dürfen auf deutsche Bürger am Straßenrand einknüppeln. Der Student Benno Ohnesorg, der gegen die »Knüppelperser« demonstriert, wird von dem Berliner Polizisten Karl-Heinz Kurras in einen Hinterhof gedrängt und mit einem Kopfschuß getötet. Der Nachhall dieses Schusses wird bis Kulmbach zu hören sein.

Und was bewegt die Welt? In Vietnam tobt Amerikas Vernichtungskrieg gegen den Vietcong, der Präsident der USA, Lyndon Baines Johnson, kündigt an, »Nordvietnam in die Steinzeit zurückzubomben«. Aber die Jugend Amerikas will nicht länger auf dem Schlachtfeld geopfert werden. In ihrer Musik befreit sich das Leben zu einem neuen Gefühl. Eric Clapton, Jimi Hendrix, Bob Dylan, Frank Zappa, die Mothers of Invention und Cream artikulieren Protest und Freiheit, ihre Songs schwappen nach Europa über und liefern der Jugend hier den Sound und die Parolen für den Aufbruch in eine neue, andere Zeit. Eric Burdon & The Animals geben in ihrem Song *San Franciscan Nights* den Erfahrungen und dem Anspruch ihrer Generation Ausdruck: »Cop's face is filled with hate/Heavens above he's on a street called Love/ When will they ever learn?/Old cop, young cop feel alright/On a warm San Franciscan night/The children are cool/They don't raise fools/It's an American dream/Includes Indians too.«[2]

Wir schreiben das Jahr 1967, das Jahr, in dem Eintracht Braunschweig Deutscher Fußballmeister wurde und ein Russe durch Kulmbach ging...

Die Weltnachrichten haben das oberfränkische Ereignis nicht gewürdigt. Vielleicht, weil der Soldat unbewaffnet war. Aber das Rumoren in der Kleinstadt war unüberhörbar.

Was sollte man eigentlich noch alles ertragen!

Das »Yeah – yeah - yeah« der Beatles hatte schon ein Jahr zuvor über den bayerischen Andachtsjodler gesiegt: Die »Pilzköpfe« verkauften binnen drei Jahren 155 Millionen Schallplatten – dagegen nahmen sich die zwei Millionen des Musterknaben Heintje mit seinem Urschreischlager »Mama« beängstigend gering aus. Moralverfall, wohin man blickte.

Die Sexwelle überrollt die Republik. *Zur Sache, Schätzchen*, der geradezu unverschämt gutgelaunte Film von May Spils, wird 1967 alle Zuschauerrekorde brechen, die Dauerkarriere mittlerweile gereifter Schauspieldamen begründen und die Elterngeneration befürchten lassen, was bevorsteht: den Verlust aller Anstandsregeln, die Respektlosigkeit der Jugend gegenüber Autorität und Alter.

Noch ahnt man nicht, daß das Aufbegehren der Jungen gegen die Welt der schweigenden Wiederaufbaueltern schon bald in eine Revolte umschlägt, nach der das Nachkriegsdeutschland nicht mehr wiederzuerkennen sein wird. An dem studentischen Kampf gegen den »Muff aus tausend Jahren unter den Talaren« wird sich übrigens der Kulmbacher Russe nicht bemerkenswert beteiligen.

Vorerst aber hält das deutsche Wohnzimmer samt Gummibaum stand: Am 25. August 1967 startet Außenminister und Vizekanzler Willy Brandt in Westberlin mit einem Druck auf den roten Knopf das Farbfernsehen in der Bundesrepublik. Das Abendprogramm beginnt mit einer Live-Show: Herr Vico Oxens, der sich Vico Torriani nennt, präsentiert den »Goldenen Schuß«. Mit von der Partie: Manuela, die nach ihrem Hit »Schuld war nur der Bossa Nova« nun nachlegt mit »Monsieur Dupont«. Hier ist die deutsche Schlagerwelt nicht nur in Ordnung, sondern nun auch noch bunt wie Brausepulver.

Doch den Kulmbacher Russen interessiert der singende Showmaster und Schmalztenor Vico Torriani nicht, und Mamas kleinen Heintje findet er zum Speien. Fernsehen, sei es bunt oder schwarzweiß, ist ihm was für alte Herrschaften. Von Kommunismus gar ist in seinem Kopf keine Spur zu finden.

Er revoluzzt nicht auf der Straße, sondern provoziert durch Modenschau unter freiem Himmel: Lenin vor der Stirn, aber dahinter rockt die neue Musik, die der alten Gesellschaft Beine machen wird. Unter der Russenmütze summt er nicht den Chor der verdienten Werktätigen, sondern die gerade erschienene Beatles-LP *Sgt. Pepper's Lonely Hearts Club Band*. Sein Lebensgefühl wird nicht bestimmt von »internationaler Solidarität«, sondern von den Rolling Stones – »I can't get no satisfaction« –, von den Hollies, von The Who: »People try to put us down/just because we get around/things they do look awful cold/I hope I die before I get old!«

Mit dem Altwerden kann er sich trotz der klappernden Reime der Hollies noch Zeit lassen, der Kulmbacher »Sowjetsoldat«. Er ist gerade mal siebzehn ... und ein fanatischer Radio-Fan: Nachts um halb elf stellt er Radio Luxemburg ein. Die einzige feste Größe in seinem Tageslauf – ganz gleich, ob er frisch verliebt ist, eine Lateinarbeit versiebt hat oder ein Mädchen ihm den Laufpaß gab – ist der Plattenplauderer Tony Prince in RTL. Schon dessen Sendungsauftakt gleicht dem Eintritt in eine andere Welt fern von Kulmbach: »Here comes the prince, here commmes the prinnnce ... Touuuunie Prinnnnce!«

Man stelle sich die Erleichterung der Kulmbacher vor, als sie herausfinden, daß der junge Mann unter der Pelzmütze mit Lenin-

Medaille einer der Ihren ist und aus gutem, wenn auch katholischem Elternhaus stammt: In der feindlichen Kostümierung geht das älteste der Gottschalk-Kinder einher. Thomas, aufgewachsen in einem schlichten Haus neben dem Weißen Main, in der Sutte 11, jetzt wohnhaft mit zwei Geschwistern und der verwitweten Mutter, Rutila Gottschalk, im »Haus Sieben Eichen« am Galgenberg. Ein mäßiger, mit flirrender Phantasie begabter Schüler des humanistischen Markgraf-Georg-Friedrich-Gymnasiums. Ein guter Sohn, hilfsbereit, heimlich anarchisch, mit einem leichten Hang zu Eulenspiegeleien und ausgeprägter Lust an schrillem Outfit. Sie wird ihm bleiben.

War die Verkleidungslust vielleicht der Grund dafür, daß schon der Knabe sonntags engelgleich und bis zu den Füßen behemdet als Ministrant neben dem Altar stand, bei Hochzeiten wie bei Begräbnissen? Der lange Spitzenkittel über kurzen Lederhosen: eine Mischung aus Kirchentreue und Kostümierung? War er, anders als sein biblischer Namensvetter, ein gläubiger Thomas? Wir werden sehen.

Noch als Fünfzigjähriger wird er sagen: »Ich kann den Stoff immer noch spüren, das Ministrantengewand an den nackten Knien, als wär's heute.«[3] So fühlte er sich als kleiner Junge in der modernen Hedwigskirche, die nur fünfzig Meter vom späteren Elternhaus am Galgenberg entfernt stand, so in der Stadtpfarrkirche Zu Unserer Lieben Frau, die sich nicht weit vom Gymnasium auf einer Anhöhe über die Altstadt erhebt. In ihrem schlichten neugotischen Bau wird er übers Abitur hinaus noch als Student ministrieren.

Vor wenigen Monaten hat der Russe von Kulmbach die erste Chance, ein deutscher Star zu werden, knapp verpaßt. Sein älterer Freund Rainer B., der in der Jugendredaktion der *Bayerischen Rundschau* tätig ist, hat ohne Wissen des Jüngeren dessen Foto an die Zeitschrift *Bravo* gesandt, die zu ihrem Bravogirl einen Bravoboy sucht. Thomas gerät in die Auswahl der letzten fünf Kandidaten und soll sich in München vorstellen. Aber wie dorthin kommen, ohne Geld, ohne Auto? Der Redakteur, Rainer B., verspricht, ihn mit dem Wagen abzuholen. Thomas wartet, hat ein Köfferchen gepackt und ist entsetzlich aufgeregt. Springt dauernd auf und öffnet die Milchglastür zur Vordertreppe. Dem Bruder Christoph, drei Jahre jünger, aber schon ebenso groß wie Thomas, wird die Sache zu bunt. Er verkleidet sich mit Hut und Mantel, schleicht sich hinten aus dem Haus und klingelt vorn an der Tür. Thomas springt auf, sieht durch das Glas der Tür die Silhouette eines Mannes, öffnet freudig – und vor ihm steht der schallend lachende Bruder, der höhnisch den Hut lüftet. »Hallo, Bravoboy!«

Obwohl Rainer B. doch noch kommt, wird es nichts mit dem Titelblatt der Jugendgazette: Thomas unterliegt in der Münchener Ausscheidung und muß sich in Kulmbach der Schadenfreude stellen – in der *Bayerischen Rundschau* hatte ja schon gestanden: »Junger Kulmbacher in enger Wahl für Bravoboy!«

Dieselbe Zeitung wird drei Jahre später melden: »Junger Kulmbacher soll Discjockey beim Bayerischen Rundfunk werden!« und wieder Thomas Gottschalk damit meinen. Diesmal wird der Redakteur recht behalten und damit unwissentlich die größte Entertainer-Karriere des deutschen Fernsehens angekündigt haben.

Es war ein weiter Weg, der die Gottschalks von Ober- und Niederschlesien nach Oberfranken führte, und ein, zumindest geographisch, noch weiterer, den der älteste Sohn Thomas gehen wird: vom heimeligen Kulmbach in Bayern nach Malibu in Kalifornien, wo Hollywoods Prominente wohnen.

Von der Sutte 11 am Main-Mühlkanal zur großen Windmühle unter kalifornischer Sonne, in Spazierentfernung vom Gestade des Pazifiks. Das holländisch anmutende, ursprünglich aber britische Baudenkmal überragt Gottschalks paradiesische, gar nicht amerikanische Lebenswelt: ein weitläufiges englisches Fachwerkensemble mit Turm und Teich, Gästehaus, Pool, Tennis-Court und barockem Lustgarten, durch den zwei kälbergroße Hunde traben.

Im hochromantisch ausstaffierten Interieur des vielfach gegliederten Wohnhauses nehmen sich drei Fellschönheiten von kostbarer Katzenart auf dem Billardtisch oder auf einem der großen Sofas sehr dekorativ aus. Gemälde zieren die Wände, Fotos des Hausherren mit prominenten Gästen, von Barbra Streisand bis zu Bill Clinton. Der wertvollste Wandschmuck, neben dem Treppenaufgang zur Galerie: das handschriftliche Original des Gedichts »Der Panther« von Rainer Maria Rilke, ein Geschenk des Filmproduzenten und Sammlers Horst Wendlandt.

Der Vorbesitzer des Anwesens, ein spleeniger Engländer, hat ein Badezimmer von Coco Chanel einbauen lassen; das Schlafzimmer stammt vermutlich von Sarah Bernhardt, und einige Türen gehörten einst in den Orientexpreß. Ungewöhnlich für Amerika: alles ist echt, der schwarze und weiße Marmor im Bad, die Holzintarsien im Schlafzimmer; viel altes Europa vereinigt sich hier zur gediegenen Ruhe eines Herrenhauses.

Hier lauern dem Hausherrn keine Autogrammjäger oder Paparazzi auf. Hier spielt er ausschließlich die Rolle, die ihm unter allen die liebste ist: Familienvater. Seine humanistische Schulbildung läßt ihn gern mit dem alten Genitiv formulieren: *pater familias*.

Dabei gehörte es keineswegs zu seiner jugendlichen Lebensvorstellung, eine Familie zu haben. Wer den Siebzehnjährigen, der 1967 als Sowjetsoldat kostümiert der Kreisstadt Kulmbach politische Alpträume bescherte, fragte, was einmal aus ihm werden solle, erhielt – und zwar so schnell, daß kein Zweifel daran zulässig war – die Antwort: »Priester. Ich werd' einmal ein Priester.«

Wie wir wissen, hat er sich geirrt.

2

Wie alles anfing

Am 18. Mai 1950 bringt Rutila Gottschalk, geborene Kossorz, im Alter von neunundzwanzig Jahren in der privaten Frauenklinik von Professor Lüttge in Bamberg ihr erstes Kind, einen Knaben, zur Welt, der wenig später auf den Namen Thomas Johannes getauft werden wird.

Den zweiten Namen verdankt er seinem Patenonkel Johannes Seifert, einem Priester und Religionslehrer in Kronach, der ein enger Freund des Vaters war. Den ersten hat er – so steht es im Familienalbum gleich hinter der Geburtsanzeige – von Thomas Morus, der eigentlich More hieß und als Sohn eines Richters fünfhundert Jahre vor Thomas Gottschalk in London geboren wurde. Warum die Gottschalks ihrem Sproß den Namen des berühmten und unbestechlichen Lordkanzlers, Staatsdenkers und Diplomaten am Hof Heinrichs VIII. gaben, wird der Vater dem Sohn Jahre später erklären. Er hoffte wohl, daß sich die geistige Unbeugsamkeit seines Namensgebers auf Thomas übertragen würde. Sie war allerdings auch der Grund dafur, daß Morus wegen Hochverrats in den Tower gesperrt und am 6. Juli 1535 hingerichtet wurde.

Der neugeborene Thomas bringt 4000 Gramm auf die Wage, ist 54 Zentimeter lang, gefällt dem Vater außerordentlich und soll kräftig geschrieen haben.

Über Bamberg tobt zur Stunde der Geburt, 16 Uhr 45, ein heftiges Gewitter, es hagelt, Blitze schlagen nahe der Klinik ein. Den Eltern scheint bedeutsamer zu sein, daß ihr Sohn an einem Feiertag das Licht der Welt erblickt: Christi Himmelfahrt. Ein hübsches, kräftiges Kind. Ihm war nicht in die Wiege gelegt, daß ihn ein halbes Jahrhundert später 51 Prozent der Deutschen zwischen achtzehn und fünfundvierzig Jahren für bedeutender halten werden als Johann Wolfgang Goethe.

Bemerkenswert an seiner Geburt war zunächst lediglich die Tatsache, daß der Vater des Kindes, der Rechtsanwalt Hans Gottschalk, damals achtundvierzig Jahre alt, bei der Geburt zugegen war und dafür die Zustimmung des Arztes und seiner niederkommenden Frau erhalten hatte.

Das war 1950 in der Bundesrepublik Deutschland eine unerhörte Entscheidung, für die alle Beteiligten gegen den spießigprüden Geist der Zeit verstoßen mußten. Kein Wunder, daß der Vater die Geburt aus der Kulmbacher Neugier in die Bamberger Distanz verlegte. Schließlich hatte ein »richtiger Mann« seinerzeit im Kreißsaal nichts zu suchen, sondern ketterauchend und händeringend im Gang vor Milchglastüren auf und ab zu laufen, während sein Rosenstrauß auf der Wartebank welkte, und darauf zu harren, daß die Hebamme mit dem bereits gewaschenen und bekleideten Sproß in den Armen auf ihn zutrat.

Hans Gottschalk sah das anders. Er wollte seine Frau bei der Geburt begleiten, ihre Hand halten und das Kind sofort in die Arme nehmen.

Er muß in vielem außergewöhnlich gewesen sein, dieser Hans Gottschalk. Wenn seine Kinder von ihm sprechen, entsteht das Bild eines ruhigen, prinzipienfesten Mannes, der ihnen das Gefühl von Lebenssicherheit vermittelte. Die Erinnerungen an den Vater kreisen um die Begriffe Vertrauen, Verläßlichkeit, Fürsorge.

Es sind tastende Vergewisserungen, Bilder hinter Schleiern: das Sonntagsfrühstück, an dem es nicht wie die Woche über Haferflockensuppe gab. Hans Gottschalk pflegte zu sagen: »Die Pferde kriegen vom Hafer ein glattes Fell, er ist auch für die Kinder gut.« An den Sonntagen galt das nicht. Nach der Kirche nahm der Vater seine Kinder zum Sonntagsspaziergang mit, meist lief er mit ihnen zum Spielplatz, während die Mutter zu Hause das Mittagessen zubereitete. Dann kamen sie mit verdreckten Sonntagskleidern zurück, Mutter Gottschalk mußte sie unter die Dusche stecken. Nach dem Essen rauchte der Vater eine Zigarre, und Thomas wartete mit dem Aschenbecher in der Hand, bis er zum Sessel laufen und die Asche abstreifen durfte. Ein Privileg. Unter der Woche gab es zwischen den kleinen Geschwistern Streit darum, wer dem Vater die Hausschuhe bringen durfte, wenn der nach dem Tag in der Anwaltskanzlei heimkam. Bilder aus einer sehr fernen Zeit, in der die Rollen von Eltern und Kindern noch dem Geschmack des neunzehnten Jahrhunderts entsprachen und kaum in Frage gestellt waren.

Der frühe Tod hat den Vater in Thomas als Kindheitserinnerung festgelegt. Hans Gottschalk starb 1964, als Thomas vierzehn Jahre alt war.

Heute selbst *pater familias*, erzählt Thomas von den Vorzügen des Vaters. Im Rückblick vermeidet der Sohn jede Sentimentalität. Er habe »kein Trauma« davongetragen. Für einen Moment verläßt die Heiterkeit das Gesicht, und der Blick sucht nach Bildern des Vaters, so wie er ihn als Vierzehnjähriger im Gedächtnis bewahrt hat. Gesetzt sei er gewesen, korpulent, aber nicht dick, von großer innerer Ruhe. Ein honoriger, in der Stadt geachteter Mann – vor allem aber ein stets besorgter Vater, ein Lebenshelfer, den Thomas sich aus Erinnerungsbruchstücken vergegenwärtigt.

In den entscheidenden Jahren der Pubertät mußte er ohne ihn auskommen. Keine Urteile, keine väterliche Bestätigung, keine Kritik mehr. Die Anerkennung von Leistungen, das Einverständnis mit dem Werdegang des Sohns – sie gab es nicht. Die allfällige Streitphase zwischen den Generationen ist unterblieben. Vielleicht hätte Thomas auch gar nicht revoltiert, weil er andere, närrische Formen des Widerstands gefunden hatte.

Hans Gottschalk war einer jener Männer, die nach dem Krieg sofort Verantwortung für einen Staat tragen sollten, in den sie nicht hineingewachsen waren. Denen eine selbstgewisse Bürgerlichkeit mitten im Chaos des Nachkriegs als einziges Lebensangebot offenstand. Die meisten waren dafür eigentlich noch zu jung und neigten nach der Todesnähe des Kriegs eher dazu, das Leben um jeden Preis auszukosten. Die Älteren verkleideten sich als Zuversichtler, krempelten die Ärmel auf, schickten die Frauen, die das Chaos bewältigt und das Überleben organisiert hatten, zurück in die Küche und verscharrten die Kriegsbilder in ihren Alpträumen.

Auch da gehörte Hans Gottschalk zu den Ausnahmen von der Regel. Bei Kriegsende war er bereits dreiundvierzig Jahre alt. Er hatte noch in der Weimarer Republik und unter ihrer demokratischen Verfassung seine juristische Ausbildung gemacht und seine berufliche Laufbahn begonnen. In Kulmbach mußte er seine Kanzlei neu aufbauen. Er wußte, daß eine demokratische Gesellschaft vor allem Rechtssicherheit brauchte, und wurde Anwalt in allen Fragen des Rechts, Zivilrecht und Strafsachen. Bald war er ein gefragter Strafverteidiger am Landgericht Bayreuth und am Oberlandesgericht Bamberg, vergrößerte die Kanzlei, sparte für ein Grundstück, zweitausend Quadratmeter mit sieben alten Eichen, am Galgenberg vor den Toren der Altstadt. Seiner Familie ein Dach überm Kopf sichern: Anders konnte er nicht vorsorgen, seinerzeit gab es noch keine ständische Alterssicherung für Rechtsanwälte.

Am ersten Schultag seines Ältesten nahm Hans Gottschalk sich in der Anwaltskanzlei frei und ging mit dem Kind den Schulweg ab, zeigte ihm, wie die Straße zu überqueren sei, nicht schräg!, erst links, dann rechts sehen!, die Geschwindigkeit der Fahrzeuge einschätzen! Der Vater als Schülerlotse – obwohl es in Kulmbach in den Fünfzigern nicht viel Verkehr gegeben haben wird.

Hans Gottschalk hatte im Krieg Pkws und Lastwagen gesteuert, besaß aber keinen Führerschein. Im Frieden und nachdem die Familie ins neue Domizil »Haus Sieben Eichen« umgezogen war, fuhr er auf seinem Fahrrad, Marke Stürmer, zur Kanzlei in die Langgasse 6, ein schönes Bürgerhaus aus dem neunzehnten Jahrhundert, das in den fortschrittlichen siebziger Jahren einem Woolworth-Betonklotz geopfert wurde.

Man sah den Rechtsanwalt Gottschalk vom Galgenberg durch die Pestalozzistraße zum Holzmarkt und in die Langgasse radeln, stets comme il faut, an Regentagen in einen Kleppermantel gewandet, die Hosenbeine mit einer Eisenklammer nach außen festgesteckt, damit sie nicht in die Kette gerieten. An den Erwerb eines Autos war nicht zu denken. Der erste Wagen in der Familie wird eine gebrauchte BMW Isetta sein, die Thomas 1969 für selbstverdiente zweihundertfünfzig Mark erwirbt.

Hans Gottschalk wurde in den Kirchenvorstand und für die CSU in den Kulmbacher Stadtrat gewählt und war in einigen bürgerlichen Vereinigungen Mitglied. So auch im CV, dem Cartellverband Katholischer Studierender, dem sein Sohn Thomas 1971 ebenfalls beitreten wird, einem Zusammenschluß Farben tragender, nichtschlagender katholischer Studentenverbindungen, der, vor allem in Bayern, viele Mitglieder in Schlüsselpositionen der Medien und der Politik verzeichnet. Die Gottschalks gehörten also zu den besseren Kreisen in Kulmbach, zum Establishment.

Selbstverständlich war diese Akzeptanz durch die Kulmbacher Bürgerschaft ganz und gar nicht. Rutila und Hans waren ja keine Einheimischen, sondern als Flüchtlinge in die Stadt gekommen, wie so viele andere aus dem Osten.

Allein aus Schlesien waren am Ende des Zweiten Weltkriegs 3,2 Millionen Menschen geflohen. Bayern hatte das größte Kontingent, 1,7 Millionen, an Vertriebenen und Flüchtlingen aufzunehmen. Für jene, die zumeist aus dem nahen Auffanglager Hof nach Kulmbach kamen, und für die Alteingesessenen war das Zusammenleben in der vorwiegend evangelischen, sozialdemokratisch bestimmten Stadt anfangs nicht einfach. Kulmbach hatte bis zum Beginn des neunzehnten Jahrhunderts noch zu Preußen, folglich zum Protestantismus gehört.

Seit 1945 verschob sich das Verhältnis der Konfessionen. Viele der Flüchtlinge aus dem Osten, wie auch das Ehepaar Gottschalk, waren katholisch und wurden nicht gerade begeistert willkommen geheißen. Ein Freund Gottschalks, gleichfalls Schlesier und als Arzt in Bayreuth niedergelassen, riet von Kulmbach ab: »Vergiß es! Da kriegst du als katholischer Flüchtling kein Bein auf den Boden.« Eine Wohnung mit Anwaltskanzlei zu suchen galt zudem in jenen Jahren der Zwangsbewirtschaftung von Wohnraum als aussichtslos.

Es kam anders. Die Rotkreuzschwester Rutila Gottschalk erfuhr, daß ein Arzt seine Praxis aufgeben wollte, und bekam 1949 dessen Räume zugesprochen: Sutte 11, eine ungewöhnlich große Etage, vier Zimmer für die zu gründende Anwaltskanzlei, dazu Wohnzimmer, Elternschlafzimmer, sogar ein Kinderzimmer für den geplanten Familienzuwachs.

Wenn ein Lastwagen die Mainkanalbrücke überquerte, an der das Haus lag, schien er zwar mitten durchs Schlafzimmer zu rumpeln, aber man hatte ein Dach überm Kopf. Anfangs ging es ums schlichte Überleben, und Hans Gottschalk radelte so wie viele andere zu den Bauern ins Umland, um Lebensmittel zu organisieren. Sehr bald aber konnte er beruflich Fuß fassen.

Der Wiederaufbau brachte einen starken Bedarf an zivilrechtlichen Entscheidungen mit sich. Und mit der Arbeit in der Kanzlei wuchs die gesellschaftliche Anerkennung. Sie war Hans Gottschalks seriösem, ruhigem und kompetentem Auftreten sowie seiner unbedingten Verläßlichkeit zu danken. Er konnte sich gut einfügen, sah in der Bescheidenheit eine Zier und im Hochmut eine Schwäche. Jede Art Dünkel war ihm fremd.

Als einmal eine etwas hochnäsige Dame in seiner Gegenwart sagte, sie lasse ihren Sohn nicht in ein bestimmtes Café gehen, weil dort Schuhverkäuferinnen verkehrten, entgegnete der Anwalt: »Meiner kann dahin, wenn er größer ist. Ich lebe von diesen Schuhverkäuferinnen, gnädige Frau.«

Seinem Sohn gibt er die Regel mit, daß Hackordnung und Überheblichkeit primitiv seien. Noch heute ist der Reflex in Thomas lebendig: fällt dem Nachbarn etwas hinunter, er bückt sich; müht sich eine Dame mit ihrem Koffer, er springt hinzu.

Nun gehörten solche Verhaltensweisen damals allgemein zu den Erziehungszielen. Hilfsbereitschaft war nahezu üblich. Weniger üblich war es, sich um die Gefühlslage der Kinder zu kümmern. Die Erziehung war streng, Ohrfeigen galten als unvermeidlich, den Lehrern stand die Prügelstrafe zur Verfügung, die erst 1971 verboten wurde. Elternzeitschriften und damit die breite Diskussion der Kindererziehung kamen erst in der Folge der 68er-Revolte Anfang der siebziger Jahre auf. Rutila und Hans Gottschalk behandelten ihre Kinder bereits in den Fünfzigern mit geradezu pädagogischer Fürsorge: Der Sohn wurde von Husten geplagt. Die Ärzte stellten Asthma fest, allergisches Asthma. Eine Kur wurde nötig, vier Wochen in Bad Reichenhall.

Aber würde der Junge diese lange Trennung von zu Hause gut überstehen? Würde das Asthma sich durch die Trennung möglicherweise verschlimmern? Da halfen keine Spekulationen, da half nur ein praktischer Test. Und so ließen sie das Kind üben: ein verlängertes Wochenende wurde Thomas probeweise in die Kinderheilstätte am nahen Rehberg geschickt. Er war gleichsam in der Stadt, aber nicht zu Hause. Drei Tage ohne Eltern. Er bestand den Test, und die anschließende Kur in Reichenhall brachte den gewünschten Erfolg.

Erinnerungen an seine behütete Kindheit, die ihm gegenwärtig und mit Bildern vom Vater verbunden sind.

Wie der ihm das Schwimmen beibrachte. Mit sicheren Anweisungen, gelassen, nicht kumpelhaft. Fußball hat er freilich nie mit ihm gespielt. Hans Gottschalk war, was man einen alten Vater nannte – schon vierundfünfzig, als Thomas eingeschult wurde. Ein würdiger Herr, der beim Gregorifest mit den Stadträten in einer Kutsche fuhr, den kleinen Sohn auf den Knien. Und Thomas winkte seiner Mutter Rutila zu, die unter den Schaulustigen auf dem Bürgersteig stand.

In dieses bürgerlich-kleinstädtische Milieu wurde Thomas frühzeitig eingeführt, was hieß, daß er die Eltern zu gesellschaftlichen Anlässen begleiten durfte.

Zweimal übte er dabei, nichtsahnend, für die spätere Karriere: Bei einer Tanzveranstaltung wollte der Knirps unbedingt zu dem Trio jenseits der Tanzfläche und dort – einmal bloß! – am Kontrabaß zupfen. Ein weiter Weg übers Parkett durchs Spalier der Blicke. Er traute sich nicht, fragte den Papa.

Der führte ihn nicht etwa an der Hand zu den Musikern, sondern sagte: »Selbstverständlich kannst du hingehen. Sagst, du bist der Sohn vom Rechtsanwalt Gottschalk und willst am Baß zupfen, na wird er dich schon lassen.« Derart seelisch ermuntert, überquerte der kleine Thomas die weite Tanzfläche, tat, was der Vater gesagt hatte, zupfte am Baß und kehrte nach glücklichem Gelingen in die väterliche Sicherheit zurück. Probe bestanden. Kein Parkett würde ihn je wieder ängstigen.

Anlaß zum zweiten Auftritt war die Schlesier-Weihnachtsfeier in Kulmbach. Ein höchst sentimentaler Spätnachmittag, denn das Christfest, damals noch nicht kommerzialisiert, war für die Flüchtlinge Gelegenheit, ihrer verlorenen Heimat zu gedenken.

Thomas kannte Schlesien nur von den vergilbten Stichen zu Hause an der Wand. Das Breslauer Rathaus, Renaissance, der Oppelner Dom, spätgotisch. Für die Eltern zerbombte Gegenwart, für das Kind märchenweit entfernt. Noch als Fünfzigjähriger wird er sich von seiner Mutter vorwerfen lassen müssen, daß er Los Angeles in Kalifornien besser kenne als Breslau in Schlesien.

Beim Weihnachtsfest in Kulmbach seinerzeit sollte er ein Gedicht aufsagen – nicht irgendeines, nein, das schlesische Weihnachtsgedicht schlechthin: Joseph von Eichendorffs »Weihnachten«.

Markt und Straßen stehn verlassen/Still erleuchtet jedes Haus
Sinnend geh ich durch die Gassen/Alles sieht so festlich aus...

Im Gegensatz zu den Vortragenden fanden die Zuhörer es meistens süß, wenn die Kleinen nicht weiterwußten. Dann wurde heiserlaut eingeflüstert, mit stummer Lippensprache grimassiert. Aber noch stockte Thomas nicht.

An den Fenstern haben Frauen/Buntes Spielzeug fromm geschmückt/Tausend Kindlein stehn und schauen/Sind so wundervoll beglückt.

Da verließen sie ihn. Der Vater half nicht weiter im Text, er nickte nur beruhigend, als wollte er sagen: »Kommt schon wieder, keine Sorge«, und tatsächlich fiel dem Sohn der Rest des Gedichtes ein:

Und ich wandre aus den Mauern/Bis hinaus ins freie Feld/
Hehres Glänzen, heilges Schauern!/Wie so weit und still die Welt!
Sterne hoch die Kreise schlingen/Aus des Schnees Einsamkeit/
Steigt's wie wunderbares Singen – O du gnadenreiche Zeit!

Geschafft, Applaus, Diener, zurück zu den Eltern. »O du gnadenreiche Zeit...« Von nun an nie mehr das Gefühl: das trau ich mich nicht. Fünfundzwanzig Jahre später bereits wird es heißen: Sendung geschafft, Applaus, Verbeugung, zurück in die Garderobe.

Wiederum zwanzig Jahre darauf wird der Entertainer über ebenjenen Joseph von Eichendorff eine Rede halten: im nun polnischen Lubowitz bei Ratibor, der schlesischen Heimat des Dichters. Ein von manch Anwesendem als durchaus zu locker empfundener Auftritt zur Einweihung des neuen Eichendorff-Denkmals, das freilich überhaupt erst ermöglicht wurde durch eine reiche Spende des deutschen Festredners. Er entdeckte seine schlesischen Wurzeln und würdigte den romantischen Dichter auf Entertainerart. Dessen Weihnachtsgedicht kann er bis heute auswendig. Aber daß »der Dichter das Herz der Welt« sei, wie Eichendorff meinte, glaubt er so wenig wie die Mediengesellschaft insgesamt. Daß ihn die elterliche Herkunft durchaus mitgeprägt hat, wurde ihm erst im Verlauf seines Lebens bewußt. Mit fünfzig Jahren wird er zwar noch nicht daran denken, seine Memoiren zu schreiben, hält aber zur Not schon mal einen Titel bereit: »Ich war der letzte Schlesier.«[4]

Bemerkenswert, wie weit sich im Rückblick biographische Bögen spannen können. Als Schüler wirkt Thomas in einer Fernsehverfilmung der Eichendorffschen Komödie *Die Freier* in der Rolle eines fahrenden Schauspielers mit, in einem Stück, das zu des Dichters Lebzeiten nur ein einziges Mal aufgeführt wurde. Und jener Taugenichts aus Eichendorffs berühmtester Novelle[5], der das enge Dorf und die väterliche Mühle verläßt und als Unterhalter, als Geiger, in die Welt hinauszieht, um sein Glück zu machen: er weist deutliche Parallelen zum Weg Gottschalks von Kulmbach nach Malibu auf. Thomas verfügt über denselben unbekümmerten Mut des literarischen Helden, sich ins Unbekannte zu wagen.

Als er die kleinstädtische Enge verließ, folgte er unbewußt der Zuversicht in jenem Lied des Taugenichts, das nahezu alle Kinder seiner Generation noch auswendig gelernt haben: »Wem Gott will rechte Gunst erweisen, den schickt er in die weite Welt…« Und wo die Ereignisse auf den glücklichen Taugenichts wie Geschenke zukommen, so daß er bekennt: »Mir war es wie ein ewiger Sonntag im Gemüte«, wird der Entertainer Gottschalk auf dem Gipfel seiner Karriere behaupten: »Ich habe immer nur Glück gehabt.«

Immer? Subjektiv trifft die Sichtweise zu. Wie den Taugenichts verbanden den Knaben Thomas Gottvertrauen, Sorglosigkeit und Träume mit der Welt, und wenn er auf etwas wartete, dann aufs Wunder. Doch was eintrat, war eine seelische und eine materielle Katastrophe für die Familie: der Tod des Vaters. Thomas fiel aus der gesicherten Zukunft und aus der kindlichen Gewißheit, daß alles so weitergehen werde wie bisher. Zu früh mußte er lernen, ob er wollte oder nicht, seine Tagträume von der Wirklichkeit zu unterscheiden und für die Geschwister Verantwortung zu tragen, den drei Jahre jüngeren Christoph, die zehn Jahre jüngere Raphaela.

Und doch widerfährt ihm damals etwas Erstaunliches, fast ein Wunder. Sein Charakter bildet sich nach dem Muster des schlesischen Barocks: die Heiterkeit der Lebensbühne, verbunden mit dem Glauben an eine himmlische und von dort her wirkende Gnade. Über die dunklen Seiten seiner Erfahrung triumphiert das barocke »Lasset uns scherzen!«. Es bleibt ihm als Lebensmotto gleichsam ins Gesicht geschrieben.

3 Schlesisches Erbe

Wenn Thomas über seinen Vater spricht, fällt rasch das Wort »Güte« – übrigens mit einem deutlich mundartlichen Einschlag im Ton, der das »ü« zum »i« hin treibt: »Giete« – ein verwandtschaftlich bedingter, kaum merklicher Vorschub des Unterkiefers, das »Schläjsische« ist ihm noch immer klanglich vertraut, von Mutter- wie von Vaterseite.

Hans Gottschalk, 1902 geboren, entstammte einer Bauernfamilie im niederschlesischen Städtchen Namslau, das an der Eisenbahnstrecke Breslau–Tarnowitz lag und für sein Bier berühmt war. Unter den zahlreichen Geschwistern war Hans der einzige, der studieren konnte. Nicht der Älteste, sein Bruder Oswald, sondern der offenbar und energisch ins Akademische drängende Jüngste durfte sich, wenn auch als Extranier, also Externer, auf das Abitur vorbereiten. Das geschah in abendlichen Kursen nach der täglichen Arbeit auf dem Hof.

Die begüterten Bauern hätten durchaus das Schulgeld fürs Gymnasium gehabt, doch der Sohn mußte in der Landwirtschaft zupacken; Arbeitskräfte waren knapp, und der Hof war auf die Söhne und Töchter angewiesen. Nach der Verletzung durch ein ausschlagendes Pferd war der Vater an einer Sepsis gestorben, als sein jüngster Sohn Hans erst zehn Jahre alt war.

Auch Hans Gottschalk also wurde schon als Kind zum Halbwaisen. Eine tragische Parallele zum eigenen Sohn.

Als er 1964 seine drei Kinder zurücklassen mußte, wird er auf Thomas, den Ältesten, seine Zuversicht gesetzt und vielleicht darauf vertraut haben, daß es ihm selbst seinerzeit gelungen war, von 1912 an ohne väterlichen Beistand sein Leben zu meistern.

Der Rückblick auf die eigene Biographie mag im Sterbeabschied Schmerz und Trost zugleich gewesen sein: Er hatte bemerkenswert zielstrebig seinen Weg gemacht.

Nach dem Abitur, das er neben der Arbeit auf dem Hof geschafft hatte, finanzierte die ältere Schwester Cäcilie, »Cilli« genannt und Beamtin bei der Post, dem »Hansl« das Studium der Rechte in Berlin und in Breslau, bis er dort, am Tauentzienplatz, eine große Kanzlei bezog.

Die schlesische Hauptstadt Breslau, am Zusammenfluß von Ohle und Oder gelegen, hatte damals knapp vierhunderttausend Einwohner. Der Tauentzienplatz lag außerhalb des alten Stadtgrabens in der Schweidnitzer Vorstadt. Geschmückt mit einem Marmordenkmal des Generals Tauentzien, einer Arbeit des Bildhauers Johann Gottfried Schadow, galt die Adresse als vornehme Lage.

Wir dürfen uns die Lebensperspektive des Advokaten Gottschalk als durchaus großbürgerlichen Karriereplan denken, der folgerichtig zur Mitgliedschaft in den besseren Kreisen der Universitätsstadt geführt hätte: für einen Bauernjungen ein steiler und mit viel Fleiß und Selbstvertrauen errungener Erfolg – zwei Eigenschaften, die wir bei seinem erwachsenen Sohn Thomas wiederfinden werden.

Der junge Breslauer Anwalt fuhr gerne Ski in der Hohen Tatra oder im Riesengebirge, galt als guter Schwimmer. Man erzählt sich, er habe den späteren Boxweltmeister Max Schmeling im Wettschwimmen durch die Oder bezwungen. Leicht vorstellbar auch, daß er vorerst nicht an Familie dachte. Seinerzeit strebte man noch ein solides Einkommen an, bevor man einen Hausstand plante. Die politische Entwicklung durchkreuzte seine Pläne.

Das Deutsche Reich war bereits im Krieg, als Hans Gottschalk 1941 in Berlin einem mit ihm verwandten Priester von einer bevorstehenden Dienstreise nach Breslau erzählte, worauf der ihn auf eine entfernte Nichte beider hinwies, eine gewisse Rutila

Kossorz, aus Oppeln gebürtig, derzeit Rotkreuzschwester im Lazarett Schweidnitz.

Er war fast vierzig, die von dem Berliner Priester erwähnte Nichte nahezu zwanzig Jahre jünger. Sie kennenzulernen war nicht schwierig. Zum einen gab die weitläufige Verwandtschaft einen unverdächtigen Vorwand für eine erste Begegnung ab. Zum anderen hatte Gottschalk als Offizier in der Sanitätsverwaltung Organisation und Buchführung der Lazarette im gesamten Wehrkreis acht, von Berlin bis Olmütz, zu prüfen, war darum häufig zu Inspektionen unterwegs und mußte berufshalber auch das Lazarett Schweidnitz besuchen. Ein doppeltes Glück für ihn, wie er im Rückblick sagte: Durch seine Funktion mußte er im ganzen Krieg kein Gewehr in die Hand nehmen, und er traf in Schwester Rutila seine spätere Frau.

Rutila Kossorz stammte aus der Bezirkshauptstadt Oppeln im oberschlesischen Kohlerevier, gleichfalls an der Oder gelegen, aber am dünnen Anfang des Flüßchens und mit rund zwanzigtausend Einwohnern wesentlich kleiner als Breslau.

Die Großeltern der jungen Dame hatten am Stadtrand von Ratibor ein bekanntes Ausflugsrestaurant unter dem wohlklingenden Namen Villa Nova betrieben. Zu dessen Übernahme hatte die Wirtstochter keine Lust, heiratete einen Technischen Oberinspektor der Reichsbahn und späteren Marineleutnant, und als dessen Tochter kam Rutila Kossorz in bürgerlichen Kreisen zu Oppeln jenseits gastwirtlicher Unruhe zur Welt, genoß eine gründliche Gymnasialbildung, reüssierte vor allem in musischen Fächern und erwies sich als schwächelnd in Mathematik. Diese Fähigkeitslücke vererbte sie ungeschmälert ihren Kindern.

Rutila erlernt den Beruf der Krankenschwester, wohnt in Breslau im Mutterhaus der Diakonissen und wird sofort nach dem Examen zum Lazaretteinsatz verpflichtet.

So trifft Hans Gottschalk sie, als er in Schweidnitz das Krankenhaus und spätere Verwundetenlager inspiziert und eine Wirtschaftsprüfung veranlaßt. Rutila trägt einen Stoß Akten ins Sekretariat, und auf ihrem Weg durch die Halle des modernen Baus sieht sie einen Mann in Uniform durch die Eingangstür treten, seine Pelerine umweht ihn schwungvoll, an den Kragenspiegeln erkennt sie den Sanitätsoffizier. Er tritt auf sie zu, fragt sie nach einer gewissen Rutila Kossorz, sie gibt sich zu erkennen, und er versucht ihr weiszumachen, er sei ein entfernter Onkel von ihr. Sie weist ihn schnippisch ab, was ihn reizt. Man sieht sich, kaum zufällig, in einem Café, im Beisein eines anderen Verwandten. Sein Stiefel berührt, ganz und gar unabsichtlich, ihre Wade. Sie verspürt ein Zittern. »Ich war ja ein ganz dummes Gänschen.«[6]

Nicht auf den ersten Blick, aber doch unabweisbar entsteht nach mehreren artigen Begegnungen zwischen der Rotkreuzschwester und dem Sanitätsoffizier eine Liebe, die auf längere Sicht Bestand haben sollte.

Dann aber brechen die Zukunftsperspektiven zusammen. Es sieht nicht wirklich danach aus, daß Rutila und Hans die Chance bekommen würden, eine Familie zu gründen. 1942 verloben sie sich ohne Wissen von Rutilas Eltern, was der jungen Frau bald darauf in Oppeln sowohl mütterliche als auch väterliche Ohrfeigen einträgt.

Aber die Zeit drängt: Hans Gottschalk ist nach Rußland beordert worden, er weiß und sagt das laut: »Der Krieg ist verloren. Er war es von Anbeginn.« In dieser Einstellung trifft er sich mit den Eltern der Braut. Man ist sich politisch einig. Die Rotkreuzschwester sieht ja die Kriegsergebnisse: Zweihundert Querschnittsgelähmte betreut sie täglich, nahezu jede Nacht hält sie Totenwache. Die Verlobung mit Hans war zugleich das Versprechen, die Hoffnung auf Frieden nicht zu verlieren.

Dann der Abschied. Zwei Jahre Trennung, Erwartung, Angst. Im Sommer 1944 war die Rote Armee bis in die Karpaten, die mittlere Weichsel, nach Warschau und an die Grenze Ostpreußens vorgedrungen, Hitler hatte in einem letzten Wahnsinnsbefehl einige Städte im Osten zu Festungen erklärt, darunter auch Breslau. Im Januar 1945 starten die sowjetischen Truppen ihre Offensive aus dem Brückenkopf an der Weichsel. In Schlesien wird das Reich noch verteidigt, als Berlin schon gefallen ist und Hitler sich bereits erschossen hat.

Rutila Kossorz flieht Ende Januar 1945 mit ihrer schwerkranken Mutter aus Oppeln, als russische Truppen von Tschenstochau aus auf die Stadt vorstoßen. Sie setzt die nicht mehr gehfähige alte Dame auf einen Schlitten, an einen aufgeschnallten Koffer gelehnt, die einst so lebenslustige Mutter ist dem Tode nahe. Im Rotkreuzzug erreichen sie nach dreizehn Stunden Fahrt Dresden. Dort kommen sie für zwei Wochen unter, überleben knapp die Bombenangriffe am 13. und 14. Februar, fliehen weiter im Güterzug nach Freiberg im Erzgebirge.

Hier gelingt es, mit Hans Gottschalk, der mittlerweile in Karlsbad im von der Wehrmacht beschlagnahmten Hotel Richmond stationiert ist, Verbindung aufzunehmen. Er macht sich, eigenmächtig, mit einem Militärfahrzeug auf den Weg, holt Rutila und ihre Mutter aus Freiberg nach Karlsbad. Dort stirbt die Mutter. Einen Tag nach dem Requiem geben sich Rutila Kossorz und Hans Gottschalk das Jawort.

Eine kirchliche Trauung. Standesamtlich werden sie die Eheschließung erst in Kulmbach nachholen, als ihr Sohn Thomas schon drei Jahre alt ist. Vom Standpunkt des Gesetzes war der Knabe also unehelich geboren, aus Sicht seiner Eltern aber galt das Jawort vor Gott mehr als vor den Menschen, und einen Trauschein mit Naziadler hätten sie als Makel empfunden.

In Karlsbad bleibt keine Zeit für Flitterwochen. Die frisch Verheirateten müssen sich aus der Stadt retten, soll Hans nicht in russische Gefangenschaft geraten. Rutila greift zu einer schwejkschen List: fachgerecht gipst sie das vollkommen gesunde rechte Bein des Gatten ein und verschafft ihm so die Chance, auf dem letzten Verwundetentransport, der Karlsbad verläßt, mitgenommen zu werden. Ohne seine Frau. Gewissermaßen verdankt Thomas diesem Gipsbein seine Existenz. Einem Gipsbein wird er übrigens einst auch seine Ehe verdanken. Aber noch spricht wenig dafür, daß es einen Jungen namens Thomas überhaupt geben wird.

Hans und Rutila Gottschalk hatten vereinbart, im Auffanglager Hof auf einem evangelischen oder katholischen Pfarramt Nachricht über ihren Aufenthaltsort zu hinterlassen. Nach kurzer Gefangenschaft bei den Amerikanern hatte Hans die Suche aufgenommen und an Bäumen und Zäunen in Hof Zettel hinterlassen: »Ich suche meine Ehefrau, die Rotkreuzschwester Rutila Gottschalk.« Doch diese Hilferufe unter all den anderen, die an den Straßen aushingen, erreichen Rutila nicht.

Sie, die auf schwierigen Wegen gleichfalls nach Hof gelangt ist, wird auf ihre Frage hin an eine Pfarrstelle verwiesen. Dort sagt man ihr: Einen Hans Gottschalk kenne man hier nicht, aber sie könne die Vermißtenanzeigen durchsehen. Das waren nun keine geordneten deutschen Register mehr, das waren Zettelkästen von schicksalhafter Größe. In einer der Holzkisten, bis oben angefüllt mit Fragen, findet Rutila unter Hunderten von Suchzetteln die Nachricht ihres Mannes.

Das Jahr 1945 geht zu Ende. Der Schlagerhit der letzten Kriegsjahre klingt nur noch wie blanker Zynismus: »Ich weiß, es wird einmal ein Wunder geschehn, und dann werden tausend Märchen wahr ...« Zarah Leander verstummt, für eine Weile. Die Menschen leiden an den Folgen des politischen Wahnsinns, der in demselben Land umjubelt worden war, in dem jetzt, mit einem Berliner Spruch der Zeit, »jeder ein Künstler werden muß: Überlebenskünstler«.

Wäre aus Thomas Gottschalk nicht der Unterhaltungskünstler geworden, jener Junge mit der leichten Zunge, als der er sich im Familienkreis offenbar schon als Dreikäsehoch durch Darbietungen der seinerzeit populären Schlager »Rosalinde« oder »Pack die Badehose ein« erwies, hätte er nicht frühzeitig, im zarten Alter von elf Jahren, als Parodist des DDR-Staatsratsvorsitzenden Walter Ulbricht oder als *alter ego* des Kabarettisten Jürgen von

Manger seine außergewöhnlich schnelle Verbindung zwischen Ohr und Mund unter Beweis gestellt – es gäbe keinen Grund, noch einmal in die Familiengeschichte zurückzugreifen.

Doch die Frage: Woher hat der Junge das bloß? ist noch nicht beantwortet worden. Zugegeben, es handelt sich bei der Suche nach dem Urgrund der späteren Karriere um genetische Spekulation.

Goethes hilfreiches Bekenntnis legt auch hier die Spur: »Vom Vater hab ich die Statur,/Des Lebens ernstes Führen,/Vom Mütterchen die Frohnatur/Und Lust zu fabulieren.«[7] Daß Thomas Ernsthaftigkeit vom Vater geerbt hat, darf hinter der Schalksmaske vermutet werden. Die Statur hat er wohl eher aus mütterlicher Linie, die bis zu den Freiherrn von Frackstein zurückreicht und hochgewachsene Männer aufweist.

Was die Frohnatur und die Lust zu parodieren angeht, so muß wiederum die Mutter bemüht werden. Nicht sie selbst, denn sie hielt es eher mit der anspruchsvollen Kultur, verschlang als Mädchen schon die Romane Dostojewskis, verfügte über eine außergewöhnliche musikalische Bildung und bezichtigte sich selbst einer »slawischen Seele«, die bekanntermaßen für vieles gerühmt wird, nur nicht für leichtes Temperament.

Auch bei ihrem Vater forschen wir vergeblich. Immerhin fuhr der Eisenbahner später zur See, so wie sein Bruder. Auch drei der fünf Brüder von Rutilas Mutter waren bei der Marine. In beiden Familien dieselbe wunderliche Häufung von Seetüchtigkeit und Matrosenschicksal, obwohl Schlesien nun wirklich fern vom Meer liegt.

Thomas freilich zeigt sich ganz unberührt von dieser Familienlinie. Soldatisches ist ihm zu Wasser wie zu Lande fremd, und abgesehen von gelegentlichen Streifzügen vor der Côte d'Azur auf der Yacht seines Freundes, des Fotografen Gunter Sachs, ist bei ihm von seefahrerischen Neigungen nichts dokumentiert.

Die Männer sind es also nicht, die ihm ihre Talente weitergereicht haben. Die Spur führt vielmehr in die weibliche Ahnenreihe: Offenbar ist Rutilas Mutter, die Wirtstochter aus Ratibor, der Quell der auditiven und mundwerklichen Fähigkeiten des Enkels Thomas. Sie muß eine außerordentliche Frau gewesen sein, weithin bewundert für ihre Schönheit und gelobt für ihre kalligraphische Schrift. Musisch begabt, von schneller Auffassungsgabe, mußte sie nichts mühsam lernen, sie schnappte die Welt auf. Sprachen eignete sie sich als Klänge an, redete neben anderen Idiomen perfekt Jiddisch. Das kam mit dem Schnaps der Spirituosenhändler aus dem Glazer Bergland und aus Polen, die für den elterlichen Gasthof Villa Nova Beeren- und Obstbrände lieferten.

Nicht genug damit: Sie lernte Esperanto, aus Vergnügen am Klang und vermutlich aufgrund der politischen Überzeugung, daß die Weltsprache den Weltfrieden ermöglichen würde.

Polyglott zu sein stellte sie nicht zufrieden. Sie wandte sich – nicht ganz üblich für eine junge Frau jener Jahre – der Politik zu, einer Männerdomäne, in die einzufallen Frauen rasch das Attribut Blaustrumpf eintrug. Dafür nun war sie offensichtlich zu schön und zu begehrt. Ihr rhetorisches Talent drängte sie, Reden zu halten. Und so zog sie über die Dörfer in Oberschlesien und trat auf Wahlveranstaltungen für die Zentrumspartei auf.

Man weiß nicht, wieviel Stimmen sie den Konservativen eingetragen hat. Ihr Selbstbewußtsein hat aber gewiß andere Frauen ermutigt. Und daß die Rednerin nicht nur zu streiten, sondern auch zu feiern wußte, daß sich in dem politischen Eifer eine lebenslustige Person äußerte, zeigte sich, wenn der Abend fortgeschritten war: dann tanzte sie, und zwar Krakowiak, mit vor der Brust verschränkten Armen in der Hocke, auf den Fersen. Das ist das vielleicht schönste Bild der Großmutter als junger Frau: sprühend vor Lebenslust, umringt von rhythmisch applaudierenden Freunden, war sie Mittelpunkt des Festes.

Künstlerischen Ausdruck findet ihr Temperament in der klassischen Musik. Sie gilt als gute Pianistin, erteilt ihren beiden Töchtern Klavierunterricht – mit dem bemerkenswerten Erfolg, daß Hilde, die Jüngere, die blond ist und zart, im Alter von zwölf in Berlin Konzerte am Flügel gibt, im Rundfunk auftritt, als Wunderkind durch die Salons gereicht wird und zur Hauptstadtlegende aufsteigt. Zugleich ist Hilde ein witziges Kind, brilliert nicht nur musikalisch: eine vielseitige Begabung.

Später wird sie in Wien noch die Orgelprüfung zur Domkapellmeisterin ablegen, dann aber die vorgezeichnete Karriere als Starpianistin plötzlich aufgeben und sich – zunächst ein Rätsel für die Familie – zurückziehen in ein Kloster des Ordens der Redemptoristinnen. Auch als Nonne gilt sie bei Besuchen in der Verwandtschaft weiterhin als Meisterin des Humors und der Schlagfertigkeit.

Die musische mütterlich-großmütterliche Linie, gepaart mit Witz und Lust am Verstoß gegen gesellschaftliche Zwänge, liegt also offen zutage. Die Ahnin, die ihre eine Tochter so zärtlich »Hildchen« rufen konnte und die andere so befehlend »Ruth«, hielt, glaubt man der Familienerinnerung, von Haushaltsführung wenig. Um so mehr von Literatur. Es kam vor, daß ihre Mädchen aus der Schule heimkehrten und die Mutter zwischen ungemachtem Schlafzimmer und chaotischer Küche lesend im Wohnzimmer vorfanden: »Es ist ein so gutes Buch!«

Rutila Gottschalk war überzeugt, daß ihre Mutter jenes Leichtigkeits-Gen besaß, dessen hellste Eigenschaften sich beim Enkel Thomas ausgemendelt haben müssen. Sein Unterhaltungstalent war ihm offenbar in die Wiege gelegt, und die Familie ahnte früh, wessen Gold dem kleinen Thomas in der Kehle schlummerte. Als er die ersten Dialekte perfekt nachahmte, klatschte Rutila begeistert in die Hände und rief: »Wie die Mutti!«

4 *Ich heiße Thomas Morus*

Kaum haben die Kinder zu laufen gelernt, werden sie gefragt, ob sie ihren Namen aussprechen können. Die Deutschen lernten rasch, auf die Frage, was sie seien, zu antworten: »Demokrat« – obwohl es damit Anfang der fünfziger Jahre des zwanzigsten Jahrhunderts zumindest mehrheitlich noch nicht sehr weit her sein konnte. Aber die Furcht, etwas Falsches zu sagen, war noch lange nicht besiegt.

Wenn der kleine Thomas gefragt wurde: »Wie heißt denn du?«, antwortete der Dreijährige zur Freude des Vaters: »Ich heiße Thomas Morus.« Regelmäßig folgte bei Fremden Unverständnis, häufig Heiterkeit. Daß er damit die ersten Lacher erzielen konnte, ließ ihn früh die Chance der Pointe spüren. Er nutzte sie gern.

Die Zeit war nicht sonderlich reich an Licht und Freude. Wer die fünfziger Jahre als Kind erlebt hat, weiß, wieviel Trauer und Mühseligkeit, wieviel Lebenstrümmer unter dem Aufbruch ins Wirtschaftswunder lagen. Neben der geduckten Leugnung der Naziverbrechen wurde viel trotzige Behauptung aufgewendet, um über verlorene Mächtigkeitsträume und geplatzte Lebenslügen, über die bleierne Erschöpfung aller hinweg eine lebenswerte Zukunft zu gewinnen.

Es sind nicht nur die Gesichter der Erwachsenen auf den Fotos jener Jahre, in denen Zweifel und Enttäuschung eingegraben sind: in den Kinderbildern breitet sich eine seltsam unkindliche Stille aus, eine unbewußte Nachdenklichkeit.

Die Schlagerwelt hielt dagegen, und ihre Melodien waren so eingängig und so simpel, daß jedermann sie sofort mitsingen konnte.

Aus den drei Westsektoren Berlins klang es »Wir sind die Eingeborenen von Tri-Zonesien«, und in den DM-Aufschwung mischten sich die ersten sozialkritischen Töne. Friedl Hensch und die Cypries behaupteten: »Die süßesten Früchte fressen nur die großen Tiere!« Sofort nach der Währungsreform fragte ein für Jahrzehnte haltbarer Schlagerhit: »Wer soll das bezahlen?« Zarah Leander wurde wieder gespielt, warum auch nicht, hatte sie doch in der großdeutschen Zeit den Menschen nur ein bißchen Entspannung im Bombenkriegsstreß verschafft; schließlich mimten und sangen ja auch Heinz Rühmann und Johannes Heesters wieder, auch sie vor 1945 große Unterhalter ohne politische Berührungsangst. Und so kamen in der Republik der Schlager, der Film und das Theater nahezu ungeschoren aus dem Krieg der Nazis, den sie nett begleitet hatten, in den Frieden der Demokraten, der gleichfalls nett begleitet sein wollte.

Die neue gute Laune erklang in einer Elternwelt, in der gerade noch geschmettert worden war: »Wir wollen weiter marschieren, bis alles in Scherben fällt.« Nun lag alles in Scherben. Und wie der Phönix aus der Asche erhob sich der deutsche Schlager.

Die Eltern tanzten wieder, ihr Lachen kehrte zurück: zur Freude der Kinder. Die sangen die Schlager nach: zur Freude der Eltern – auch die neuen Lieder, die nicht weniger eingängig waren als die alten. Kein Wunder, stammten doch die meisten auch aus der Feder der bewährten Ohrwurmkomponisten und -texter, die uns nun nach Italien und Hawaii reisen ließen, zwei Traumgebiete, die in der deutschen Schlagergeographie der Fünfziger einen gemeinsamen Illusionskontinent bildeten. Unermüdlich versank, beschleunigt von Rudi Schuricke, die »rote Sonne bei Capri im Meer«, während ein Sekretärinnenchor jubelte: »Unser Chef ist nicht da, das haben wir gern. Denn wir haben ihn nah und lieben ihn fern ...« Die Kinder lernten als erste englische Worte »Tschuinggamm« und »Tschocklett«, suchten sich ihre Spielplätze aus: die Ruinen fürs Abenteuer, die Teppichstange im Hinterhof für den sommerlichen Kinderzirkus und im Winter die Eisbahn im Rinnstein zum Schlittern.

Als Thomas in Kulmbach zu laufen begann, war der Alltag schon wieder erstaunlich fest geregelt. Seine Eltern, die zunächst möbliert in einem Zimmer zur Untermiete gehaust hatten, bauten sich ein neues Leben in der Sutte 11 auf, trauerten um die im Seekrieg gefallenen Brüder, verschmerzten mühsam die verlorenen Immobilien in Breslau und Namslau, dachten nach vorn und bemühten sich, ihren Erstgeborenen die Not der Zeit nicht spüren zu lassen.

Neun Monate, bevor Thomas auf die Welt kam, war die neue Republik gegründet worden, deren Kanzler Konrad Adenauer mit der denkbar knappsten Mehrheit von einer Stimme, seiner eigenen, vom Bonner Bundestag gewählt worden war.

Langsam legten sich die Kriegsängste. Die Russen hatten – von der alliierten Luftbrücke für Berlin zur Einsicht gezwungen – die Blockade der einstigen Hauptstadt endlich aufgegeben, und die Welt war zum ersten Mal, ohne es zu ahnen, am Atomkrieg vorbeigeschrammt. An der Seite Amerikas ging es mit den Geldern des »Marshall-Plans« nun aufwärts; daß damals schon Studien für die Wiederaufrüstung Westdeutschlands in den Schubladen der Washingtoner Administration lagen, hätte kaum einer für möglich gehalten.

Fünf Wochen nach Thomas' Geburt, am 25. Juni 1950, begann der Krieg in Korea, bei dem sich die Verbündeten der Russen und Amerikaner, Nord- und Südkorea, in offenen Kampfhandlungen gegenüberstanden. Drohte Deutschland dasselbe Schicksal? Ein Krieg zwischen Deutschen aus Ost und West? Wieder wuchs die Furcht vor einer Versorgungskrise, wieder hamsterten die Menschen Zucker, Mehl, Konserven. Die junge Gottschalk-Familie war da keine Ausnahme. Immerhin galt es, den Lebensplänen die Basis zu erhalten, sich nicht gleich wieder zerschlagen zu lassen, was man mühsam begonnen hatte, und vor allem – dem Kind eine glückliche Atmosphäre zu geben.

So wurde Thomas in seinen ersten Jahren, abgeschirmt von der unheilvollen Wirklichkeit, in einer heilen Welt aufgezogen und möglichst nicht mit den Sorgen der Eltern belastet. Auf den Bildern ist ein rundum gut genährtes und bereitwillig in die Fotolinse lächelndes Kleinkind zu betrachten, wenig später schon ein ordentlich frisierter Junge, den man – er ist noch nicht vier – bedenkenlos mit dem kleinen Bruder Christoph, der 1953 zur Welt kommt, allein lassen kann. Thomas wird aufpassen, den Bruder hüten. Von Eifersucht keine Spur.

Draußen wird das Bürgertum, das in den eigenen vier Wänden eher das neunzehnte Jahrhundert restauriert als das zwanzigste gestaltet, von ersten gesellschaftlichen Erschütterungen erfaßt. Die Aufstände in Berlin und in der »Zone« 1953 sind Anzeichen dafür, daß im Osten die Entwicklung der realsozialistischen Gesellschaft nicht ohne Verwerfungen abgehen wird; und die Gewerkschaftsdemonstrationen im Ruhrgebiet gegen die offensichtliche Kapitalverteilung nach oben entlarven im Westen den angeblich gleichen DM-Start für alle als erste große Propagandalüge der Republik. Für den Rest des Jahrhunderts bleibt die Gründungslegende dennoch in Kraft.

Die scheinbar so »goldenen« Fünfziger, in denen oberirdische Atomversuche die Atmosphäre verseuchten und Papst Pius XII. das Dogma von der leiblichen Aufnahme Mariä in den Himmel verkündete, waren Jahre harter Gegensätze in den politischen und gesellschaftlichen Überzeugungen.

Auch gegen den Gemütskitsch der deutschen Schlagerwelt tritt bald eine Musik an, die von vielen als Amigeheul, von anderen wie in der Nazizeit offen als Negermusik bezeichnet wird. Keine zehn Jahre später wird Thomas solche Musik mehr oder weniger heimlich nachts in seinem Zimmer hören. Aber 1952 warnt der Vatikan vor den neuen Tänzen Boogie-Woogie, Jitterbug und Mambo, weil sie durch die Körperhaltung die Tänzer »zu sündigen Handlungen« verleiten könnten. Jazz und Rock feiern 1954 erste Triumphe; ein Jahr später bereits heißt es mit Bill Haley & The Comets: »We're gonna rock around the clock tonight (...) 'till the broad daylight.«[8]

Im Haus Gottschalk erklingt freilich überwiegend klassische Musik nach dem Geschmack der Mutter. Nicht das leichte Fach. Auch der Sohn soll eine solide musikalische Bildung erwerben: Von seinem fünften Jahr an erhält Thomas Klavierunterricht.

Dennoch kann all das, was außerhalb des behüteten Zuhauses vor sich ging, ihm nicht ganz verborgen geblieben sein. Und da draußen fand ein regelrechter Kulturkampf statt. Nicht nur Literatur und Theater waren auf Gegenkurs zur Bonner Republik gegangen. Auch die seichte Muse spiegelte aufbrechende Gegensätze. Die Stars der Schlagerbranche, sie hießen Bully Buhlan und Lale Andersen, sangen »Hab'n Sie nicht 'ne Braut für mich?« und »Blaue Nacht am Hafen«, die Klatschpresse kümmerte sich um die Oberweiten von Sophia Loren und Gina Lollobrigida – während die Jugend zu der neuen, lauten Musik überlief, die aus den USA kam.

Als Elvis Presley 1954 seine ersten Rock-'n'-Roll-Nummern sang, hielt es die Aufbaugeneration noch mit »Drei Münzen im Brunnen« und »Vaja con dios«; als die einen im selben Jahr die Filme *La Strada* und *Die Faust im Nacken* sahen, schwelgten die anderen in Käutners *Ludwig II.* mit dem Traumpaar der Fünfziger, Ruth Leuwerik und O.W. Fischer; und als die »Halbstarken« zu den Rhythmen des Rock'n'Roll sich gegen die Elterngesellschaft auflehnten – ohne wirklich politisch zu sein oder sein zu wollen – und mehr altes Mobiliar als alte Denkstrukturen zerschlugen, erreichten die *Sissy*-Filme von Ernst Marischka Zuschauerzahlen, wie sie das Kino in Deutschland und Österreich noch nie erlebt hatte. 818 Millionen Kinogänger verzeichnen die Jahre 1955/56. Die zuckersüße Confiserie der Happy-Ends paßte haargenau zu den Träumen von einer schönen, neuen, anständigen Welt, die um nahezu jeden Preis heil sein sollte.

Doch die Musik der Jungen swingte und rockte raus aus den Klischees, produzierte sofort neue, verließ aber immerhin den Wohnstubenmief des neunzehnten Jahrhunderts. Da Kinder grundsätzlich alles mitkriegen, wovon die Erwachsenen glauben, es bliebe den Kleinen verborgen, wird Thomas genau registriert haben, daß die Welt, in die er hineinwuchs, sich radikal und stürmisch zu ändern begann, sogar in Kulmbach.

Im *Sissy*-Jahr, 1955, holte die jüngste Vergangenheit die Deutschen noch einmal ein: in den Bildern der aus Rußland zurückkehrenden Gefangenen. Die Männer, von Konrad Adenauer in Moskau als Pfand für die Aufnahme diplomatischer Beziehungen regelrecht freigepreßt, trugen das Antlitz des Krieges in die Wirtschaftswunder-Kulisse. Die Gefühle wuchsen zur Welle an – Freude und traurige Gewißheit, Entfremdung, Enttäuschung, Glück.

In Kulmbach hatte schon über ein Jahr zuvor ein kleiner Junge erste Kriegsheimkehrer begrüßt; er gehörte zum Empfangskomitee Kulmbacher Bürger für ihre wiederkehrenden Väter und Söhne: Thomas steht da in kurzer Hose und Kniestrümpfen, mit einer schlesischen Joppe, Chrysanthemen im Arm.

Er sieht ein wenig angestrengt aus, so als wisse er nicht recht, warum er da steht und was ihn erwartet. Er tut, was seine Eltern ihm gesagt haben. Die blonden Haare, bisher brav gescheitelt und glattgekämmt, sind jetzt zu Locken gekringelt. Ein hübsches Kind – angesichts der aus dem Güterzug kletternden, ausgemergelten, versehrten Soldaten vielleicht zum ersten Mal mit der Ahnung konfrontiert, daß die Welt außerhalb der elterlichen Behütung graue Abgründe hatte.

Fürs erste war das Außen, war die Ferne aber von einem Namen und einem Mythos besetzt: Onkel Konrad, ein Cousin der Mutter Rutila Gottschalk, fuhr in einem Mercedes 170 S durch Kulmbachs enge Straßen, was damals an sich schon hinreichend Aufsehen erregt hätte.

Viel auffälliger als sein Wagen war aber das Kennzeichen: eine ovale Nummernplakette, ein quergelegtes Ei mit unüblichen Ziffern. Jeder Junge damals kannte die Bedeutung: ein Zollkennzeichen. Und wer einen Wagen mit Zollkennzeichen fuhr, war eine besondere Person, die Grenzen bevorzugt passieren durfte.

Zumal, wenn am Heck noch eine kleinere, gleichfalls ovale Plakette mit »CD« für Corps Diplomatique angebracht war. Onkel Konrad stand im diplomatischen Dienst.

1951 – ein Jahr später übrigens als der erste lizenzierte Betrieb eines Roulettecasinos in Lindau – war den Deutschen die Errichtung eines Außenministeriums in Bonn gestattet worden. Onkel Konrad war als Angestellter dieser Behörde, die zugleich die neu gewonnene deutsche Souveränität verkörperte, an der Deutschen Botschaft in Bagdad tätig. Der Klang dieses Stadtnamens verband sich mit dem Zollkennzeichen seines Mercedes zu einem Mythos, der in der Kindheit von Thomas einen starken Nachhall hatte: die weite, ferne Welt, gemischt aus Sindbad dem Seefahrer, den Geheimnissen der Basare und dem Flair der Diplomatie – obwohl Onkel Konrad nicht zum gehobenen Dienst gehörte. In Kulmbach war er ein Star aus *Tausendundeiner Nacht*. Alle, die in seinem Abglanz standen, waren über die oberfränkische Provinz erhoben, auch der Knabe Thomas. Erst da begriff er, wie gut sein Vater es mit ihm meinte, wenn er mit unerschütterlicher Gewißheit prophezeite: »Der Junge wird einmal ein Diplomat!«

Wir wissen, was von frühen elterlichen Karriereträumen für die Kinder zu halten ist: nichts. Und so half auch hier nicht, daß mit der erklärten Namenspatronage durch Lordkanzler Thomas Morus im kleinen Thomas der Staatsmann, Jurist und weise Charakter gleichsam beschwörend angelegt worden war.

Gewichtige Würde lag dem Buben nicht. Bald hörte er auf, nach seinem Namen gefragt, zu antworten: »Ich heiße Thomas Morus.« Er wurde zu Thomas Gottschalk und berechtigte als solcher zu jeglichen Hoffnungen. Daß die einmal von einem neuen Medium, »Fernsehfunk« genannt, eingelöst würden, sah niemand in der Familie voraus.

Dabei bahnte sich unübersehbar ein grundlegender Wandel an: In mehr und mehr deutschen Wohnzimmern standen kleine Holzkästen mit stark gewölbten, viereckigen Bullaugen, in denen man bewegte Bilder betrachten konnte. Einer der Markennamen für solche Kisten war Blaupunkt – eigentlich ein sehr zutreffender Begriff für das, was man sah.

Ohne daß die bundesdeutsche Gesellschaft dies so recht begriff, hatte eine Veränderung eingesetzt, deren soziale und kulturelle Auswirkungen man erst zehn Jahre später zu ahnen begann: Am 25. Dezember 1952 hatte das Fernsehen sein Programm aufgenommen.

Kassandra-Rufe gab es genug: Fernsehen befördere den Analphabetismus und lasse Kanarienvögel im Wohnzimmer tot von der Käfigschaukel fallen. Auch die Drohung mit Krebs bei regelmäßigem Aufenthalt vor der Flimmerkiste schreckte nicht ab. Und wer damals vor dem Verfall der Kultur warnte, konnte nicht ahnen, wie hartnäckig in diesem Medium einst der Kampf ums niedrigste Niveau ausgetragen werden würde. Man war mit hohem Anspruch gestartet: Als Fernsehspiel-Testprogramm war 1951 Goethes »Vorspiel auf dem Theater« gesendet worden. Ein Jahr später dauerte die erste öffentliche Sendung, vom Nordwestdeutschen Rundfunk (NWDR) aus einem Hamburger Flakbunker ausgestrahlt, 118 Minuten und endete nach der Absage durch Irene Koss mit folgender bedenkenswerter Schrifteinblendung:

> Eines nur ist Glück hienieden.
> Eins: des Innern stiller Frieden.

Irgendwie ist dem Medium diese frühe Einsicht abhanden gekommen. Zum Zeitpunkt jener Erstausstrahlung – Thomas war zwei Jahre alt – hatten in der Bundesrepublik 4500 Fernsehgeräte zu einem Stückpreis von eintausend Mark ihre Käufer gefunden; der Kaufwert entsprach in etwa den heutigen Kosten eines Heimkinos mit Projektionsanlage. Die stolzen Besitzer konnten den Start des Sportfernsehens, einem Grundpfeiler des jungen Mediums, live in einer Boxkampfübertragung erleben. Reporter: Jürgen Roland, später mit seiner Krimiserie »Stahlnetz« berühmt geworden. Am zweiten Weihnachtsfeiertag brachte der Kinderstar Conny Froboess, Markenzeichen: Propellerschleife im Haar, das Liedlein »Hei, so eine Schneeballschlacht« zu Gehör. Und niemand hätte damals vorausgesagt, daß dieses harmlose elektrische Kaspertheater bald die Herrschaft über das deutsche Wohnzimmer erobern und den Gummibaum aus seiner angestammten Ecke verdrängen würde.

Das tägliche Programm wird seither nur einmal ungesendet bleiben: als 1957 das Segelschulschiff der Bundesmarine, die Pamir, unterging und achtzig junge Männer in den Tod riß, befanden die Intendanten angesichts der nationalen Trauer, in der auch der Schmerz um die im Krieg getöteten jungen Menschen noch einmal aufbrach, Fernsehen sei fehl am Platze.

Aus den rund fünftausend Zuschauern des Anfangs waren da schon mehr als hunderttausend geworden – die live übertragene Krönung der englischen Königin Elizabeth II. 1953 und die Fußballweltmeisterschaft in Bern 1954 hatten in den Folgejahren die Zahlen explodieren lassen. Und das reguläre Gemeinschaftsprogramm der ARD, mit der »Tagesschau« am 1. Oktober 1956 gestartet, machte das neue Medium, das je nach Landstrich Pantoffelkino oder Puschenkino hieß, endgültig zum Zentrum der Familie.

Das Zeitfenster dieses Anfangs, das ideale Startbedingungen bot, wird später ähnlich chancenreich nur noch einmal geöffnet werden: mit der Einführung des Privatfernsehens Anfang der achtziger Jahre. Drei exemplarische Dauer-Karrieren werden dann mit diesem zweiten Einschnitt verbunden sein: die von Thomas Gottschalk, Harald Schmidt und Günther Jauch. Sie waren zur rechten Zeit mit den richtigen Fähigkeiten am rechten Ort.

Auch 1953, schon ein halbes Jahr nach der ersten zweistündigen Abendausstrahlung, wurden die Weichen inhaltlich für mehr als ein Jahrzehnt gestellt, und auch damals etablierten sich die Entertainer der ersten Stunde: Hans-Joachim Kulenkampff begann seine Karriere mit »Wer gegen wen?«, Showmaster Peter Frankenfeld im großkarierten Sakko unterhielt das Publikum mit »Wer will, der kann«, bald darauf mit »1:0 für Sie«, Werner Höfer lud eine internationale Journalistenrunde zum sonntäglichen »Frühschoppen«. Der Reporter Peter von Zahn, der Fernsehkoch Clemens Wilmenrod, Peter Alexander, der Krimispezialist Jürgen Roland – sie alle kamen in den ersten zwei Jahren nach dem Start des Mediums auf den Bildschirm und machten sich dauerhaft zu Publikumslieblingen. Seit 1954 schrieb Heidi Kabel mit dem Ohnsorg-Theater[9] Fernsehgeschichte, und seit 1955 fragte Robert Lembke sich und die anderen: »Was bin ich?«

Mit allen werden wir als Zuschauer gehörig altern, bis jener neue Star mit dem blonden Lockenkopf und dem breiten Lächeln auftaucht, dem Kulenkampff rät, sich rar zu machen: »Willst du was gelten, zeige dich selten!« Doch das ist eine Regel aus den Fünfzigern, und der junge, schnelle, lockere Entertainer, der mehr Publikum fesseln wird als Frankenfeld, Kulenkampff und Lemke zusammen, weiß, daß Zuschauer vor allem eines lieben: ein vertrautes Gesicht, und das so oft wie nur möglich.

Wir haben weit vorgegriffen: Noch ahnt niemand, schon gar nicht er selbst, was auf den Lockenkopf zukommt. Die Familie Gottschalk besitzt noch lange kein Fernsehgerät.

Und Thomas wird gerade erst eingeschult.

5

Haltet alle fest zusammen!

Er war ein guter Schüler in der Grundschule. Das Lernen machte ihm Spaß, seine Erfolge gefielen den Eltern. Doch der Spaß verging bald. Bis heute gehört es zu den großen Rätseln der Pädagogik, wie es gelingt, aus neugierigen, wißbegierigen und lernlustigen Kindern, die sich auf die Schule freuen, binnen weniger Jahre renitente Arbeitsverweigerer, Schulhasser und Angsthasen zu machen. Doch ebendiese unerfreuliche Metamorphose gehört zu den sichersten Folgen unseres Schulwesens. Bei Thomas war das nicht anders. Die ersten vier Jahre gingen noch ganz gut, dann kam der Übertritt ins Gymnasium und mit ihm sehr bald das Gefühl, daß die Schule sich vorgenommen habe, den jungen Menschen am Leben zu hindern.

Am Ende wird er sagen: »Mein Abitur war eine Tragödie« – nicht ganz falsch angesichts der Tatsache, daß er beim Schriftlichen in Mathematik leere Blätter abgab, nur auf einem an den Rand notierte: *quod erat expectandum (was zu erwarten war)*. Latein immerhin war ihm geläufig.

Als er 1956 eingeschult wird und mit seinem Vater das erste Mal den Schulweg abgeht, sind Kulmbach und die Welt noch in Ordnung. Das Elternhaus ein Hort der Sicherheit. Die Wirtschaft boomt, das Einkommen steigt, die Preise sind fest: eine Kinokarte kostet soviel wie fünf Kilo Kartoffeln, nämlich 1,15 Mark. Hans Gottschalk hat vor der Altstadt ein Grundstück gekauft, der Hausbau beginnt. Der Platz erhält den markanten Namen Haus Sieben Eichen. Vom Flüchtling zum Grundbesitzer: damit hat er sich den Wunsch nach Sicherheit für die Familie erfüllt.

Zwar gerät die Welt im selben Jahr beim Ungarn-Aufstand wieder einmal nahe an den Abgrund, und die von Adenauer betriebene deutsche Wiederbewaffnung löst eine gewaltige öffentliche Kontroverse aus, aber der Nierentisch im Bungalow, der Cocktailsessel und die Tütenlampe, das Goggomobil, der Heinkel-Roller, die Vespa und der Leukoplastbomber von Lloyd – alles zeugt von neuer Seßhaftigkeit und neuer Mobilität.

Der Abc-Schütze Thomas marschiert in eine Gesellschaft voll Zukunftshoffnung. Sein angeborenes sonniges Gemüt läßt ihn weniger Schatten wahrnehmen, als die ihn umgebende Welt eigentlich hat. Er sieht mehr darauf, welche Freude das Leben für ihn bereithält. Er ist ein Träumer und entdeckt die Freiheit, an der Wirklichkeit Korrekturen anzubringen. Die Lüge gehört zu den erstaunlichsten Entdeckungen der Kindheit – und die Forderung nach unbedingter Ehrlichkeit ist die Antwort der Eltern, die der eigenen Maxime selbst nur selten entsprechen.

»Ich kann lügen, ohne zu stottern«, wird er fast dreißig Jahre später bekennen[10] und damit seiner Mutter recht geben: »Bei Christoph wußte ich immer, wann er lügt, aber Thomas, der konnte einen wirklich an der Nase rumführen.«[11] Manchmal sind die Geschichten, die der Knabe Thomas erfindet, so raffiniert geschwindelt, daß er sie selbst erst nach vielen Jahren, im vorgerückten Erwachsenenalter, als Kinderlüge enttarnt.

Wie die Sache mit dem roten Auto …

»Hat Thomas denn seine Klavierstunde vergessen? Ich warte schon seit über dreißig Minuten!«

Der Anruf der Klavierlehrerin versetzt Mutter Gottschalk in Alarm. Dem Kind mußte etwas zugestoßen sein. Auch der Vater, sofort informiert, ist äußerst besorgt. Schließlich kennt er als Anwalt die Schlechtigkeit der Welt zur Genüge. Noch bevor die Polizei gebeten wird, nach dem Kind zu suchen, taucht Thomas in der väterlichen Kanzlei auf. Zwei Stunden, nachdem er von zu Hause weggegangen war. Zur Mutter traut er sich nicht, sie ist strenger.

»Und wo bist du gewesen, was ist passiert?«

Die eindringlichen Fragen des Vaters pariert der Knabe mit einer langen Erzählung.

»Da kam so ein Auto, ein rotes, ich glaube ein VW, und das hielt, und der Mann fragte, ob ich sagen kann, wo's zum Gründla geht, und da...«

Eingestiegen sei er zu dem Mann im roten VW. Aber die Straße sei nicht zu finden gewesen, solange sei der Mann mit ihm durch Kulmbach gefahren, und ganz am Schluß hätten sie zum Gründla gefunden, und von dort habe er heimlaufen müssen, das ganze lange Stück, denn im Gründla, das ist ja viel weiter als die Burg.

Der Vater ist in heller Aufregung. Natürlich weiß Thomas genau, daß er nicht zu Fremden ins Auto steigen darf. Aber hier wollte er doch bloß helfen! Und offenbar hat er nicht begriffen, daß der rote VW-Käfer vielleicht einem »Kinderentführer« gehörte. Was, wenn der es erneut versuchte? Das mußte man verhindern.

»Dann gehen wir jetzt zusammen zur Polizei.«

Thomas nickt eifrig und ohne rot zu werden. Läuft mit dem Vater auf die Wache und wiederholt dort Wort für Wort die Geschichte mit dem fremden Auto und dem Mann, der zum Gründla wollte.

Ob er das Kennzeichen wisse? Aber klar! Nur nicht ganz. Er diktiert dem Polizisten drei Ziffern. Der beschließt, nach dem roten VW zu suchen.

Und so kam es, daß Thomas eine weitere Stunde in Kulmbach herumfuhr, diesmal in einem Streifenwagen. Aber den roten Käfer, den haben sie nicht gefunden. Nicht in der Stadt, nicht im Landkreis. Nicht an diesem, nicht am nächsten Tag. Er war ja auch nirgends zu finden außer im Kopf des Gottschalk-Knaben.

Was war geschehen? Auf dem Weg zur Klavierstunde war Thomas an einer Baustelle vorbeigekommen. Einer großen Baustelle. Mit einem großen Bagger. Und einem großen Kran. Und einem tiefen Loch. Da war er stehengeblieben, hatte zugeschaut, wie der Bagger das Erdloch ausfraß, wie der Kran die Eisenteile und

Zementpaletten von den Lastwagen hob, sich mit den Lasten durch den Himmel drehte und sie drüben am Bauplatz absetzte. Die mächtigen Maschinen hatten ihn ganz in ihren Bann gezogen. So war mit Schauen und Staunen die Zeit verronnen. Zuviel Zeit, um noch in die Klavierstunde gehen zu können. Viel zuviel Zeit für eine einfache Erklärung. Folglich wuchs eine Geschichte in ihm, in der ein fremder Mann und ein roter VW-Käfer und der Gründla die Hauptrollen spielten.

Er hat sie offenbar nicht nur überzeugend erzählt. Er hat sie sogar der Polizei gegenüber durchgehalten. Und seiner Mutter erst fünfzehn Jahre später gestanden, daß alles erfunden war. Es war vielleicht die erste seiner vielen Geschichten, die später Radioprogramme auffüllten und den Zuhörern großes Vergnügen bereiteten.

Denn eines seiner Erfolgsgeheimnisse im Radio war das Spiel mit der Scheinwirklichkeit, mit der erfundenen Reportage, mit der harmlosen Irreführung in einer Medienwelt, die ja selbst zwischen Schein und Sein keine deutliche Grenze kennt. Kaum einer wird damit vor dem Mikrophon so souverän und sorglos spielen wie Thomas Gottschalk.

Freilich gibt es da noch die christlichen Gebote, mit denen er aufwächst. Vermutlich hat er seine Schwindeleien einem Priester gebeichtet, denn seine Jugend war eingebettet in den bürgerlich-katholischen Kontext, ohne Bigotterie zwar, doch ohne Zweifel an der Grundgültigkeit der kirchlichen Dogmen. Seit Kindesbeinen ministriert der Knabe bei Messen, bei Hochzeiten und Begräbnissen. Hochzeiten sind ihm vor allem darum lieber, weil sie außer den fünfzig Pfennig Ministriergeld zusätzliche Einnahmen versprechen: Bei der »Brautsperre« werden die Autos des Paares und der Hochzeitsgäste nach der Trauung von den Kindern in erpresserischer Absicht so lange an der Wegfahrt gehindert, bis ein reichlicher Zehnerlsegen aus den Wagenfenstern die Wegelagerer milde stimmt. Das juristisch nicht ganz einwandfreie Verfahren führt zu den ersten geldlichen Verdiensten, noch in durchaus überschaubarer Größenordnung.

Schwerer verdient ist das Geld bei Begräbnissen. Und doch gewinnt der Tod für Thomas eine merkwürdige, unheimliche und zugleich lockende Faszination. Nach der Schule schleicht er sich mit Klassenkameraden in die Aussegnungshalle des Friedhofs, wo die Verstorbenen offen aufgebahrt liegen. Bei vielen steht auf den Namensschildern vor den Jahresdaten der Geburt noch eine 18. Nur die Verkehrsunfälle liegen geschlossen.

Die kalte, barockisierte Leichenhalle mit den großen Glasscheiben, hinter denen die Särge schräg aufgerichtet liegen, wird Thomas später, wenn er seine Liebe für Horrorfilme entdeckt, immer wieder einfallen. Hier hat er den Schauder gespürt, die Grenze betrachtet. Wahrlich kein Spielplatz für Kinder – aber Thomas wußte ja, daß er bei der Totenmesse ministrieren würde, und das Orgelspiel, der Weihrauchduft gehörten dann ebenso zum Übergang vom Hier ins Dort wie der Ministrantenrock, der kühl an den nackten Knien unterhalb der kurzen Lederhose entlangstrich.

Der Tod hatte noch keinen Schrecken für ihn; all die Rituale der Konfession gehörten fest und selbstverständlich zum Alltag des Jungen und bestimmten seine Lebensvorstellungen. So wie er »Asche zu Asche« hörte, so hörte er »Du weidest mich auf grüner Aue, mir wird nichts mangeln« und fühlte sich geborgen. Er hörte »Bis daß der Tod euch scheidet« und glaubte, daß es gelingen müsse, die Frau zu finden und lieben zu lernen, die Gott ihm vorherbestimmt hat. Und daß dies dann die Entscheidung fürs Leben sein werde.

Seine Eltern bestärkten ihn durch ihr Vorbild. Gewiß, es gab Streit um dies und jenes, aber keine tiefgreifende Auseinandersetzung, zumindest nicht vor den Kindern. Dieses »Nicht vor den Kindern« war seinerzeit üblich – es half allerdings nicht, denn die Kinder lasen Krisen zwischen den Eltern mehr aus dem Schweigen als aus dem Reden. Thomas erinnert sich nicht an ein solches Schweigen. Und tatsächlich hat die Eheauffassung seiner

Eltern offenbar im Alltag Bestand gehabt und ihm Halt gegeben. Wer 2004 an die Tür des Hauses in Kulmbach kam, wo Rutila Gottschalk wohnte, fand unter der Klingel noch immer das Schild: »Hans Gottschalk, Rechtsanwalt«. Vierzig Jahre nach seinem Tod.

Solche Beständigkeit paßt Ende der Fünfziger kaum mehr in die unruhige Gesellschaft. Die Gewerkschaften kämpfen für die 40-Stunden-Woche und setzen erstmals das Medium Film für ihre Zwecke ein. Für 165 000 Mark läuft in einem Drittel aller deutschen Kinos die 2-Minuten-Werbung »Samstags gehört Papi mir!« Die fällige Ablösung der Generationen wird durch eine Verschiebung der Glücksvorstellungen vorerst aufgehalten: Ein bißchen mehr Materialismus, ein bißchen weniger Idealismus darf jetzt sein. Die Idole der Jugend kommen zwar immer noch, wie der siebzehnjährige Meisterfußballer Pelé, aus dem Sport, aber sie schielen schon nach Selbstvermarktung und nach dem großen Geld.

Thomas nimmt die Welt deutlich wahr, er ist acht Jahre alt, als der dreifache Skiolympiasieger von 1956 und zweifache Weltmeister von 1958, Toni Sailer, sich nach seinen vorbildlichen Siegen vom Sporthelden für die höhere Gage zum miserablen Schauspieler wandelt; eine weitere Jugend-Ikone, der Mittelgewichts-Europameister im Boxen Bubi Scholz, versucht sich als Geschäftsmann, scheitert und wird im Gefängnis landen. Die Gesellschaft nimmt Witterung für Reichtum auf und korrumpiert die moralischen Maximen der Erziehung: die Ermordung der Edelprostituierten Rosemarie Nitribitt in Frankfurt wächst sich zum Sittenskandal aus, der die Republik bis in die höchsten Kreise von Wirtschaft und Politik erschüttert. Die Kinder bekommen davon nichts mit? Weit gefehlt, der Name Nitribitt ist in aller Munde, verlogene Empörung kaum von echter Besorgnis zu unterscheiden. Die Berichte von den Alkoholexzessen der Tochter von Winston Churchill werden ebenso als Vorbeben eines größeren Generationenkonflikts verstanden wie der Prozeß um Cheryl Crane: die vierzehnjährige Tochter des Filmstars Lana Turner hatte den Geliebten der Mutter, den Gangster Johnny Stompanato, erstochen. Die Jugend gibt sich weder wohlerzogen noch gefügig. Wer ein Gefühl für die Zeit hat, ahnt, daß sich in der Gesellschaft ein Umbruch anbahnt.

Politisch hält die alte Generation sich noch an der Macht: General de Gaulle wird Frankreichs Staatschef und verständigt sich mit Adenauer, in Moskau erpressen die uralten Kremlherren den vergleichsweise jungen Dichter Boris Pasternak, den ihm für *Doktor Schiwago* verliehenen Nobelpreis abzulehnen. Im Kino kehrt der Krieg der Vätergeneration als großes Epos zurück: *Die Brücke am Kwai* wird in Deutschland zum Familienfilm, in dem die schweigenden Männer ihre Konflikte gespiegelt finden und hoffen, daß Frauen und Kinder das nun via Kino verstehen. Zwei Jahre darauf heißt der Erfolgsfilm *Ben Hur*, ein Film der jungen Helden. Das Sportidol Armin Hary läuft als erster Mensch die hundert Meter in 10,0 Sekunden. Die neue Generation betritt mit einem Paukenschlag die politische Bühne: John F. Kennedy wird Präsident der USA.

Diese wenigen Daten, zu denen man auch den 1960 in Deutschland mit signifikantem Erfolg anlaufenden Film *Psycho* von Alfred Hitchcock zählen sollte, beschreiben einen damals für unaufhaltsam angesehenen Aufbruch in neue, bessere Zeiten, unter dem zugleich die Ängste vor dem Abschied von liebgewordenen Gewohnheiten und sittlichen Gewißheiten gärten.

Familien wie die Gottschalks pflanzen dem schwankenden Grund konservative Werte wie Kirchenbindung, Sicherheit und moralische Verläßlichkeit ein, eine Lebensmethode, die sich aus Bewährtem speist und zur Adenauer-Devise »Keine Experimente« paßt. Begreiflich, es lagen düstere Strecken voller Unsicherheit hinter dieser Generation. Dennoch geraten die Kinder in einen Konflikt: Sie sind angehalten, den Eltern zu gefallen, zumindest zu gehorchen, und spüren doch, daß eine ganz andere Zukunft sie erwartet, in der sie neue Haltungen brauchen werden, um zu bestehen, Haltungen, die sie von den Eltern nicht lernen und gegen sie durchsetzen müssen.

Es sind die Jahre, in denen Thomas die Grundschule abschließt und aufs Gymnasium kommt, damals noch eine Art weltlicher Initiation. Von nun an wollte man für voll genommen werden. Zwar ist er als Sextaner im neuen System wieder der Kleinste, aber familiär nimmt der Abstand zum Bruder Christoph sprunghaft zu.

Im selben Jahr, 1960, wird seine Schwester Raphaela geboren, und Thomas zeigt ihr von Anbeginn seine Zuneigung. Er findet, daß es keineswegs unter seiner Gymnasiastenwürde ist, sie zu baden, zu wickeln, im Kinderwagen spazierenzufahren. Gesellschaftlich ist der Eintritt ins ehrwürdige Markgraf-Georg-Friedrich-Gymnasium Kulmbachs ein entscheidender Aufstieg und von großer Erwartung getragen. Zugleich nimmt die Aufmerksamkeit für Mitschülerinnen deutlich zu. Der Junge beginnt sich auffällig zu kleiden, trägt einen Nicki in den Farben der französischen Trikolore. Auch wächst die Neugier, wie denn das andere Geschlecht eigentlich beschaffen sei.

Hierfür hatte sich Thomas an die Illustriertenwelt außerhalb seines Zuhauses zu halten. Der *Stern* – der 1958, im Jahr des Petticoats, von seinen zweiundfünfzig Ausgaben fünfzig mit der Abbildung mehr oder weniger verführerischer, stets tief dekolletierter Damen versah und 1960 immerhin noch mit vierundvierzig Frauentiteln erschien – wurde im Hause Gottschalk nicht gelesen. Aber es gab ja Zeitungskioske und für die genauere Unterrichtung Konversationslexika. Zum Vergleich der Zeitläufte: 1963 setzte der *Stern* nur noch achtzehn Damen auf den Titel. Aber da wird sich Thomas bereits langsam eigenen Erfahrungen nähern. »Der hat doch schon mit vierzehn jedem Rock nachgeschaut«, erinnerte sich seine Mutter noch vierzig Jahre später. Das mochte aus dem Nachhall leiser Kränkung übertrieben sein, mit einiger Gewißheit darf jedoch angenommen werden, daß die bis zum siebzehnten Lebensjahr von Thomas aufrechterhaltene Idee, Priester werden zu wollen, im besten Fall Illusion, vermutlich aber eine gediegene Selbsttäuschung war.

Oder lag der Grund dafür in einer Erschütterung, die ihn als Zwölfjährigen getroffen hatte?

Er war gerade in die Quarta versetzt worden und freute sich darauf, auf die Quintaner hinunterzublicken, als ihn eine Nachricht traf, die zu keiner seiner Hoffnungen, Erwartungen, Planungen paßte; er hatte auch keine Methode zur Verfügung, sich der Bedeutung dieser Nachricht entgegenzustellen.

Es muß ein Augenblick großer, kindlicher Hilflosigkeit gewesen sein, als er erfuhr, daß man bei seinem Vater Magenkrebs diagnostiziert hatte. Dann wird sich das kindliche Talent für Hoffnung durchgesetzt haben: Eine Operation würde den Vater retten. Gebete halfen gewiß auch. Außerdem war sowieso unvorstellbar, daß die Sonntage ohne Vater begannen und daß er unter der Woche nicht mehr wiederholen würde: »Hafer macht Pferden ein glattes Fell. Er ist auch gut für Kinder!« Ihn wegzudenken ging gar nicht.

Die Operation verschaffte ein Jahr Aufschub, mehr nicht. Die Hoffnung wich der Gewißheit: Der Krebs war nicht besiegt. Thomas hatte dem Vater nicht helfen können, nicht durch Gebete, nicht durch die kindliche Fürsorge, auf dem Frühstückstisch neben seinem Teller die Medikamente zurechtzulegen, die Hans Gottschalk, der zudem Diabetiker war, für den Kampf gegen die Krankheit einnehmen mußte. Jeden Morgen Verantwortung zeigen, die Heilung herbeizwingen – durch solche Gesten schien es der kindlichen Phantasie möglich, den Vater zu retten.

Die Wirklichkeit verwies den Vierzehnjährigen in seine Schranken. Ohnmacht – auch gegenüber der mütterlichen Angst. Rutila Gottschalk konnte die in der Diagnose mitgeteilte Aussichtslosigkeit nur zu gut beurteilen. Sie mußte ihre Kinder auf das Sterben des Vaters vorbereiten.

Gibt es für solche Mitteilungen einen richtigen Augenblick? Thomas sah in der Diele des Hauses seine Mutter weinend auf sich zukommen. Sie nahm ihn in die Arme und sagte: »Der Vati wird sterben.« Nicht der Schreck bleibt als Gefühl erinnert – die Nachricht war in ihm über die letzten Monate längst zur Gewißheit geworden –, sondern die Hilflosigkeit angesichts des mütterlichen Schmerzes.

Der Sohn kann die Mutter nicht trösten, er ist erst vierzehn. Er umarmt sie, klopft ihr auf den Rücken, wünscht sich, sie möge aufhören zu weinen. Er spürt in diesem Augenblick bereits ihre Verlassenheit und ahnt, daß für ihn, den Ältesten, jetzt die Kindheit vorbei ist. Er wird seinen Vater nicht mehr befragen können über dessen Zeit im Krieg. Er wird sich nicht mehr darauf verlassen können, daß da einer ist, der Probleme lösen kann, ihm Rat gibt.

Er wird ihn nicht mehr fragen können, wie das war, an jenem Morgen, als er sein Turnzeug vergessen hatte, auf dem Schulweg umkehrte und noch einmal zurück nach Hause kam. Er sah die Tür zum Schlafzimmer offenstehen und seinen Vater da, schon im Anzug für den Gang ins Oberlandesgericht, auf einem Stuhl sitzen und beten. Schweigend. Am Abend zuvor war bei Tisch erwähnt worden, daß morgen ein besonders schwieriger Prozeß bevorstand. Worum betete dieser Mann, der jeden Konflikt souverän auszutragen schien und alles andere war als ein Frömmler? Thomas hatte sich vorgenommen, ihn zu fragen. Doch dazu kam es nicht mehr.

Seit Wochen ist Hans Gottschalk wieder aus der Klinik zu Hause. Aufgegeben von den Ärzten. Gezeichnet von der tödlichen Krankheit, liegt er im Bett, wird manchmal auf die Terrasse hinaus in die Sonne geschoben. Es wird Herbst. Man hat einen Fernseher geliehen und im Krankenzimmer auf einen Schrank gestellt. Oft kriechen Thomas und Christoph nachts ins Zimmer des Vaters, hocken sich vor dem Fußteil des Bettes auf den Boden, so daß der Vater sie nicht sehen kann, und starren hinauf zu den Fernsehspielen, Theaterstücken, Reportagen des Abendprogramms.

Als die Familie am 6. November 1964 im Haus Sieben Eichen

zusammen mit dem väterlichen Freund Johannes Seifert um das Bett des Sterbenden steht und Abschied nimmt, sagt Hans Gottschalk mit klarer Stimme: »Haltet alle fest zusammen!«

Ein Wunsch, eine Bitte, eine Anweisung, ein Auftrag. Für Thomas ein Lebensmotto. Er sieht am Tag des Begräbnisses, als der Vater aufgebahrt liegt, wie die Mutter sein Gesicht streichelt und ihn auf die Stirn küßt. Raphaela, an der Hand der Mutter, ist gerade vier Jahre alt. Christoph ist elf, Thomas vierzehn.

»Ich habe mir gedacht: Einen Toten küssen! Die haben mir nichts vorgemacht. Sie hat ihn wirklich geliebt.«[12]

Noch weiß er nicht, wie stark seine Rolle in der Familie sich geändert hat. Mit ihm wird die Mutter künftig besprechen, was zu tun ist. Er wird von nun an zupacken und Verantwortung übernehmen müssen, sich kümmern um die kleine Schwester, sein Taschengeld selbst verdienen, denn von jetzt an ist das Geld knapp im Haus Gottschalk. Bald wird er versuchen, der Mutter, wo immer möglich, Sorgen abzunehmen.

In der Schule sprechen die Lehrer ihm vor versammelter Klasse ihr Beileid aus. Im Religionsunterricht wird für den Vater gebetet. Dem Schüler Thomas ist das peinlich. Halbwaise – wie klingt das für einen, der durch seine vorlaute Zunge und seinen Witz ebenso bekannt ist wie für seine sporadische Mitarbeit?

Der Freund des Vaters, Hans Seifert, hat dem Sterbenden versprochen, sich »immer um die Kinder zu kümmern«. Er ist sieben Jahre jünger als Hans Gottschalk, Priester – »Philosoph«, wie die Mutter sagt – und unterrichtet als Religionslehrer in Kronach. Seine drei Schwestern wohnen im Haus der Gottschalks, sie haben den Bau mitfinanziert und leben nun mietfrei. Seifert besucht sie, um sie in seinem Auto sonntags ein bißchen herumzufahren. Er hat auch ein Übernachtungszimmer im Parterre des Hauses. Aber den Gottschalkkindern den Vater ersetzen? Dazu müßte er ständig in Kulmbach sein.

Da sind zwei Jungen, die in einer Familie aufwuchsen, in der die Geschlechterrollen traditionell verteilt waren. Sie brauchen, ab und an wenigstens, männliche Orientierung. Und Seifert tut, was er kann. Drängt Thomas, die Schule ernst zu nehmen. »Wenn du nicht lernst, wirst du Steine klopfen!« redet er mit seinem schlesischen Pathos dem Jungen ins Gewissen und warnt ihn im Predigerton davor, »zum Weibe« zu gehen. Er unterstützt, so gut er eben vermag, den Alltag. Johannes Seifert ist ein sehr liebenswerter, gebildeter und heiterer Mann, auch mehr praktisch veranlagt, als es sein Freund Hans Gottschalk war. Die kleine Raphaela liebt ihn wie einen Vater. Manchmal bringt er einen Karton voll Kleider aus einer karitativen Sammlung ins Kulmbacher Haus, und Thomas lernt, aus irgendwelchen Klamotten, die für Polen bestimmt sind, ein paar Stücke abzuzweigen und daraus einen eigenen Stil zu kreieren.

Was hätte wohl Hans Gottschalk dazu gesagt? Sein Freund Seifert hat als Priester vom Familienleben keine Ahnung, muß sich um seine Belange in Kronach kümmern und unterschätzt die Anforderungen des Alltags. Daß er nach dem Tod des Familienoberhaupts der Witwe nahelegt, aus Kostengründen sofort das Telefon abzumelden, zeigt seinen Abstand von der Welt.

»Bist du verrückt?« kontert die erst zweiundvierzigjährige Rutila. Sie weiß zu gut, daß sie den Draht zur Welt dringend brauchen wird. Die Miete für den Fernseher muß freilich eingespart werden. Jetzt scheint sich zu rächen, daß Hans Gottschalk die Angebote aus Bonn, in den diplomatischen Dienst zu gehen, nicht in Erwägung gezogen hatte. Ihm waren Botschafterposten in Aussicht gestellt worden, in Reykjavik oder in Kairo. Er hatte abgelehnt – wegen der Kinder. Sie sollten nicht durch die Welt gezogen werden, sie sollten Heimat haben, behütet sein. Als Diplomat hätte er seiner Familie eine Pension hinterlassen. Doch für Anwaltswitwen gab es damals keine Versorgung.

Rutila Gottschalk wird sich Hilfe und Rat organisieren müssen: Raphaela blickt noch von unten hinauf in die Welt, und die Söhne, ohnehin nicht einfach zu haben, geraten in turbulente Zeiten:

Christoph kommt ins Gymnasium und Thomas in die Pubertät.

6 Sie nannten sich Tiger und Wölfe

Die väterlichen Wünsche waren eindeutig formuliert: Alle drei Kinder sollten Abitur machen. Derart geistig ausgerüstet, würden sie ihren Weg schon finden. Für die Tochter Raphaela gab es Einschränkungen: Sie dürfe, bitte, weder Schauspielerin werden noch Nonne. Und für Thomas hatte Hans Gottschalk seiner Frau geraten: »Laß dir von niemandem einreden, daß er Theologe werden soll!«

Soweit der mündliche Nachlaß des Vaters. Rutila Gottschalk zögerte nicht, in seinem Auftrag zu handeln. Leichter gesagt als getan. Thomas lernte nur das unterste Pensum dessen, was er als absolut notwendig einsah. Lieber übte er sich im Nachäffen bekannter Politiker und unterhielt seine Klassenkameraden mit kabarettistischen Einlagen.

Und Christoph hatte von Thomas gelernt, daß Lernen eigentlich Zeitvergeudung sei. Hierin wenigstens folgte er seinem Bruder gern. Dazu stritten beide, sooft es ging, waren sich aber rasch einig, sobald die Mutter, mit Ohrfeigen hurtig, die Hausordnung verteidigte.

Rutila Gottschalk war gelegentlich überstreng, weil sie überanstrengt war: jeden Tag Hausaufgaben nachsehen, Vokabeln abhören, das Haus erhalten, die Familie versorgen. Zudem gab sie noch Unterricht für Klavieranfänger, das Geld kam in die Haushaltskasse. Kein Wunder, daß sie jemanden suchte, der ihr den schulischen Teil der Erziehung abnehmen konnte. Doch Nachhilfe, seinerzeit bei fünfzehn Mark pro Stunde, war für sie unbezahlbar.

Hans Seifert, obschon als Humanist geeignet, konnte nicht hinreichend oft im Haus sein. Frau Keller, die unterm Dach mit ihrer

Mutter wohnte, war Berufsschullehrerin. Und Seiferts drei Schwestern, die Tanten Tilla, Grete und Minke, die den rechten Teil der ersten Etage bewohnten, steckten den Kindern zwar oft genug etwas zu, und Studienrätin Tilla konnte in Englisch, Erdkunde und Geschichte helfen – aber Griechisch und Latein? Das war dann doch zu fern. Ein Zeitungsinserat sollte helfen: »Einzimmerwohnung, Küche, Bad, mietfrei gegen tägliche Hausaufgabenbetreuung in Latein und Griechisch...«

So kam es, daß ein gewisser Herr S. in die Parterrewohnung im Hause Gottschalk zog: ein junger Lehrer, Altphilologe, der mit seiner Mutter aus der DDR übergesiedelt war und den Knaben in den alten Sprachen die überaus nötige Nachhilfe gab, erfolgreicher jedoch und unfreiwillig zu ihrer Belustigung beitrug.

Seine Morgengymnastik mit turnerischen Verrenkungen im Freien machte ihn zum Clown, seine Frisur, Bubikopf mit Ponyschnitt, zur Lachnummer für die Bengels. Tatsächlich mußte sich auch die Mutter zurückhalten, wenn der eitle Herr S. zu Tisch kam: die in waagrechter Linie vor der Stirn geschnittenen Haarfransen ließen dahinter keinen wachen Geist vermuten. Vielleicht hielt er seine Frisur für römisch.

Eines Abends prusten die Jungen vor Lachen, als S. ins Zimmer tritt und sich zum Essen setzt. Keine Ermahnung der Mutter hilft. Schließlich schlägt der Untermieter mit der Faust auf den Tisch und verlangt zu wissen, was denn so komisch sei. Christoph darauf: »Ihr Schlips. Ihr Schlips sieht aus wie ein... Bismarckhering!« Verstärktes Gelächter. Die Mutter wendet ihr Gesicht ab. Herr S. steht auf und ruft empört: »Dieser Schlips ist von meinem Vater selig!«

Der Satz verfehlt seine Absicht, Respekt vor der fischgleichen Krawatte zu erzeugen, gänzlich. Raphaela kichert, die Jungs brüllen, kriegen sich nicht mehr ein, werden von der Mutter, die gleichfalls nicht mehr an sich halten kann, des Tisches verwiesen. Und da sie nicht gehorchen, wendet sich der Gast mit Grausen.

Am folgenden Tag muß Rutila Gottschalk bei dem Lehrer wieder um gut Wetter bitten.

»Leicht war das nicht mit den beiden Jungen«, sagte sie im Rückblick, »immer mußte ich Druck machen, für mich war das oft eine Schinderei.« Dabei war es mit Thomas noch ein Stück leichter als mit Christoph, der seine Stimmungen und Launen ungebremst auslebt.

Thomas versucht, Konflikte zu vermeiden, wenn möglich. Mit dem Bruder geht das nicht immer. Einmal geraten sie so aneinander, daß Christoph ins Krankenhaus gebracht werden muß: Die Mutter ist in der Stadt, die Söhne sind allein im Haus, das zum Fassadenanstrich eingerüstet ist. Thomas turnt aus dem Fenster aufs Gerüst. Christoph schließt das Fenster und läßt den Bruder nicht mehr ein. Thomas klettert hinunter, gelangt ins Haus, geht auf Christoph los, der ihn anspuckt. Thomas schnappt sich ein Bauseil, fesselt dem Bruder die Füße zusammen und droht: »Wenn du noch einmal spuckst, zieh ich!« Christoph spuckt. Thomas zieht. Christoph fällt wie eine Eiche und schlägt aufs Gesicht, die Unterlippe platzt bis zum Kinn auf. Muß genäht werden. Als die Mutter informiert wird und in die Klinik eilt, behauptet Christoph zur Schonung des zutiefst erschrockenen Thomas, er sei unglücklich gefallen. »Nein«, lügt er für den Bruder, »Thomas hat nix damit zu tun.«

Das Familienleben war von Anfang an von katholischem Geist geprägt. Die Illustrierte, die man las, hieß nicht etwa *Quick* oder *Revue* oder *Stern*. Sie hieß *Stadt Gottes*. Für Thomas hatte man die Kinderzeitschrift *Der Jesusknabe* abonniert. Dazu gab es das *Kommunionsblättchen*, das aus dem Bistum selbst stammte und die Kinder für ihre Aufnahme in den Schoß der Kirche vorbereitete.

Die Druckerzeugnisse gestatten einen tieferen Einblick in die Art Katholizismus, die in der Familie praktiziert wurde. Die Zeitschrift *Stadt Gottes* stammt aus der holländischen Societas

Verbi Divini (SVD, Gesellschaft des Göttlichen Wortes), weltweit bekannt als Steyler Mission, die wegen ihrer sehr traditionellen Auslegung der Bibel und ihres stark missionarischen Charakters innerhalb der Kirche nicht unumstritten ist und von teils heftigen benediktinischen Einsprüchen begleitet wird.

Auch die Kinderzeitschrift *Der Jesusknabe*, die seit 1970 unter dem Titel *Weite Welt* vertrieben wird, war von einem Steyler Missionspriester, Anton Freitag, 1920 gegründet worden und erzog die jugendlichen Leser zu einer Weltsicht, in der das Christentum den Gipfel der Religionen bildete und das Ziel der Mission als »Beseitigung des Un- und Aberglaubens der heidnischen Religionsanschauungen«[13] definiert wurde. Daß die damit verbundene Gesellschaftsvorstellung mit der Aufbruchsbewegung der fünfziger und sechziger Jahre kollidierte, ist offensichtlich. Also gab man dem Knaben Thomas weitere Sicherungen an die Hand. Bücher wie *Das Licht der Berge* oder die Traktate von Clemente Perreira bewahrten ihn zwar nicht vor den Einflüssen seiner Gegenwart, schufen aber Traditionsräume in seiner Phantasie.

Um ganz sicherzugehen, legten seine Eltern ihm den *Aufrechtenkalender* auf den weihnachtlichen Gabentisch. Der nun war ein Produkt des Kreuzbundes, einer Ende des neunzehnten Jahrhunderts ins Leben gerufenen katholischen »Nüchternheitsbewegung«, sprich: einer Anti-Alkoholiker-Vereinigung, die dem Elend der Sucht eine übrigens erfolgreiche Initiative mit Gruppenarbeit und Trinkerheilstätten entgegensetzte. Dieser Katholische Verein gegen den Mißbrauch geistiger Getränke, der 1996 in Aachen sein hundertjähriges Jubiläum beging, gründete für die Jugend den Club der Aufrechten mit einem entsprechenden Jahreskalender. Das Abreißwerk für Clubmitglieder hatte ein gewisser Onkel Heinrich 1915 zum ersten Mal publiziert.

In diesen Club trat Schüler Thomas ein. Das heißt, er unterschrieb eine durchaus als Glaubensversprechen gemeinte Erklärung, sowohl auf Alkohol als auch auf Tabak und selbstverständlich auf andere Drogen zu verzichten.

Ob ihm das schwerfiel, weiß er nicht mehr. Daß er sich nicht mehr an seine Schülerunterschrift gebunden fühlt, ist sicher: er trinkt gern Wein und diverse Digestifs, raucht gelegentlich Zigarre oder Pfeife. Seinerzeit aber verband sich jene Enthaltsamkeitsverpflichtung auch noch mit seinem Pfadfinderschwur, möglichst jeden Tag eine gute Tat zu tun.

Viele Regeln für ein sittlich gutes Leben häuften sich da an in einem Jungen, der doch andererseits in seiner Zeit leben wollte – und die war offensichtlich weniger hehren Zielen zugetan. Sie lockte auch mit süßeren Früchten, und Thomas kalkulierte, daß mögliche Verstöße gegen den eingegangenen Anständigkeitspakt nicht ewige Verdammnis rechtfertigen würden, allenfalls Fegefeuer. Diese Kalkulation hat er im wesentlichen beibehalten: Sein »Sündenregister« hält sich im Vergebungsrahmen.

Damals löste er den Konflikt zwischen mütterlicher Erwartung und Lebensneugier auf die klassische Weise des guten, liebevollen Sohns: Er machte der Mutter keine Sorgen, verheimlichte ihr seine Abenteuer und entdeckte, ohne daß sie davon wußte, seine nicht ganz so von Folgsamkeit und Bravsein bestimmte Welt. Er vereinbarte seine Träume und seinen Gehorsam auf Kosten der geforderten radikalen Ehrlichkeit. Für kleine Sünden, die sich im Alltag ansammelten, gab's ja wochenends die Beichte.

Der gute Sohn: Alle zwei Wochen zog er den Handkarren mit dem Korb Mangelwäsche darauf über die Hohe Flur in die Wäscherolle, zu Heißmangel-Lagnier, er dehnte und faltete die Stücke mit der Mama, holte die Wäsche von Lagnier auf dem Leiterwagen wieder ab; machte sich zu Hause nützlich, mähte den Rasen auch dann, wenn eigentlich Christoph dran war; kehrte Laub, ging einkaufen, führte den Hund spazieren. Vor allem aber war er für die kleine Schwester da.

Was immer er tat, er trug Raphaela »auf dem Buckel« herum.

Winters saß sie auf seinen Schultern und wärmte mit ihren Händchen seine großen Ohren. Oder er fuhr sie in der Kinderkarre an die frische Luft. Es machte ihm nichts aus. Im Gegenteil, er hatte sie ja schon gebadet und gewickelt, als sie ein Baby war. Jetzt hatte er ihr Kosenamen verliehen: Josef, Jubel, Simbi. Er spielte gern mit ihr, und die Spazierfahrten hatten ihm schon lange auch etwas Freiheit für eine Lektüre verschafft, die so gar nicht zum *Aufrechtenkalender* und zum *Jesusknaben* paßte: Thomas liebte *Jerry-Cotton*-Romane.

Vor den Eltern mußte er sie verstecken, die Lektüre galt als Schund. Der wurde bald unter seinem Klappbett entdeckt und beseitigt. Für längere Zeit verbarg er die von diversen deutschen Schreibern für den Basteiverlag verfaßten Heftchen und Taschenbücher dann im Bad; aus der Badewannenverkleidung hatte er das für Installationsarbeiten eingeklemmte Kachelgeviert herausgenommen und Jerry Cottons haarsträubende Abenteuer im Loch dahinter verstaut. Irgendwann fand die Mutter den kostbaren Vorrat auch dort und vernichtete ihn.

Doch ein echter Jerry-Cotton-Fan läßt sich nicht abschrecken. Bald gab es wieder neue Abenteuer. Wenn Thomas im Frühling die kleine Schwester an die Sonne bringen mußte, schob er den Kinderwagen weit bis ins Katzbachtal, wo es einen aufgelassenen Garten gab. Dort stellte er Raphaela unterm Apfelbaum ab, legte sich in die Wiese und las und tagträumte von den Helden des FBI, rettete die freie, weiße Welt, war einer der besten G-men in Edgar Hoovers Geheimdienstzentrale, und wenn er dort die Halle betrat und die Steinplatten mit den Namen der gefallenen Agenten sah, wußte er, daß hier auch sein Name einst ... Dann aber mußte er zum Abendessen zu Hause sein.

Ein besonders einschneidendes FBI-Erlebnis hatte er mit dem Band *Sie nannten sich Tiger und Wölfe*. Die Lektüre stand in Zusammenhang mit einer Zahnspange. Sein strahlendes Fernsehlächeln heute wäre nicht dasselbe ohne die ebenmäßigen Zähne, und die wiederum verdanken sich einer rechtzeitig angepaßten

Spange. Der Zahnarzt Dr. Kipp praktizierte eigentlich in Bamberg und kam nur einmal wöchentlich nach Kulmbach, um in einer Praxis im Souterrain seine dortigen Patienten zu behandeln.

Auf dem Weg zu Dr. Kipp hatte Thomas ein Erdloch entdeckt, in dem er seinen Jerry-Cotton-Roman verbarg. Nun gönnte er sich beim Gang zum Zahnarzt jeweils eine Viertelstunde Lesezeit. Da die Spange nur alle vier Wochen kontrolliert wurde, zog sich die Lektüre hin – was die Spannung steigerte. Doch eines Tages, als hätte die Natur einen Pakt mit den Eltern geschlossen, flutete ein Gewitterregen das Romanversteck, ein kleiner Erdrutsch war die Folge, und all die unbezwinglichen FBI-Tiger und FBI-Wölfe wurden ins Unbekannte geschwemmt. Bis heute weiß Gottschalk nicht, wie die Geschichte ausging. Heldenhaft vermutlich. Er wandte sich dann doch Karl May zu, den seine Mutter genehmigte, und hat es auf eine stattliche Anzahl gelesener Bände gebracht, bevor er zum FBI zurückkehrte.

Die Phantasie schenkte ihm ein zweites Leben. Die Pflichten zu Hause waren ihm als dem Ältesten gleichsam biologisch zugewachsen. Dennoch blieb er der Sohn, der zu gehorchen hatte. Dazwischen wuchs jenes Reich der Einbildung, in dem er die Größe und das Selbstvertrauen fand, die ihm in der Wirklichkeit noch fehlten.

Aus grauem Stoff wurden ihm Anzüge geschneidert – Kaplansstoff, den Johannes Seifert als Priester geschenkt bekommen hatte und nach Kulmbach mitbrachte, nicht eben das, was Jugendliche damals gern trugen. Dazu eine gehäkelte Krawatte. Es gab kaum jemanden außer ihm, der derart zum Mann verkleidet ins Gymnasium ging. Das Kino kam ihm zu Hilfe. 1962 war zum ersten Mal ein Mann auf der Leinwand erschienen, der weit mehr konnte als Jerry Cotton: James Bond 007 in der Gestalt von Sean Connery.

Ein aufregendes Jahr: Der Fernsehkrimi »Das Halstuch« von Francis Durbridge fegt bei jeder neuen Folge die Straßen leer,

Bundeswirtschaftsminister Ludwig Erhard verlangt vom Volk »Maßhalten!«, Verteidigungsminister Franz Josef Strauß versucht, das ihm unliebsame Nachrichtenmagazin *Der Spiegel* mit Polizeigewalt zum Schweigen zu bringen, und Adenauer, der alte Kanzler, sieht in der Republik einen »Abgrund von Landesverrat«. Den sieht außer ihm kaum jemand – aber steckte nicht die ganze Welt voller Agenten und Spione? Im Jahr darauf schon, 1963, wird Adenauer mit seinem Plan für ein regierungstreues Staatsfernsehen scheitern, ungewollt zur Gründung des ZDF beitragen und seinem, freilich glücklosen, Nachfolger Ludwig Erhard Platz machen müssen. Der Kalte Krieg läßt großen Raum für Verschwörungstheorien, eine ganze Unterhaltungsindustrie lebt davon, und nach der Ermordung Kennedys geistern Spekulationen über ein Mordkomplott der amerikanischen Geheimdienste gegen die eigene Regierung durch die Medien.

Kein Wunder, daß der Superagent James Bond in den Folgejahren zur Ikone aufsteigt und seine Figur sich von Film zu Film in der Phantasie vieler junger Männer als heldisches Vorbild einnistet. Er ist der Erlöser jener Jahre, der die Mächte des Bösen bezwingt. Und siehe da, der Mann trägt Anzüge! Zuweilen auch graue!

Thomas eifert ihm nach. Der Fünfzehnjährige bestellt sich heimlich aus dem Imex-Katalog, einer Import-Export-Ansammlung der erstaunlichsten Überflüssigkeiten, eine Schreckschußpistole Marke Jaguar, die wie eine echte aussieht und Platzpatronen verschießen kann. Dazu ein Schulterhalfter aus Plastik, das selbstverständlich nur unter einem Anzugjackett zu verbergen ist. Zu Hause spielt er Jerry Cotton, schließt die Tür ab, liest, springt plötzlich auf, zieht die Waffe aus dem Halfter und macht am Fenster Zielübungen. Am Schlüsselloch draußen – der zwölfjährige Christoph, der glaubt, daß die Welt, in der Thomas spielt, ihm ewig verschlossen bleiben werde. Er liest noch Karl May, kann die Namen Old Shatterhand und Winnetou nicht aussprechen, und der große Bruder – schon damals unschlagbar in improvisierter Problemlösung – rät ihm, statt dessen einfach immer Max und Karl zu lesen.

Thomas springt in seiner Phantasie zwischen FBI und MI6 hin und her, zwischen Edgar Hoovers G-man Jerry Cotton und dem Geheimagenten Ihrer Majestät, James Bond. Er steigt wie George Nader in den – deutschen – Cotton-Filmen die breiten Treppenstufen des am Schulweg liegenden Gesundheitsamts hinauf und weiß: Dies ist der Eingang zur Ehrenhalle des FBI. Er legt das Schulterhalfter an, läßt die Waffe in die Pistolentasche unter der Achsel gleiten, zieht das Jackett drüber und fühlt sich wie Sean Connery. Derart gerüstet geht er in die Schule, in der seinerzeit keiner auf die Idee gekommen wäre, Schüler nach Waffen abzutasten, und muß feststellen, daß Griechisch, Latein und Mathematik wohl nicht zu den besonderen Fähigkeiten von 007 gehören.

Da hilft auch nicht, daß er die Religionsstunde schwänzt und in der Eisdiele San Remo seine Hausaufgaben nachholt. Die Leistungen waren nicht glänzend, werden mäßig, schließlich unzureichend. Zweimal bleibt er hängen, was er später im Bayerischen Rundfunk mit einem Anflug von Stolz bekennt und was ihn damals davor bewahrt, ins Internat zu den Benediktinern im oberbayerischen Ettal geschickt zu werden. Dies nämlich war des Vaters Wille gewesen. Das sehr renommierte Erziehungsinstitut nahm freilich keine »Wiederholer«, und so blieb Thomas und Christoph, der seinem großen Bruder im Leistungsmangel ebenbürtig war, die vielgepriesene und aufs Musische gerichtete Pädagogik der Ettaler Mönche verschlossen. Aber auch die Lehrer am ehrwürdigen Markgraf-Georg-Friedrich-Gymnasium kennen ihre Pappenheimer. Als Rutila Gottschalk einmal, zu Recht verzweifelt, die Sprechstunde des Mathematiklehrers aufsucht, stellt der gute Mann souverän fest: »Der Thomas, der ist nun mal kein Bretterbohrer. Ich sag Ihnen, der landet beim Zirkus.«

Manche Prophezeiungen stimmen eben doch. Nicht weil das Fernsehen tatsächlich Zirkus wäre – es ist, mit Thomas' eigenen Worten, nur »Kasperletheater«[14] –, sondern weil er einst im

Glanz seines Ruhms als *Star in der Manege* auftreten wird, ungeachtet seiner Katzenhaarallergie mit Löwen und Tigern samt ihren bissigen Babys im Arm, ein Dompteur seiner selbst.

Und was die dicken Bretter betrifft, gibt er heute zu: »Der Mathelehrer hatte recht. Ich bohre keine Bretter. Mir ist ja bewußt, daß im Holz Würmer sind, also daß die Welt voller Probleme ist. Aber ich nehme mir lieber das Brett und male es bunt an.«[15]

Hier zeigt sich wieder eine ganz zu Eichendorffs Taugenichts passende Lebenssicht, und der schlesische Dichter hätte vermutlich seine helle Freude an dem Bild gehabt.

In der zweiten Hälfte der sechziger Jahre denkt der Schüler Thomas nicht über Bretter nach, er wechselt gerade von seinem Helden 007 zum unterhaltenden Musikgewerbe: Ein Notenständer muß zu Hause als Stativ dienen, um ein Mikrophon zu tragen. Thomas steht davor, die Pfadfindergitarre im Arm, und singt zu den Schlagern, die er auf das Spulen-Tonbandgerät seines Onkels Hans Seifert aufgenommen hat. Er liebt solche Selbstdarstellung mit den Hits seiner Zeit und betrachtet sich dabei im Spiegel, den er auf sein Bett gestellt hat. Der Möchtegernsänger ist im Alter der Knabeneitelkeit, die stark gefördert wird durch schwärmende Mädchen, kein Wunder, der Junge sieht blendend aus und ist die Heiterkeit in Person.

Dummerweise hat er einen Bruder, der sich das Gemime betrachtet, es ätzend findet, in hämisches Gelächter ausbricht und unaufhörlich dazwischenstöhnt: »Du Depp, du Idiot!« Das führt, versteht sich, zu wechselseitigen Attacken, die bis ins Abendessen fortgesetzt und endlich von der verzweifelten Mutter mit dem Aufschrei beendet werden: »Ich hau dir eine runter, daß dir die Suppe aus der Nase spritzt!« Eine technisch nicht unkomplizierten Drohung, die nicht bewirkt, was sie soll, Ruhe herstellen; immerhin aber bis heute in Erinnerung ist, wenn Thomas anmerkt: »Eigentlich meinte sie es nie genauso, wie sie es sagte, und am nächsten Morgen war alles vergessen. Dann hieß es wieder:

›Du bist mir das Liebste auf der Welt.‹ Sie war oft genervt. Aber nie nachtragend.«[16]

Damals war die Sorge um sie größer als der Respekt vor ihr. Sie sollte sich keine Gedanken ums Geld machen, also verdienten die Söhne sich ihr Taschengeld selbst, trugen Zeitungen aus, halfen an der Tankstelle, arbeiteten in späteren Jahren bei den Brauereien der Stadt. Hauptsache, die Mutter wurde nicht noch nervöser, als der Alltag sie ohnehin schon machte. Statt ihr zu sagen, daß die täglichen Eintöpfe – mal Bohnen, mal Erbsen, mal Linsen – nicht schmeckten, warteten die Kinder nach dem Tischgebet »Komm, Herr Jesus, sei unser Gast und segne, was du uns bescheret hast« lieber einen günstigen Augenblick ab, wenn die Mutter das Zimmer verließ, trugen ihre Teller rasch in den Garten und kippten ihr Essen unter die Tannen. Die gediehen davon prächtig. Rutila kam ins Zimmer zurück und füllte, vom Appetit der Kinder begeistert, die leeren Teller nach.[17]

Um die Mama nicht zu beunruhigen, bat der Älteste erst gar nicht darum, abends weggehen zu dürfen; das hätte ihr nur eine schlaflose Nacht bereitet. Er vermied ihr Verbot und schwang sich zu nächtlicher Stunde unerlaubt aus dem Fenster seines Zimmers, um zum Spätprogramm ins Kino zu schleichen. Dort bevorzugte er Horrorstreifen mit lebenden Leichen und die Gangsterdramen der schwarzen Serie, fand aber durchaus auch an römischer Geschichte à la Hollywood Vergnügen. Sein Liebstes jedoch waren Vampirfilme.

Durchs Fenster ins Bett zurückgekehrt, hinderten ihn Angstphantasien am Schlafen. Der nächste Schultag zerging im Gähnen. All dies, um der wohlmeinenden Kontrolle der Mutter und der anderen fünf mehr oder weniger um ihn besorgten Frauen im Haus – die drei Tanten und die Lehrerin samt deren Mutter unterm Dach – wenigstens dann und wann zu entkommen.

Besonders lockt ihn die »Italienische Nacht« im Kulmbacher Schwimmbad, eine Einrichtung, von deren Besuch er lange und um so heftiger träumt, als ihm streng untersagt ist, sich in ein derart verrufenes Unternehmen zu begeben. Als er es dann doch tut, mit klopfendem Herzen, ein Mädel namens Mausi an der Hand, verblaßt der Traum: mehr als ein paar Girlanden bunter Glühbirnen, eine mäßige Tanzmusik und warme Coca-Cola hat der Sündenpfuhl nicht zu bieten; auch Mausi küßt nicht wie gehofft.

Man muß zu solchen nächtlichen Eskapaden, die trotz ihrer Harmlosigkeit von schlechtem Gewissen begleitet waren, immer *Die Stadt Gottes*, den *Aufrechtenkalender*, den *Jesusknaben* und das sonntägliche Ministrieren hinzudenken, um zu verstehen, daß diese Kulmbacher Jugend – so behütet sie war zwischen Hochamtweihrauch und Draculafilmen – unter einem starken Interessenkonflikt stand. Geliebten Menschen keine Sorgen zu bereiten, möglichst niemanden zu verletzen und dennoch auf die Erfüllungen der eigenen Wünsche nicht zu verzichten, gerät zum Selbstanspruch des Jungen – dieses Prinzip begleitet seine Karriere und bleibt seine Maxime bis heute. Manchmal führt das zum Seiltanz, gelegentlich zum Spagat.

Offenbar hat Thomas schon als Jüngling gelernt, Konflikte zu umschiffen und *mainstream* zu sein, und das meint ja nichts anderes, als es möglichst vielen gerecht zu machen – was am Anfang nur hieß: seiner Mutter und sich selbst.

Aus zweien wurden Millionen.

7 Ein Namensvetter in Berlin

Wer sich kein Fernsehgerät leisten kann, geht zu den Nachbarn. Dort trägt man Stühle vor dem Apparat zusammen, sieht Willy Millowitsch[18], den Star des deutschen Wochenendes. Thomas findet ihn großartig, wohl vor allem darum, weil sein rheinisches Idiom sich leicht nachahmen läßt. Das ist Unterhaltung für die ganze Familie. Nach dem Ende des Programms bedankt man sich und trägt die Stühle wieder zurück in die Zimmer, aus denen sie geholt worden waren. Fernsehen ist ein Ereignis, zu dem man sich versammelt. Noch. Für Thomas ist es Vergnügen.

Doch Radio ist seine Obsession. Der junge Kerl hört nachts heimlich Radio Luxemburg und RIAS Berlin. Wieso unter der Bettdecke? Immerhin ist die Nazizeit lange vorbei, man muß nicht mehr befürchten, beim Abhören von Feindsendern erwischt zu werden. Aber der neue Sound gilt als verderblich bei den Pädagogen: die Musik, die der Foxtrott- und Mambogesellschaft den Beat entgegenhämmert. Aus mit Cha-Cha-Cha, Walzer und Tangoschritt. Rock und Blues übernehmen den Ton. Das englische Mittelwellen-Programm von RTL, Tony Prince und »Two-O-Eight«, aus Berlin »RIAS-Treffpunkt« mit Gregor Rottschalk und Nero Brandenburg, die er über den UKW-Sender Hof empfangen kann, sind seine Favoriten. »RIAS II auf 94,2!«

Die RIAS-Redakteure hatten einen Deal mit der Fluggesellschaft Pan Am: auf dem Londoner Flughafen brachte ein Kurier die neueste anglophone Plattenproduktion an die Maschinen nach Berlin, und so gelangten die Scheiben schneller auf die Plattenteller des RIAS als zur musikalischen Konkurrenz, den Landessendern des American Forces Network, AFN.

Den in München ansässigen Bayerischen AFN hört Thomas in Kulmbach kaum. Dessen Programm wird er erst 1972 entdecken – doch die berühmten Plattensendungen von Charlie Tuner oder Woolfman Jack, die den Münchner Schülern und Studenten die neue Musik aus Amerika bringen, können ihn nicht hinreißen. Er liebt nun einmal die britische Art, Rundfunk zu machen. Flotte Sprüche live, neueste Scheiben, eine Prise Ironie.

Radio war das Medium der Jugend, die sogenannte Pop-Musik der Zeit spiegelt die Ansichten und Träume jener Generation besser als jede soziologische Analyse. Möglicherweise hätte es Ende der Sechziger keinen derart umfänglichen Protest, keinen Wandel in Europas Politik, es hätte vielleicht nicht einmal das Ende des Vietnamkriegs zu diesem Zeitpunkt gegeben ohne die klassenübergreifende Musik einer Jugend, die ihrer radikale Absage an die Aufschwungskultur der Eltern nicht nur mit politischen Manifesten Ausdruck gab, sondern mit dem ganzen Körper, mit Gefühl, Kleidung, Lebensweise. Mit einer Musik, die endgültig den Mief der Tanzschulen verlassen hatte und neue Räume eroberte: die Disco und die Straße.

Die Jüngsten der 68er, zu denen Thomas Gottschalk gehörte, hatten schon nicht mehr dasselbe Interesse an politischen Marathondisputen und dem bewaffneten Befreiungskampf in der »Dritten Welt«, aber sie stiegen nahtlos ein in die Musik, die seit Mitte der sechziger Jahre die Gefühlslokomotive an der Spitze der Bewegung gewesen war. Der Texter und Komponist der Band Steppenwolf, Mars Bonfire, schrieb den Titel dazu: »Born To Be Wild«. Diese Musik stellte nicht nur die Hörgewohnheiten, sondern auch die Lebensziele des Bürgertums auf den Kopf. 68 war ja keine Revolution, sondern nur die öffentliche Mißachtung der Werte, die zuvor gegolten und sich in der Perspektive der Jugend als fragwürdig herausgestellt hatten. Die 68er wollten das Land endlich für sich bewohnbar machen, geistig wie emotional; es ging nicht darum, Gesellschaft zu zerstören, sondern sie zu erobern.

Die Generation Gottschalks rollte bereits mit Lebenslust auf den Geleisen, die andere gelegt hatten. Und sie brachte in die Verbissenheit der moralischen Weltperspektive ein neues Element: das Vergnügen. Im Wettstreit der Parolen »Sozialismus mit menschlichem Gesicht« und «Make Love not War« hatte sich letztere zumindest vorübergehend als erfolgreicher herausgestellt.

Auch das war mit dem *Aufrechtenkalender* kaum vereinbar, schon gar nicht mit dem *Jesusknaben.* Und die illustrierte *Stadt Gottes* stand all dem, was da jetzt an bunter Verrücktheit in die Welt drängte, mindestens so reserviert gegenüber wie allen politisch linken Ideen.

Thomas versucht, den möglichen Konflikt zu ignorieren. Er nimmt an keiner Anti-Springer-Demonstration teil und wird sich auch nicht an den Protesten gegen die Notstandsgesetze beteiligen. Er handelt nach der Devise: Wovon ich nicht wirklich was verstehe, davon rede ich nicht. Eine natürliche Skepsis bewahrt ihn davor, den sozialistischen Schülergruppen oder der Jungen Union in Kulmbach zuzugestehen, daß sie die Welt, die sie in ihren Diskussionen neu ordnen, zuvor begriffen hätten. Mit anderen Worten, Thomas ist ideologieresistent.

Moderesistent ist er nicht: die Straßenkluft der Zeit, der halblange, meist graugrüne Mantel mit Namen Parka, schon für knapp zwanzig Mark zu haben und zehn Jahre zuvor bereits als Dufflecoat angekündigt, muß getragen werden, und auf seinem Rücken muß eine Botschaft stehen. Thomas ist damals bereits eins neunzig groß, sein Freund Johannes L. etwas über eins fünfzig. Der hat hinten auf seinem Parka *PEACE* stehen. Was bleibt für Thomas? Er pinselt auf den seinen: *PROTEST.* So wandeln sie einträchtig durch Kulmbach, fast zwei Meter Protest und gut eineinhalb Meter Frieden. Damit ist nicht gemeint, daß sie gegen den Frieden protestieren. Doch wogegen sonst? Gegen alles.

Diesen Jüngsten von 68, den Nachläufern gleichsam, war kaum bewußt, daß die Bewegung sich schon stark verlangsamt hatte und die seinerzeit Zukunftsfreudigen längst begannen, resigniert zurückzublicken, wie Mary Hopkin: »Oh my friends we're older but not wiser / For in our hearts the dreams are still the same.«[19]

Vermutlich hat sich die öffentliche politische Einlassung des Schülers Gottschalk auf jene rückwärtige Stellungnahme auf seinem Parka beschränkt. Ansonsten blieb er der gute Junge, probierte nie einen Joint, erhielt nicht einmal die Gelegenheit, Drogen abzulehnen.

Im Auftrag der Mutter marschierte er einmal im Monat zu einem Haus am Holzmarkt, um Geld einzutreiben. Nicht viel, nur die Kosten für Strom, Wasser und Verwaltung. Rutila Gottschalk hatte den Nießbrauch für die Immobilie von ihrem Mann übernehmen müssen, obwohl sie weder von Hausverwaltung noch von Buchhaltung das geringste verstand. Sie konnte, als Hans Gottschalk starb, eigenen Worten zufolge nicht einmal ein Sparkonto von einem Girokonto unterscheiden. Nun aber mußte sie die Nebenkosten des Nießbrauchhauses unter den Mietparteien aufteilen.

Thomas lief zum Holzmarkt, die zwei zentralen Zähler abzulesen. Er kehrte wieder, um die berechneten Gebühren zu kassieren. Das ging noch einigermaßen glatt in der Süßen Quelle, einem Bonbonladen im Parterre. Mühsam wurde es im ersten Stock, wo eine Dame, deren Mann im Gefängnis saß und deren ortsbekannte Profession Rutila Gottschalk ihrem Sohn wohlweislich verschwieg, mit einem Freund und mit ihren zwei etwa zehnjährigen Kindern wohnte. Die öffneten zumeist, wenn er klingelte, und fragten jedesmal neu: »Wer bin denn du?«

Die kindliche Daseinsfrage, in der das Ich und das Du grammatikalisch einigermaßen überraschend verbunden sind, war in der Lage, in der Thomas sich befand, nicht falsch gestellt: wer war er eigentlich für sich selbst?

Die Frage »Wer bin ich?« oder vor dem Spiegel »Wer bist du?«, die er als Kind noch mit »Thomas Morus« beantwortet hatte, stellte sich jetzt drängender. Zwischen *Jesusknabe* und dem Lebensgefühl in »RTL-Two-O-Eight« taten sich unüberbrückbare Widersprüche auf.

An seinem Bruder sah er, daß man als Sohn auch ungebärdig pubertieren konnte. Christoph entwickelte heftigen Widerstand gegen die häusliche Ordnung, fand es nicht so nötig wie Thomas, die Mutter zu schonen, und plante mehrmals den heimlichen Auszug: Er packte ein paar warme Sachen in einen Rucksack, Streichhölzer, Taschenlampe, vergaß nie einen Angelhaken mit Schnur. Und so fürs Überleben außerhalb Kulmbachs ausgestattet, traf er sich nachts mit gleichfalls reisewilligen Freunden. Da regelmäßig nichts daraus wurde, Rutila Gottschalk sich aber eingestehen mußte, daß sie den Jungen nicht mehr im Griff hatte, stellte sie ihn vor die Alternative: »Entweder du gehst ins Internat oder du wirst Bäcker oder Friseur.«

Zur Verblüffung von Thomas nahm Christoph die Drohung ernst: »Als Bäcker muß man so früh aufstehen. Vor Haaren ekle ich mich. Na geh ich besser ins Internat.« Er landete durch kirchliche Vermittlung in der alten Benediktinerabtei Scheyern bei Pfaffenhofen, wo er bis zum glücklich bestandenen Abitur durch ausgefallene Schülerstreiche, von denen noch zu sprechen sein wird, in die Geschichte des Internats einging.

Thomas fing an, Geld zu verdienen. In der Disco Old Castle unterhalb der Plassenburg tat er das, was er schon immer tun wollte: Platten auflegen und dazu Sprüche von sich geben. Von 16 bis 18 Uhr für die Kids und von 18 bis 24 Uhr für die Teens. Nachts fuhr er auf seinem Fahrrad mit zwanzig Mark Lohn in der Tasche durch die Altstadt heim.

Für Hausaufgaben blieb da natürlich keine Zeit. Sein medialer Bekanntheitsgrad in Kulmbach stieg im gleichen Maße, wie sein gymnasialer Standard noch tiefer fiel. Dennoch wollte er aufs

Verdienen nicht verzichten, konnte es gar nicht, denn von zu Hause war kein Taschengeld zu erwarten. Die meisten Wünsche blieben ohnehin unerfüllt. An ein richtiges Moped war nicht zu denken, das Äußerste war ein Velo Solex. Reisen kosteten Geld: die erste Londonreise mit den Pfadfindern, auf die er den Bruder Christoph mitnehmen mußte. Und dann die Berlinreise mit der Schulklasse.

Berlin – da war doch der RIAS!

An einem Nachmittag, der den Schülern zur freien Verfügung steht, überredet Thomas seine Klassenkameradin Dagmar, mit ihm zum Gebäude des Senders zu fahren. So ganz allein traut er sich doch nicht. Auf die Frage des Pförtners, wen er sprechen wolle, antwortet er: «Gregor Rottschalk von RIAS II.« Und wer bitte, so der Pförtner, sei er selbst? »Thomas Rottschalk, ich bin sein Bruder, er wartet auf uns.«

Die kleine Konsonantenverschleifung, die bei seiner üblichen Sprechgeschwindigkeit ohnehin in seine Mundwerkzeuge eingebaut ist, öffnet ihm die Tür. Der echte Rottschalk hat gerade Sendung, man läßt, während eine Platte läuft, die beiden jungen Leute zu ihm ins Studio, und der lockere Moderator findet den Trick mit dem Namen gut genug, um Thomas sofort in sein Programm einzubauen. Er soll mal den Berlinern was über das Leben eines Jugendlichen in Kulmbach erzählen.

Zum ersten Mal vor einem Mikrophon auf Sendung! Hinter der Stirn eine leere Halle. Das Herz schlägt im Kehlkopf. Die Zunge klebt wie ein Stück Holz am Gaumen. Aber er schafft es zu reden! Man hört ja nicht, wie er schwitzt. Viel mehr als fünf Sätze sind es wohl nicht, locker formuliert, im Grunde kann er erzählen, was er will, für die Hörer der geteilten Stadt ist Kulmbach nicht weniger exotisch als Kuala Lumpur, und schon ist die Stimme von Thomas Gottschalk erstmals über den Äther gegangen, live!

Noch als er längst mit seiner Klassenkameradin Dagmar draußen vor dem RIAS-Gebäude steht, ist es für ihn wie ein Traum. Er war auf Sendung! Er war wirklich auf Sendung! Alle haben ihn gehört! Und er ist fertig mit den Nerven. Von jetzt an weiß er: Das ist es. Das will ich. Radio!

Was ist schon die kleine Namensschwindelei Rottschalk-Gottschalk gegen dieses Glück! Und war nicht der Gleichklang der Namen – bis auf den Eingangskonsonanten – mehr als ein Wink des Schicksals? War das nicht eine Fügung?

Wie auch immer: Jene fünf Minuten im RIAS Berlin dürfen wir, ohne allzusehr zu übertreiben, als Initiation des Thomas Gottschalk verstehen, als eine zweite, weltliche Kommunion, die ihn lebenslang prägen wird. Noch heute, befragt, welchem Medium er spontan den Vorzug gibt, kommt sofort die Antwort: »Radio! Radio! Radio!«

Damals wuchs in seinem Kopf bereits das Gespinst des Ruhms. Noch waren es nur Traumfäden. Das Ziel freilich scheint bereits umrissen, der Pflock eingeschlagen: die Kulmbacher Disco ist nicht der Ort künftiger Existenz. Der junge Mann aus der Provinz, für den schon das nahe Bayreuth eine verwirrende Metropole war, will in die bayerische Hauptstadt.

Ein öffentlich ausgeschriebener Nachwuchswettbewerb für die Jugendmusiksendung »Club 16« des Bayerischen Rundfunks, nicht nur im Funkhaus, sondern auch im Studio Nürnberg veranstaltet, ermutigt Thomas, sich erneut vors Mikrophon zu wagen. Sein frecher Bewerbungssatz »Man merkt es Euren Discjockeys an, daß Ihr sie per Fragebogen sucht!«[20] verschafft ihm eine Einladung zum Vorsprechen. Der von den Lehrern Vielgescholtene bricht von Kulmbach auf nach der Devise des Eichendorffschen Taugenichts: »Nun, wenn ich ein Taugenichts bin, so will ich in die Welt gehen und mein Glück machen!«

In der Frankenmetropole Nürnberg legt er die geforderten Tests ab: Drei Platten, darunter »Soldier Blue«, vorstellen, eine kleine eigene Kritik über den Film *Sie nannten ihn Pferd* mit Richard Harris ins Mikrophon lesen und insgesamt einen guten Eindruck machen. Alles gelingt ihm – aber er ist Schüler. Und so schickt man ihn nach Hause mit dem guten Rat, das Abitur zu bestehen, und gibt ihm einen Brief des zuständigen Redakteurs im Jugendfunk, Rüdiger Stolze, mit; den soll er einst vorweisen, wenn es ihn nach München verschlagen sollte.

Nicht eben sehr ermutigend, auch wenn die lokale Gazette *Der Fan* sein Foto bringt und die Regionalzeitung *Bayerische Rundschau* als sicher verkündet, daß »ein junger Kulmbacher« Discjockey im BR werden wird. Thomas hatte das schon selbst erzählt. Zu früh gekräht? Das hat er immer getan, wenn eine Aufgabe ihn reizte: sich selbst durch voreilige Verkündung in Zugzwang gebracht. Eine erfolgreiche Taktik.

Bis jetzt gilt er in Kulmbach als bunter Hund, läuft in gelber Hüfthose aus dem Quellekatalog und mit gestreiftem Gürtel durch das Städtchen. Manchmal plant er eine derart abenteuerliche Kostümierung, daß er sich an den mütterlichen Blicken vorbeischwindeln muß. Solide angezogen verläßt er das Haus, klemmt die grellen Klamotten auf dem Gepäckträger des Fahrrads fest, hält auf dem Schulweg an und zieht hinter einer dicken Eiche die abenteuerliche Verkleidung an, die den mitgebrachten Sammelkartons von Onkel Hans entstammt. »Im Grunde hab ich diese sehr eigenwillige Mode aus Not erfunden«, wird er später bekennen. Etwas Lust an Provokation dürfte auch dabeigewesen sein.

Beatstiefel mußten her! Das seiner Mutter beizubringen, war nahezu aussichtslos. Geld für Modeschnickschnack? Nicht von ihr! Wenigstens ließ sie sich überreden, mit ihm zu Schuh-Mücke zu gehen – heute ein großes Geschäft, damals in der Stettiner Straße eine Ladenfläche unterm Dach. Die spitz zulaufenden Beatstiefel forderten den Protest der Mutter heraus – so wie noch im Jahr 2004 die Couture seiner Fernsehauftritte. Rutila Gottschalk hielt es eher mit der stillen Eleganz, der Sohn mit der schrillen Verkleidung. Für die begehrten Stiefel immerhin gab es seinerzeit eine einvernehmliche Lösung: die mit Fell gefütterte Variante war als Winterschuh tauglich – folglich verwandelten sie sich in Mutters Augen von etwas gänzlich Überflüssigem zu etwas durchaus Nützlichem und wurden erstanden. So ging der Junge in seinen wahrhaft heißen Stiefeln tanzen. Seine Füße kochten, aber er war glücklich. Und für die Wintermonate hatte er festes Schuhwerk, wenn er den weiten Schulweg nicht per Fahrrad zurücklegen konnte. Das war die Jahreszeit, in der sein Auftritt in der Familie fest eingeplant war: Weihnachten nahte. Onkel Robert, ein weiterer Cousin von Rutila und Bruder des Diplomaten Onkel Konrad in Bagdad, war Architekt und hatte der Familie eine riesige, elektrifizierte Krippe gebaut, zwei Meter im Quadrat.

»Wo andere eine elektrische Eisenbahn hatten, hatten wir eine Krippe«, erinnert sich Thomas heute. Beleuchteter Stall, beleuchteter Stern, beleuchtete Hirtenlaternen, das Ganze im Schimmer des Lichterbaums – und Raphaelas blaue Augen leuchteten, wenn Thomas die Bibel aufschlug und die Weihnachtsgeschichte vorlas. Bruder Christoph kicherte. Mutter Rutila drohte: »Wenn du nicht aufhörst, kriegst du eine geklebt!« Dann setzte sie sich ans Klavier, es wurde gesungen, dann kam die Bescherung, dann der Gang in die Christmette. Weihnachtsidylle mit leichten erzieherischen Fissuren: gemessen an den Christfesten bei Gottschalks im kalifornischen Malibu eine Kinderwelt wie aus einem fernen Jahrhundert. Heute kritisiert Sohn Tristan das Lied »O du fröhliche« mit dem Einwand, es sei überhaupt nicht erwiesen, daß Jesus gelebt habe, und Vater Thomas wischt den skeptischen Einwand beiseite: »Herrgott noch mal, das ist Wurscht, jetzt wird gesungen!« Damals in Kulmbach wäre es nicht einmal Christoph eingefallen, die Geschichte von Christi Geburt in Zweifel zu ziehen, und Thomas nicht, sich der Vorlesepflicht zu entziehen – obwohl seine Freunde im Old Castle das besser nicht wissen sollten.

Allmählich wuchs die Kluft zwischen der häuslichen und der öffentlichen Rolle, und Mutter Gottschalk spürte, daß sich im braven Sohn nun doch Widerspruchsgeist regte. Spätestens, seit man ihr mitgeteilt hatte, ihr Junge sei als Russe verkleidet durch

Kulmbach gelaufen, ahnte sie, daß er begann, sich über die Kleinstadt ganz unprovinzielle Gedanken zu machen. Die Eulenspiegelei hatte Vermutungen ausgelöst. Natürlich fragte man sich, woher die »sibirische« Pelzmütze wohl stammte, woher das Lenin-Konterfei. Nun, diese Requisiten waren vergleichsweise echt. Der Mantel freilich stammte vom Priester Johannes Seifert, die Stiefel waren die von Schuh-Mücke. Mütze und Lenin hingegen kamen aus der DDR.

Die an Onkeln reiche Familie hatte auch einen, aus väterlicher Linie, in Leipzig, und zu diesem Onkel Horst wurde Thomas ab und an gesandt, um die verwandtschaftliche Verbindung zu halten. Kurz vor seiner »Russennummer« hatte ein solcher Besuch den heftigen Flirt mit einer Büroangestellten des Leipziger Bürgermeisters zur Folge gehabt – der Abschied war mit Pelzmütze und rotem Stern leichter gefallen. Der Devotionalienhandel des Realsozialismus hatte in Thomas einen weniger gläubigen als kostümierwilligen Abnehmer gefunden und der Biermetropole Kulmbach zu einem unheimlichen Gast verholfen. Und Rutila? Die Mitbegründerin der CSU in Kulmbach, Parteimitglied seit 1949, kannte ihren Spaßvogel, sie wußte, daß er nicht in Gefahr war, ein »Roter« zu werden. Sie sah allerdings auch, es war Zeit, daß er aus der Provinz hinauskam und Gelegenheit erhielt, etwas weiter über den Tellerrand zu blicken.

Um Reisen mußte Rutila Gottschalk nicht lang gebeten werden: Fremde Sprachen, Erfahrungen im Ausland gehörten, soweit finanzierbar, zu ihrer Vorstellung von Bildung. Einmal England war nicht genug gewesen, ein zweites Mal würde Thomas guttun. Der Schüleraustausch »Fahr mit!«, einer der wenigen segensreichen pädagogischen Einfälle der Kultusbürokratie, machte es möglich, daß der siebzehnjährige Thomas in den Sommerferien für vier Wochen zu einer englischen Familie kam – und in London die erste Liebe seines Lebens, Bonie, kennenlernte. Eigentlich hieß sie Bonita.

Die Anreise über Land, ein Flug war unbezahlbar, dauerte zwei Tage: mit dem Zug von Kulmbach nach Oostende, per Schiff nach Dover, weiter im Zug nach London.

Bonita-Maria C. Goodman war halb Inderin, halb Engländerin, Thomas halb Schlesier, halb Oberfranke. Irgendwie fanden sie sich, der bleiche Blonde und die schöne Dunkle, vielleicht, als er die Carnaby Street entdeckte und erfreut feststellte, daß es auf der Welt noch mehr Kostümverrückte wie ihn gab. Bonie wohnte in Wimbledon, und als er dort auftauchte, ihre wohlhabenden Eltern kennenlernte und ihren Bruder, der einen Stiftzahn hatte und ihn gern herausnahm und herumzeigte, war das eine weit geringere Sensation als Bonies Gegenbesuch in Kulmbach.

Noch ist der nicht in Sicht. Thomas genießt London, hört englische Musiksender wie Capital One und Radio Caroline, deren perfekte Moderatoren jede Variation zwischen *smooth* und *groovy* zu beherrschen scheinen. Alles paßt: sein Faible für die englische Art, Radio zu machen, die aufregende Großstadt, die erste, heftige Verliebtheit.

Zurück in Kulmbach, beginnt er mit seinem Schlagerenglisch Tonbänder zu besprechen, zu besingen und an Bonie zu senden. Ein Song von Herman's Hermits paßt besonders gut zu der Ferienbekanntschaft: »Sunshinegirl now I must go away cause this was only a summer holiday. But one day I'll be returning to see across the blue sea my sunshine girl!«

Bonie antwortet ein Jahr lang gleichfalls mit Bändern, bis Mutter Gottschalk die ganze Korrespondenz so verdächtig wird, daß sie Bonie zur näheren Besichtigung einlädt – von Wimbledon nach Kulmbach.

Was sie dazu bewogen hat, die indische Britin im Haus wohnen zu lassen, war ihr ganz und gar unprovinzielles Verhältnis zur Welt, das auch der Lebensneugier ihrer Mutter entsprach. Ohnehin führte sie ihr Haus offen – was so weit ging, daß sie dann und wann Landstreicher zum Essen einlud, nicht ohne ihnen vorher Gelegenheit zum Duschen gegeben, sie komplett eingekleidet sowie mit einer Tasche und Seife, Handtuch und Zahnbürste ausgestattet zu haben. Praktisches Christentum war ein Pfeiler ihrer Religiosität. Als sie in der CSU wegen deren Ausländerpolitik die Christlichkeit nicht mehr findet, tritt sie 1998 aus der Partei aus, die sie fünfzig Jahre zuvor in Kulmbach mitbegründet hatte.

»Da Gottschalk hot a Inderra!« Das ist nicht Hindi, sondern Fränkisch – und so klang der Ruf durch Kulmbach, als die vermutlich erste Farbige seit der amerikanischen Besatzung in den Straßen der Altstadt aufgetaucht war. »Der Gottschalk hat eine Inderin!«

Man darf sich zweierlei denken: Die Enttäuschung der einheimischen jungen Damen war grenzenlos – und die Verblüffung der adoleszenten Knaben nicht minder. Figürlich war Bonie ein wenig üppig, doch ihr Gesicht war eine Augenweide.

Thomas hatte jedenfalls eine angenehme Zeit mit ihr in Kulmbach, überging die eine oder andere rassistische Bemerkung alteingesessener Jungstiere, die Bonie nicht verstand, aber begriff, und raubte – so romantisch muß man es seiner Schilderung zufolge wohl sagen – der sehr züchtigen jungen Dame irgendwann, nachdem sie dem kräftigen Kulmbacher Bier gut zugesprochen hatte, einen Kuß. Ja, einen Kuß. Seine Mutter meinte, da sei mehr gewesen. Spätestens da muß ihm klar geworden sein, daß seine Zukunft als Priester gefährdet war.

Bonie wiederum hat den Kuß – ein kulturelles Mißverständnis vielleicht – als Eheversprechen gedeutet. Und noch sehr viel später, als ihre englische Ehe gescheitert war, wandte sie sich hilfesuchend an Thomas. Inzwischen war er eine Berühmtheit geworden. Aber sein früher Eindruck war für sie unvergeßlich. Umgekehrt war das nicht ganz so.

In der Carnaby Street übrigens hätte er seinerzeit bereits auch Thea Hauer treffen können, die Nürnberger Schönheit und spätere Gattin – mit einem mindestens so ausgeprägten Sinn für extravagante Kledage. Aber noch war die Zeit für diese beiden nicht gekommen. Ungesehen liefen sie aneinander vorbei. Und nachdem Bonie Kulmbach verlassen hatte, wandte sich Thomas wieder etwas mehr der Schule zu und nahm die letzte, entscheidende Strecke zum Abitur in Angriff.

Es war tatsächlich ein Kampf. Vor allem ein Kampf gegen sich selbst. Irgendwie, möglichst elegant, mußten die Klippen umschifft werden, die da hießen Mathematik und Griechisch. In Deutsch war er fast ein Musterschüler, Latein war ihm als Kirchenlatein geläufig. Seine Chancen standen, optimistisch geschätzt, fünfzig zu fünfzig.

Einen großen Teil seiner Freizeit widmet der Unterprimaner nicht der Verbesserung seiner Leistungen, weil er Geld verdient. Der Führerschein will bezahlt sein. Also werden weiter Platten im Old Castle aufgelegt, Zeitungen ausgetragen. Abende, halbe Nächte verbringt er als Babysitter in fremden Wohnungen und Häusern. Das Handwerk des Behütens hatte er an der kleinen Schwester erlernt und konnte wunderbar mit Kindern umgehen, war im Dezember als Nikolaus gefragt und sagt im nachhinein: »Um Nachhilfe zu geben, war ich zu schlecht, aber Babysitting konnte ich professionell.«

Auch sein Publikum wird er zu Kindern machen, die staunend und amüsiert vor den abstrusen, sinnlosen und grotesken Wetten sitzen. Ist dieses Fernsehen nicht Erwachsenen-Sitting? Kann Gottschalk Zuschauer »pampern« wie kein anderer? Das allein würde nicht reichen, um die hohen Einschaltquoten über Jahrzehnte zu stabilisieren. Er muß und wird mehr von sich hergeben.

Menschenliebe gehört, sagte seine Mutter, zu seinem Charakter. »Willst du Menschen fischen, hänge dein Herz an die Angel. Dann werden sie anbeißen!« hatte er 1968 seiner Schwester Raphaela ins Poesiealbum geschrieben.

Seinerzeit, als er noch Kleinkindern Märchen erzählte und ihnen ruhige Nächte in Abwesenheit der Eltern verschaffte, war der Wunsch nach Heiterkeit und heiler Welt schon so wichtig wie später, wenn er die Show benutzte, um die zumeist trostlosen

Weltnachrichten des Fernsehens anschließend zwei Stunden lang durch Kulissenzauber zu überblenden. Er wußte immer besser als alle, die ihm dies in ihren Zeitungsartikeln hinter die Ohren schreiben zu müssen meinten, daß er die Welt mit seinen Shows kein Jota ändern konnte. Aber er konnte und kann zwischen Katastrophen und Massakern winzige Atempausen verschaffen. »Ich will die Menschen mit guter Unterhaltung trösten.«[21] Um das zu können, muß man die zu Tröstenden mögen.

Irgendwann wurde er – im Verlauf der humanistischen Gymnasialbildung ist das unvermeidlich – mit dem Eingangswort des Tempels zu Delphi konfrontiert: γνῶϑι σεαυτόν. »Erkenne dich selbst.« – »Und folge dem Gott«, heißt es weiter. Der zweite, meist unterschlagene Teil der delphischen Ermahnung war ihm, in christlicher Wendung, vertraut. Der erste, die Forderung nach Selbsterkenntnis, wird ihn auf dem Höhepunkt seines Ruhms zu einer verblüffenden Antwort führen: »Ich bin der Fernseh-Mozart.«[22] Vermutlich war das weniger eine feste Überzeugung als eher eine Zielvorgabe.

Mit zwanzig warten noch andere Fragen auf ihn. Er weiß nicht recht, welche berufliche Ausbildung er nach der Schule beginnen soll. Die Phantasie geht Richtung Journalismus, das Studium der Germanistik scheint wegen guter Deutschnoten naheliegend.

Immerhin hat er, von der Mama dazu angemeldet, einen Rednerkurs der CSU in Oberammergau erfolgreich absolviert. Und er schreibt Artikel für die Jugend in der »Plauderecke« der *Bayerischen Rundschau*. Doch wohin es ihn wirklich drängt, wenngleich er das noch nicht als lebenslange Aufgabe betrachtet, ist der berühmte Augenblick der Wahrheit, wenn nämlich mit dem Aufleuchten des roten Lichts das Mikrophon offen ist und nur noch zählt, was jetzt gesagt wird, bevor die nächste Platte sich auf dem Teller dreht. Er fühlt es, er weiß es: Seit seinem Minutenauftritt im RIAS bei Gregor Rottschalk hat sich wie ein Mantra die Selbstbestimmung in seinem Kopf festgesetzt: Radio live, ich will Radio live.

8 *No milk today*

In der Kulmbacher Spinnerei gibt es für das Ausräumen der Abwasserkanäle Dreckzulage. Sie ist höher als der Stundenlohn. Zu Recht. Wer in den jauchigen Laugen arbeiten muß, stinkt anschließend selbst wie ein Kanalrohr. Hat Thomas dafür das Abitur bestanden, wenn auch mit Hängen und Würgen? Sein später in einigen Interviews wiederholtes Motto lautet zwar: »Mir graut vor nichts«, aber findet der junge Mann denn keine andere Arbeit als ausgerechnet diese?

Nun, sie ist nicht schlimmer, freilich besser bezahlt, als zuvor sein Dienst bei Limonaden-Lehnig, wo er den dreirädrigen Kleinlaster über die Kopfsteinpflasterstraßen hinaus ins Land zu den Bauernhöfen steuerte, am Viehweg anhielt, die Handglocke schwang, »Der Lehnig kommt, der Lehnig kommt!«, den wütenden Hofhunden standhalten mußte und die Limo- und Bierkästen in die Keller wuchtete. Die Ausfahrten waren so anstrengend, daß er nach dem Arbeitstag nur noch erschöpft ins Bett fiel.

Johannes Seifert fährt einmal mit ihm hinaus und sagt am Abend: »Das mußt du lassen. Wenn dein Vater das sehen könnte, weinen würde er.« Gewiß hat er damit nicht gemeint, daß der Junge sich statt dessen in die dampfenden Kanäle der Kulmbacher Spinnerei stellen sollte. Doch auch die Zeit der Jauche geht vorüber, leichtere Tätigkeiten bieten sich an. Am Wochenende legt er nach wie vor im Old Castle Platten auf, für eine Abendgage von fünfzig Mark – für den geplanten Ortswechsel nach München zuwenig.

Gottschalk belebt 1971 in den Wochen nach dem Abitur Kulmbachs Gassen in verschiedener Gestalt: mal als Postbote, immer freundlich, besonders den älteren Menschen gegenüber, denen er die Rente auszahlt, mal als Taxifahrer im ganzen Landkreis, nicht ohne Furcht vor den Betrunkenen auf der Rückbank. Zuweilen nimmt er sich den Bruder Christoph, wenn der aus dem Internat nach Hause kommt, als Schutz mit. Die vom Bier dumpfen Fahrgäste freilich haben ihrerseits Angst vor dem Beifahrer und fürchten, ausgeraubt zu werden. Dabei sind Christoph und Thomas, seit sie die Kindheitsraufereien hinter sich gelassen haben, Tätlichkeiten fremd, deren es in Kulmbach an jedem Wochenende etliche gibt. Thomas zumal ist klug genug, allen Prügeleien nach Tanzveranstaltungen aus dem Weg zu gehen. Wenn er etwas wirklich haßt, ist es Gewalt.

Und wenn er etwas liebt in jenen Tagen, ist es seine BMW-Isetta, bald nach der Führerscheinprüfung gebraucht für 250 Mark erstanden. Noch weiß Thomas nicht, daß er ein Autonarr ist, aber verschossen ist er bereits in dieses zum Trapezwürfel mutierte Motorrad auf zwei Rädern vorn und einem Zwillingsreifen hinten, das man durch die Fronttür besteigt und mit einer Art Fahrradlenker steuert.

Nach München! Die Mutter hat geplant, die Kirche hilft, und so hat Thomas im Sommer 1971 eine Bude im Pater-Rupert-Mayer-Heim, am Kaiserplatz in Schwabing, neben der Ursulakirche. Mit Onkel Johannes Seifert, der elfjährigen Schwester Raphaela und Mutter Rutila reist er an. Sie kümmert sich um alles; es ist ihm nicht ganz recht, aber bequem ist es doch.

Nach der mütterlichen Einrichtung des Zimmers speisen alle im Kaisergarten zu Mittag, und siehe da: Thomas ist so aufgeregt, daß er kaum essen kann. Der einerseits ersehnte Abschied von der Provinz fällt andererseits schwer, und die ersehnte Freiheit der Großstadt macht, da sie zum Greifen nah ist, auch angst.

Vorüber die Nähe, die zugleich Enge war, vorüber die kleinen Lügen der Freiheit – wenn die Mutti Kurse für Gitarre und Französisch an der Volkshochschule bezahlte und nach zwei Jahren erfuhr, daß der Junge nie teilgenommen, sondern sich bezahlten Urlaub von der Bildung genehmigt hatte.

Widerstreitende Gefühle: Neben der Neugier auf München hält sich die Erinnerung an Kulmbach, wo er immerhin schon einen Namen und ein gesellschaftliches Profil hatte. In München ist er ein Niemand. Der Taugenichts will weit hinaus, er weiß bloß nicht, was auf ihn zukommt, hat keine Ahnung, wie er sich zurechtfinden und in der Universität für die germanistischen Proseminare und Vorlesungen einschreiben soll.

Auch andere Orientierungen gehen damals verloren. Die neue Lebensphase von Thomas fällt zusammen mit dem allgemeinen Abschied der friedensbewegten und hoffnungsvollen Generation von ihrem grenzenlosen Hochgefühl aus Freiheit und Lust.

Die Musik jener Jahre scheint sich bereits darauf zu einigen, den früheren Aufbruchsträumen nostalgisch nachzusinnen – und wie immer, wenn eine Epoche endet, entstehen Balladen, in denen Geschichte festgehalten werden soll: »American Pie« von Don McLean, Lou Reed mit »Walk on the Wild Side« und, unvergänglich, die herztraurige Liebesballade »Me and Bobby McGee«, die Kris Kristofferson und Fred Forster für Janis Joplin geschrieben haben, sind »Winterreisen« aus den romantischen Blumenträumen, die auch zu den Folgen von 68 gehörten.

Thomas hat später erkannt, daß seine Ablösung von der Kulmbacher Kindheit zeitlich mit dem langsamen Erwachen aus weltweiten Jugendträumen zusammenhing. Die Empfindung von Trennung und Abschied gehörte zu den Schwingungen der frühen siebziger Jahre. Für ihn war es ein Abschied von der Kulmbacher Geborgenheit, von der Schwester, der Mutter und all den Damen im Haus, die Thomas mehr oder minder vorbehaltlos geschätzt haben. Ein Abschied von der geregelten Sicherheit eines Lebens, das ihm vertraut war.

Doch dann siegt der »ewige Sonntag im Gemüte«, und schon am Abend weht das gnädige Schicksal einen jungen Mann namens Peter Hauber aus Kempten ins Foyer des Studentenheims. Hauber will Medizin studieren; die letzten drei Schuljahre hat er sich schon darauf gefreut. Jetzt hockt er in dem eher unansehnlichen, düsteren Lesezimmer des Wohnheims und kann es kaum erwarten, die ersten Schritte zum Arztberuf zu tun. Ihm gegenüber sitzt ein ebenso frischer Mitbewohner, der aufgrund guter Schulleistungen in Deutsch das Studium der Germanistik anvisiert, gleichwohl keinen Schimmer davon hat, wie er es anfangen soll. Da wäre ein Helfer recht. Thomas' Zimmergenosse, ein Student aus Lomé in Togo, sieht nicht recht ein, warum der Doppelschreibtisch unterm Fenster zum Studieren gedacht sein soll und breitet darauf seine Essensutensilien samt Käse aus. Auch Peter Hauber hat es mit seinem Mitbewohner nicht leicht, wie sich herausstellen wird; der kommt aus Madrid und hat die ungemütliche Angewohnheit, um zwei Uhr morgens aufzustehen, lautstark seine Morgentoilette zu absolvieren und gegen drei mit dem Pfeifen fröhlicher Melodien zu beginnen.

Es dauert nur eine Stunde, und Thomas hat sein Gegenüber »aus der Medizin heraus- und in die Germanistik hineingeschwätzt«. Peter Hauber, jetzt überzeugt, der geborene Germanist zu sein, geht die Aufgabe mit schwäbischer Zielstrebigkeit an, erstellt mit Thomas den Stundenplan, schafft es, für beide noch Plätze in eigentlich überfüllten Proseminaren zu ergattern. Kurz, er nimmt Thomas an die Hand und führt ihn in die Alma mater, die Ludwig-Maximilians-Universität am Geschwister-Scholl-Platz, ein. Zugleich überreden sie die Heimleitung, ihnen ein gemeinsames Doppelzimmer zu geben. Hauber toleriert die amourösen Abenteuer seines Freundes, und Thomas ist sich bald mit ihm einig, daß man germanistische Proseminare, zumal wenn es um Mittelhochdeutsch geht, doch eher vernachlässigen kann.

Ein Semester später gesteht Peter, daß er mit dem Studium der deutschen Literatur wenig anfangen kann und doch lieber Medizin studieren würde. Thomas ist großzügig genug, ihm den Wechsel zu gestatten. Eine herzliche Freundschaft nimmt hier ihren Anfang, und fünf Jahre später wird Peter die Eheschließung von

Thomas und Thea bezeugen. Noch aber kann der eine sich nicht als Ehemann, der andere sich nicht als Trauzeuge sehen. Gemeinsam entdecken sie Schwabing, das Münchner Umland, studentische Freiheit.

Thomas hat Fuß gefaßt und bekommt die staatliche Bildungsförderung BAföG von 420 Mark monatlich, abzüglich neunzig Mark Miete fürs Wohnen im Doppelzimmer. Kein üppiges Leben, zumal er bald ein Einzelzimmer bezieht und nun 130 Mark berappt.

Mittlerweile ist er auch, wie sein Vater es war, Mitglied des CV und der katholischen Studentenverbindung Tuskonia, derselben Korporation übrigens, der auch der bayerische Ministerpräsident Franz Josef Strauß angehört. Daraus Rückschlüsse auf das Studentenleben und die politischen Präferenzen zu ziehen, wäre voreilig. Auch daß man Thomas im Meßdienerkleid auf dem Foto einer Fronleichnamsprozession vor der Münchner Frauenkirche, mit Strauß, der hinter ihm läuft, sehen kann, verleitet manchen zu voreiligen Schlüssen. Schon damals war sein Katholizismus nicht mit Parteipolitik verbunden. Thomas ist kein Verbindungsmensch, auch nicht in studentischem Sinne, und um Spaß zu haben oder zu machen, braucht er kein *gaudeamus igitur*. Er ist sich selbst *gaudium* genug.

1972 ist ein dramatisches Jahr. Rainer Barzel, von seiner Partei, der CDU, gedrängt, versucht, Bundeskanzler Willy Brandt und seine SPD/FDP-Koalition durch ein konstruktives Mißtrauensvotum zu stürzen; er scheitert. Vom sozialdemokratischen Ziel der »gerechten Beteiligung aller am Ertrag der Volkswirtschaft«[23] ist die Republik gleichwohl weiter entfernt denn je: 1,8 Prozent aller Haushalte verfügen über fast das gesamte Aktienkapital des Landes.[24] Anlaß für die Rote Armee Fraktion (RAF), die Verhältnisse mit Gewalt ändern zu wollen. Im Juni wird die Spitzengruppe der Terrororganisation RAF verhaftet. Die Olympischen Spiele in München verwandeln sich am fünften September durch einen Überfall arabischer Terroristen auf israelische Sportler und eine tragisch mißlungene polizeiliche Befreiungsaktion von einem unbeschwerten Weltfest in Spiele der Trauer. Bei Neuwahlen am neunzehnten November geht es um den Bestand der Regierung Brandt/Scheel. Entsprechend hoch ist die Wahlbeteiligung: neunzig Prozent. Die Koalition siegt mit 54,3 Prozent und hat nun 46 Mandate Vorsprung. Ein Schriftsteller, Günter Grass, hat sich stark im Wahlkampf für Brandt engagiert. Ein anderer, Heinrich Böll, erhält am zehnten Dezember den Literaturnobelpreis. Und als hätte das Jahr nicht bedeutsame Ereignisse genug, schließen am einundzwanzigsten Dezember die DDR und die Bundesrepublik den Grundlagenvertrag ab, der die Normalisierung der Beziehungen zwischen den beiden deutschen Staaten einleitet und damit einen, damals noch nicht absehbaren, politischen Prozeß in Gang setzt, an dessen Ende knapp zwei Jahrzehnte später die Wiedervereinigung stehen wird.

Was für ein Jahr! Fast unbemerkt ist es auch das Jahr, in dem Thomas Gottschalk regelmäßig im Rundfunk zu hören ist. Als Stationssprecher. Welchen Hit hat er anzusagen? Juliane Werding – seither hat sie über zwanzig Millionen Platten verkauft – ist soeben mit dem Anti-Drogen-Song »Der Tag, als Conny Kramer starb« berühmt geworden, die deutsche Fassung des Joan-Baez-Titels »The Night they drove Old Dixie down«, ein Welthit.

Aber Thomas mag keine deutsche Schlagerparade. Auch nicht die Songs, die im Club 16 gespielt werden – der fünfte Schnitt auf der Rückseite eines Albums von Blind Faith. Er will »No milk today« von Herman's Hermits hören oder die Hollies, Mainstream eben. Und er meint, er könnte die Zwischentexte wesentlich lockerer präsentieren als die Moderatoren des BR. Für ihn hat das alles »keinen Pfiff und keinen Schwung«. Jedenfalls gemessen an seinen Idolen vom RIAS und von RTL.

»War das nicht dieser lange Blonde aus Kulmbach? Hat jetzt sein Abitur? Na gut, mal sehen, was er kann.«

So etwa war die Reaktion, als Thomas sich Ende 1971 mit seinem zwei Jahre alten Empfehlungsschreiben von Rüdiger Stolze im BR, Hauptabteilung Erziehung und Gesellschaft, Abteilung Jugendfunk, vorstellte. Man entschied sich, den jungen Mann eine Probesendung als Discjockey moderieren zu lassen. Das Ergebnis war niederschmetternd. In der darauffolgenden Redaktionssitzung machten die meisten sich über den Kulmbacher lustig. Einzig Stolze hielt dagegen und plädierte dafür, dem Talent Zeit und Gelegenheit zur Entwicklung zu geben. Diese eine Gegenstimme im Chor abfälliger Äußerungen war ausschlaggebend dafür, daß Thomas im Sender beschäftigt wurde. Seinerzeit waren Praktika und Volontariate noch nicht bürokratisch geregelt, und so konnte er versuchsweise als freier Mitarbeiter der Jungen Welle beginnen, wurde mit umgehängtem Uher-Tonbandgerät und Mikro auf die Straße geschickt, Umfragen einzuholen; kleine Interviews, kurze Texte folgten.

Seine erste Reportage »Von der Provinz in die Großstadt«, worin er seine Schwierigkeiten mit dem Alltag schilderte, trug ihm neben einem Honorar von 170 Mark bereits einen Hörerbrief ein – die Zustimmung eines alten Herrn, der sich durch die Frage »Sind Wiener Würste innen heiß, wenn sie außen platzen?« an seine Jugendzeit erinnert fühlte.

Weltbewegend war das alles nicht. Weder Gottschalks kritisches Kurzfeature über die ungewöhnlich hohe Selbstmordquote unter Bundeswehrsoldaten noch das über die Behandlung der Lehrlinge im Siemens-Konzern oder den »Tauchsport ohne Umweltschutz« wurden als Glanzstücke des Journalismus erkannt. Das Naturtalent mußte wohl doch ein paar Grundlagen erwerben.

Wieder erinnert sich die Mutter ihrer guten Beziehungen zu hohen Kirchenkreisen. Die Deutsche Bischofskonferenz hatte ein Institut zur Förderung des publizistischen Nachwuchses eingerichtet. Dort erhält Thomas ein Stipendium, erlernt das Rundfunkhandwerk und erstellt im Rahmen einer Ferienakademie eine Probesendung, die wegen ihrer Lebendigkeit gelobt und wegen ihres manipulativen Schnitts getadelt wird. Ein darauffolgendes Volontariat in der damals sehr konservativen Tageszeitung *Münchner Merkur* trägt ihm das Angebot ein, als Redakteur angestellt zu werden.

Doch der junge Mann ist nicht zufrieden. Hinter einem Zeitungsschreibtisch kann er sein Talent nicht entfalten. Es drängt ihn ans Mikrophon, und zwar live. Aber wie dort hinkommen? Die Jugendmusiksendung Club 16 hat ihren festen Moderatorenstamm, und die Programme der Unterhaltungsmusik sind in der Hand von angestellten Redakteuren.

Die Lösung naht: Der Bayerische Rundfunk baut seit 1971 mit der Welle Bayern 3 eine Verkehrsinformationswelle mit populärer Musik auf, um junge Hörer von der österreichischen Konkurrenz Ö 3 zurückzuholen. Ansager werden gebraucht, ein Sprecherseminar wird eingerichtet. Thomas meldet sich. Am Ende der Ausbildung soll übernommen werden, wer die Prüfung besteht.

Sie enthält auch einen französischen Textteil, und obwohl er diese Sprache nachweislich nie gelernt hat, besteht er: Hat er das Idiom im Ohr, schon liegt es ihm auf der Zunge. Dummerweise kommen in diesem Prüfungstext Ziffern vor, und bei deren akustischer Realisierung hilft kein phonetisches Mimikry. Man erzählt, eine Sekretärin habe ihm die Zahlen rasch in exakter Aussprache aufgeschrieben. Sein nasales Nachplappern gelingt so, als sei ihm das Französische seit Kindesbeinen geläufig. Die Summe seiner Leistungen genügt: Er wird in den BR übernommen.

Übernahme zur Sendung heißt: alle Arten Ansagen, Verkehrsmeldungen, Einsatz in den drei Programmen des Senders, vom Schlager bis zur Klassik, vom Wortprogramm bis zur Live-Schaltung. Schichtdienst, Bereitschaftsdienst. »Jourdienst«. Da erwischt ihn dann doch eines Nachts die Französisch-Schwäche. Als er im klassischen Musikprogramm ein »Impromptu« ansagen muß, spricht er es lateinisch aus – und wird mit entsprechender Häme in Hörerbriefen überzogen.

Rundfunkarbeit neben dem Germanistikstudium? Thomas sieht ein, daß er Vorlesungen und Ansagen kaum mehr koordinieren kann. Er wechselt zur Pädagogik und strebt fortan das Lehramt für Grundschulen an.

Ein guter, etwas anarchischer Lehrer wäre er vielleicht geworden. Vermutlich nicht zur Freude des bayerischen Kultusministeriums, doch zur Beruhigung der Mutter, die ihn damals noch gern im Staatsdienst und an der Seite einer sanften Lehrerin gesehen hätte. Zum Muttertag bringt der brave Sohn eine blonde Pädagogikstudentin mit, ohne freilich Bindungsabsichten zu äußern. Für ihn steht der elterliche Auftrag fest, neben seiner Rundfunklust einen soliden Beruf zu erlernen. Noch ist das Medium für ihn nur Spielerei, eine allerdings, mit der sich Geld verdienen läßt, was sich in der Folge vor allem beim Kauf diverser Pkws sichtbar niederschlägt.

Die Isetta wird von einem VW-Käfer abgelöst, der von einem Volvo Amazone, dieser von einem Volvo-Sportcoupé, volkstümlich Schneewittchensarg genannt, worauf ein VW-Cabrio folgt. Später wird die Reihe der Fahrzeuge unübersichtlich. Sicher ist, daß er mit dreißig Jahren in einer großen braunen Limousine der Marke Mercedes durch München fahren und von da an das Luxus-Segment nicht mehr unterschreiten wird, den Blick stets auf Höheres gerichtet. Bald werden seine Autos Jaguar und Morgan heißen. Ein paar Jahre später dann Aston Martin, Bentley und Rolls-Royce.

Aber bis dahin liegt noch ein weiter Weg vor dem Stationsansager, der sich nur mühsam an die von den Redaktionen vorgeschriebenen Texte halten kann. Es juckt ihn, Bemerkungen über den Sender zu schicken, die kein Vorgesetzter abgesegnet hat. Aber noch gilt er als Anfänger und hat sich zu bewähren.

Sprechen und dabei eigentlich den Mund halten – eine harte Prüfung für ihn. Zu hart: Es wird nicht mehr lange dauern, bis er zumindest die Verkehrsmeldungen in Bayern 3 mit Kommentaren versieht, die den Redakteur der Welle, Josef Othmar Zöller, zur Verzweiflung bringen. Schließlich hat man seriöse Verkehrsinformationen zu verkünden, einen möglicherweise lebensrettenden Service zu leisten – und die Juxerei am Mikrophon könnte die Konzentration der Fahrer stören! Den jungen Plauderer aber machen seine Späße rasch zum kleinen Star: »Achtung Autofahrer auf der Autobahn Starnberg–Garmisch: Vor Seeshaupt befinden sich Pferde auf der Fahrbahn. Wenn Sie vorbeikommen, halten Sie Büschel Heu aus dem Fenster!« – »Autobahn München–Nürnberg, fünf Kilometer Stau vor der Abfahrt Eching. Wegen Ikea dort. Wird sicher bald Elching heißen.« Wenige Wochen später, als er wieder frei laufende Pferde zu melden hat, klingt die Ansage schon selbstbewußter: »Das passiert mir immer wieder, daß Pferde sich bei meiner Sendung losreißen. Stellen Sie doch bitte die Radios in den Ställen leiser!«

Niemand fährt vor Lachen in den Straßengraben, wie die Redaktion befürchtet. Den Leuten gefällt das Kalauern, und Thomas *will* gefallen – möglichst vielen Hörern, vor allem aber *einer* Hörerin, deren Zuneigung er sich immer neu erplaudert. Er kennt sie seit Anfang des Jahres, und wir müssen deshalb, um den Beginn dieser Beziehung mitzuerleben, noch einmal zurück zum Jahresanfang 1972.

9 *Kein Beinbruch*

Der Münchner Fasching ist so lustig wie die Fasenacht in Mainz und der Karneval in Köln. Der mehrheitlich nicht leichtblütige und gewöhnlich zum »Grantln« geneigte Münchner setzt sich die Lachmaske auf und ist nicht wiederzuerkennen. Auf den großen Bällen fließen Bier, Schweiß und Tränen, und die Münchner Polizei kassiert bis Aschermittwoch so viele Führerscheine ein wie im ganzen restlichen Jahr. Es ist die reine Freude.

Daß zwei junge Frauen aus Nürnberg sich im Fasching 1972 auf den Medizinerball im Hotel Regina wagen, ist noch nichts Ungewöhnliches. Sie sind vor wenigen Monaten nach München gezogen, wohnen zusammen in der Zieblandstraße und sind Mitarbeiterinnen einer Werbeagentur. Welcher Gehilfe Amors ihnen die Karten für den Medizinerball zugesteckt hat, ist nicht überliefert.

Daß zum selben Faschingsfest ein junger Kulmbacher und sein Allgäuer Freund kommen, ist gleichfalls nicht ungewöhnlich: Einer der beiden studiert Medizin, und wo könnte man die Erkundung menschlicher Schwächen besser beginnen als auf dem Medizinerball?

Das Regina ist berühmt für seine Faschingsfeste, und der für die angehenden und fertigen Ärzte und weiteres Publikum ausgerichtete, nicht eben billige Abend gilt auch als Zugang in akademische Kreise. In den Thermen des Hotels ist die Nacht schon vorgeschritten, als eine schwarzhaarige, tangumflorte und grünbenetzte Rheintochter, die sich einem zudringlich gewordenen mexikanischen Banditen entwunden hat, auf einen herumstehenden blonden Bettelmönch oder Schäfer in brauner Kutte mit langem Stab in der Hand trifft – oder will er ein Landsknecht mit

Lanze sein? Die beiden kommen ins Gespräch. Der Schäfer stellt den Stock weg, sie tanzen, setzen sich zusammen, und der Kuttenmann beginnt der Nixe freiweg sein Leben zu erzählen.

Schon naht der nixengierige Pistolero. Aber er hat nicht mit dem Landsknecht im Schäfer gerechnet! Der rät der Meerjungfrau, sich hinter ihm zu verstecken; sein Beschützerinstinkt ist gefordert. Er streift die Kapuze über, schnappt seinen Stab, als wär's eine Lanze, und steht auf. Angesichts des Hünen kneift der Rivale.

Amüsiert und ungläubig hört die Wasserfrau, daß ihr Retter für den Bayerischen Rundfunk arbeite und sie gern einladen würde zu einem Rockkonzert von Deep Purple, in zwei Tagen. Er müsse ein Interview mit der Band führen. Wieder so ein Angeber, denkt die Nixe. Und warum er sie einladen wolle? »Du bist in Ordnung«, sagt der Schäfer. »Das kannst du gar nicht wissen, du kennst mich doch grade erst eine halbe Stunde«, erwidert die Rheintochter. »Kann ich doch!«

Später findet er im Faschingsgedränge seinen Freund, die Meerjungfrau ihre Freundin. Die jungen Männer fahren die Damen im Schäfer-Käfer nach Hause, der Fahrer macht einen Witz nach dem andern, die Stimmung ist heiter, man tauscht Telefonnummern aus.

Zwei Tage später steht der Blonde vor der Tür. Thea ist angenehm überrascht. Thomas sieht sehr viel besser aus als in der härenen Kutte. Er wiederum ist von ihr fasziniert: Thea ist auch undekoriert eine dunkle, schöne Undine.

Nach dem Konzert gesteht er, daß er nicht Deep Purple interviewen darf, sondern nur die Vorband. Wie auch immer, man steht backstage beieinander, wo gefeiert wird und Thea vom langhaarigen Deep-Purple-Organisten Jon Lord so fasziniert ist, daß Thomas schon mal prophylaktisch eifersüchtig wird.

Das war der Beginn einer nunmehr über dreißigjährigen Beziehung.

Zwei sehr verschiedene Charaktere haben sich hier zum Paar vereint. Wo Thomas früh gelernt hat, als öffentliche Person zu leben und das auch heute noch dann und wann zu genießen, neigt Thea eher zum Rückzug ins Private. Daß sie an seiner Seite zwangsläufig ins Licht der Öffentlichkeit geriet, hat sie hingenommen, häufig genug aber als hohen Preis empfunden – bezahlt für den Fortschritt einer Karriere, bei der Annehmlichkeit und Belästigung kaum gegeneinander aufzuwägen sind.

Der Eindruck so mancher Fotos von ihr täuscht. Die scheinbar für die Medien gestellte Pose gilt offensichtlich ihrer Kleidung und entsteht aus Theas Freude an Kostümierung. Sie scheint sich dahinter zu verbergen. Berühmtheit ist für sie noch nie ein erstrebenswerter Zustand gewesen. Und als sie feststellte, wie hartnäckig die Neugier der Medien auch sie selbst verfolgte, unterließ sie die anfänglich noch arglos gegebenen Interviews.

Fast amüsiert nimmt sie das öffentliche Interesse an ihrem Freund und späteren Gatten hin, dann erkennt sie es als selbstverständlich an, schließlich akzeptiert sie es als unvermeidlich. Glück ist für sie etwas anderes: die private Existenz, die Nähe in der eigenen Familie. Und je mehr der Medienblick in die Intimsphäre eindringen will, um so heftiger und erfolgreicher schirmt Thea sich und die ihren ab.

Auch wenn sie zupackend und entscheidungsfreudig ist, ihrem Wesen nach ist sie ein zurückhaltender, vorsichtiger Mensch, dem repräsentative Auftritte nicht angenehm sind. Vielleicht ist dies Erbteil der Mutter, der man als junger Frau ihre vielen Qualitäten nicht sofort ansah, weil sie ihr Licht lieber unter den Scheffel stellte.

Theas Mutter stammt aus dem böhmischen Brünn, wo sie bis zu ihrer Heirat in einem gutsituierten Haushalt aufwächst, mit der Kinderfrau tschechisch spricht und mit der Mutter deutsch. Das behütete und umsorgte Mädchen erhält eine umfassende Bildung und kompensiert Schüchternheit mit Sportlichkeit. Sie gilt als gute Tennisspielerin und als beachtliches Sprungtalent im Eiskunstlauf.

Dann kreuzt ein blendend aussehender, offenbar weltgewandter junger Mann ihren Weg. Er ist aus dem fränkischen Nürnberg nach Brünn versetzt worden und wird der jungen Dame als »Herr Ingenieur« vorgestellt. Der Titel des charmanten Plauderers verfehlt seine Wirkung nicht. Bald siedelt das Paar, als der Beruf die Rückkehr nach Deutschland verlangt, nach Nürnberg um. Liebe achtet nicht auf materielle Werte: Das gesamte familiäre Erbe wird der jungen Frau von den Tschechen aberkannt und enteignet, und da sie Brünn freiwillig verlassen hatte, fallen ihr nach dem Krieg auch keine Zahlungen gemäß dem Lastenausgleichsgesetz zu. Alles, was sie mitgenommen hatte, war ein wenig Schmuck und das Familiensilber – die Aussteuer also, die eine junge Dame aus den besseren Kreisen üblicherweise erhielt.

Mit diesem Grundkapital riskiert der Ingenieur den Schritt vom Angestellten zum Unternehmer und stellt sich als Graphiker und Designer auf eigene Füße. Seine Frau hat die Hoffnung auf ein Kind bereits aufgegeben, als sie – zur eigenen Überraschung und der des Erzeugers – doch noch schwanger wird. Ein Sohn soll es werden! Für den Vater keine Frage. Er ist ein Motorradnarr und technischer Tüftler, der im erwarteten Kind bereits den Bastlerfreund sehen will.

Von dem Schock, eine Tochter zu haben, hat er sich nie erholt. Thea wird nur schwer aus der ihr aufgezwängten Hosenrolle herausfinden: früh wurde sie zwischen die Eltern auf eine schwere BMW-Maschine gepackt, um das richtige Motorradgefühl zu entwickeln. Und damit das Einzelkind ausschließlich mit Jungen spielt, bastelt der Vater die entsprechenden Attraktionen: eine Kügelchen verschießende Holzpistole, ein maßstabgetreues Hubschraubermodell. Er ist handwerklich geschickt und hat diese Fähigkeit zusammen mit dem künstlerischen Talent der Tochter weitergegeben. Sein Versuch allerdings, ihrer Mädchenhaftigkeit mit einer geschnitzten Puppe gerecht zu werden, mißlingt kläglich: das Ergebnis gleicht eher einem Stuhlbein.

Das väterliche Interesse an der Tochter läßt bald nach. Um so mehr überschüttet die Mutter das Kind mit Liebe und Fürsorge, so daß der Vater befürchtet, das Kind werde verzogen. Doch die Mutter kann und will nicht anders. Jeden Wunsch liest sie Thea von den Augen ab, das zarte Mädchen wird geschont und vor Anforderungen bewahrt.

Irgendwann muß Thea sich selbst erfahren, sich befreien, selbständig werden. Und wenn es das Abitur kostet! Sie bricht das Gymnasium ab und nimmt eine Stelle als Au-pair-Mädchen in London an. Da wird ihr Sinn für Ordnung geschult, und sie entdeckt ihre Liebe zum Kochen. Weit wichtiger aber ist die Befreiung. Swinging London! Die späten sechziger Jahre! Thea ist von der Stadt ebenso fasziniert wie Thomas, dem sie auf der Kingsroad oder in der Carnaby Street vielleicht sogar schon einmal begegnet ist, ahnungslos beide.

Aus der Weltstadt nach Nürnberg zurückzukehren, kann sie sich nicht vorstellen. Mit einer Freundin zieht Thea nach München, gründet in der Schwabinger Zieblandstraße eine Wohngemeinschaft und findet einen Job in einer Werbeagentur.

Da wird man bald auf ihre Talente aufmerksam, sie arbeitet sich nach oben, textet Funkspots, entwirft Produktkampagnen und taucht auf Wunsch ihrer Vorgesetzten immer mal wieder als Model in den Werbebroschüren der Agentur auf. Als ein leitender Mitarbeiter die Firma verläßt, bietet er Thea an, ebenfalls das Betätigungsfeld zu wechseln. Sie erhält jetzt eine eigene Kolumne in einer Kundenzeitschrift, und bald darauf bietet man ihr an, die Modeseite eines Jugendmagazins redaktionell zu gestalten.

Kleider hat sie schon seit ihrem vierzehnten Lebensjahr entworfen, und das Geschick, sie auch zu schneidern, hat sie von der Mutter geerbt. Bis heute bastelt sie an ihrer Garderobe herum, die Ergebnisse lassen sich zuweilen öffentlich betrachten. Auch Kleidern exklusiver Couturiers gibt sie durch ein paar Stiche hier und ein paar Nähte da eine unverwechselbare Note – manchmal zur Verzweiflung von Thomas, wenn er bereits im Auto wartet und Thea noch notwendige Änderungen vornimmt.

Vorerst hat er nicht die Sorge, mit Thea pünktlich zu sein. Er würde ja gern auf sie warten, ihn plagt aber noch die Frage, ob sie überhaupt mit ihm zusammensein will.

Sie hatte lange vor dem Faschingsball mit ihrer Freundin einen Skiurlaub in Obertauern gebucht, wo sie ein Jahr zuvor beim üblichen Touristenwettbewerb zur »Miß Obertauern« gekürt worden war. Sie stellt ihm frei, mitzukommen. Soll er? Will er? Kann er das bezahlen? Hat er überhaupt die Wahl? Was, wenn sie beim Skifahren einen anderen kennenlernt? Sie sieht einfach zu gut aus, um unbehelligt zu bleiben. Natürlich entscheidet er sich, sie nicht allein zu lassen, und sie findet angenehm, in seinem Auto in die Berge gefahren zu werden.

Seltsame Schicksalsspielerei: Rutila Gottschalk hatte einst, während der letzten Kriegstage in Karlsbad, das gesunde rechte Bein ihres frisch angetrauten Gatten in Gips gepackt, um ihm die Fahrt im letzten Verwundetentransport nach Westen zu ermöglichen. Vielleicht hat sie damit ihren Hans und folglich ihre Ehe gerettet.

Mit einem Gipsbein kehrt nun auch Thea aus Obertauern nach München zurück. Ursache ist ein Skiunfall – schon bei der ersten Abfahrt. Dabei sind die Pisten leicht, gelten als »Autobahn«, das Wetter ist an diesem Morgen herrlich, die Sonne warm, die Sicht über die Gipfel klar. In bester Laune beginnt Thea vor Thomas die Abfahrt.

Etwa auf der Hälfte – er sieht nicht, warum – stürzt sie plötzlich, die Bretter wirbeln durch die Luft, aber die Bindung öffnet sich nicht, das rechte Knie wird nach hinten verdreht. Thea kann vor Schmerzen nicht weiter, aber Thomas will nicht wahrhaben, daß sie ernsthaft verletzt ist. »Komm, hab dich nicht so!« Sie beißt die Zähne zusammen, irgendwie erreicht sie die Liftstation, humpelt noch bis zum Abend umher.

Da das Knie nicht anschwillt, nimmt keiner die Verletzung ernst. Am nächsten Tag sind die Schmerzen unerträglich. In der

Klinik wird das Gelenk unter Narkose ausgerichtet, gereckt und geröntgt – und als Thea aufwacht, ist das Bein in Gips, die Diagnose Bänderriß. Man stellt ihr frei, sich hier oder in München operieren zu lassen. Thomas fährt sie zurück.

Für zwei Menschen, die sich noch nicht gut kennen, keine einfache Situation: das Gipsbein ist immerhin eine so starke Behinderung, daß Thea vielfältige Hilfe braucht. Auf einmal müssen beide einander weitergehend vertrauen, als sie sich vorgestellt hatten. In dieser Prüfung bewährt sich Thomas, und Thea erfährt einen seiner vorherrschenden Charakterzüge: Fürsorglichkeit.

Er hilft, angekommen in ihrer Münchner Wohnung, die Tasche fürs Krankenhaus zu packen, Thea sucht ihre Nachthemden zusammen: »Nicht gebügelt! Ich kann doch nicht mit einem ungebügelten Nachthemd in die Klinik!«

»Kein Problem, mach ich dir schnell!« Das verblüfft sie nun doch. Der junge Mann geht unverzüglich ans Werk. Sie sitzt auf dem Sofa, streckt das Gipsbein von sich und betrachtet Thomas am Bügelbrett, sieht seine routinierten Handgriffe und staunt im stillen. Was für ein Mann! So einen hatte sie noch nicht kennengelernt.

»Warum gehst du eigentlich nicht zum Fernsehen. Deine ganzen Witze nur für mich – das ist doch viel zu schade. Und was der Kulenkampff kann, kannst du auch.«

Was Thea da, irgendwann zur Jahreswende 1972/73 an Thomas hinredet, eigentlich nebenher und ohne große Absicht, wird sich als Auslöser einer einzigartigen Show-Karriere erweisen. Thea meint das nicht drängend. Sie sind noch nicht einmal verheiratet, sie wohnen auch noch nicht zusammen, als diese Sätze fallen. Aber Thomas ist ein Mann, der gelegentlich einen kleinen Schubs verträgt. Er neigt dazu, wenn er etwas erreicht hat, zu denken: Das ist es jetzt! Mehr wird nicht kommen.

So ergeht es ihm mit der ersten Sendung, in der er seine

Ansagetexte frei formulieren kann: Sonntags um sechs Uhr früh darf der Stationssprecher einigermaßen eigenständig plaudern. Die Musiktitel sind vorgeschrieben, und um diese Tageszeit kommt es nicht so darauf an, ob die Worte zwischen der Musik dem Rahmen und den Gesetzen des Senders entsprechen; die Hörerzahl ist verschwindend.

Doch Kollegen fällt der ungewöhnlich leichte, geradezu jonglierende Tonfall des jungen Mannes auf. In dem Live-Vormittagsmagazin »Notizbuch« des BR plant der Journalist Hanno Heidrich eine Sendung zum Thema »Brauchen wir noch Latein?« Redakteur Florian Sattler stimmt zu, und beide beschließen, die Stunde Programm nicht aus dem Studio, sondern aus einem Gymnasium zu senden. Mit der damals neuartigen Discoanlage und einem transportablen Eigenregiepult ist die Technik gesichert. Aber wer soll mit den Schülern sprechen und die Platten auflegen?

Da gibt es doch diesen frechen flotten Stationsansager namens Gottschalk! Und Latein kann er auch!

Ohne daß die Beteiligten es ahnen, verhelfen sie Thomas mit der Live-Stunde zu seinen ersten Publikumsovationen. Die Sendung ist ein Erfolg, wie ihn keiner der Beteiligten erwartet hatte. Waschkorbweise kommt die Hörerpost. Und Heidrich ist sich damals bereits sicher, daß der junge Blondschopf eine große Karriere vor sich hat. *Quod erat demonstrandum.*[25]

Irgendwann fällt auch anderen Redakteuren auf, daß einer der Ansager mit so guter Laune bei der Sache ist, wie keiner sie am Sonntagmorgen um sechs erwartet. Der Tanzmusikredakteur Werner Goetze, äußerst beliebter »Plattenkramer« des BR, veranlaßt, daß Thomas eine eigene Musiksendung bekommt: »Frisch aus der Presse«. Die Neuerscheinungen der Unterhaltungsmusik wurden bis dahin von Peter Kreglinger vorgestellt, der nach langen aufreibenden Auseinandersetzungen mit der Programmleitung das Handtuch wirft und seine letzte Sendung folgendermaßen abmoderiert:

»Meine Damen und Herren. Ab nächsten Sonntag macht Thomas Gottschalk diese Sendung. Er ist jünger als ich, hat die besseren Nerven, sich mit den Bürokraten in diesem Haus auseinanderzusetzen.« Ein ungewöhnlich mutiger Ton, der da zu dem neuen, gleichfalls ungewöhnlichen Moderator überleitet. Und der freut sich. Die erste eigene Sendung!

Es ist Sommer. Die Münchner lagern sich an den bayerischen Seen im Süden und Südwesten der Landeshauptstadt. Zwar kündigt sich die internationale Ölkrise bereits an, aber die von der Regierung in einem Notprogramm geplanten autofreien Sonntage wird es erst im November geben.

Thomas wird sonntags, meist mit Thea auf einer Liegewiese am Langwieder See im Münchner Nordwesten, schon gegen fünf Uhr nachmittags unruhig, faltet die Decke zusammen und macht sich auf den Weg. Zu groß ist die Angst, in einen Stau zu geraten und nicht rechtzeitig im Sender einzutreffen. Zwar beginnt »Frisch aus der Presse« erst um zwanzig Uhr, aber der Redakteur Werner Goetze will sich die Moderationstexte am Telefon vorlesen lassen und, wo nötig, redigierend eingreifen. »Grüße Sie, Thomas, was haben wir heute?« Mehr oder weniger genau hält Thomas sich an die vereinbarten Sätze. Ganz kann es ihm nicht gelingen, denn er verwandelt das Live-Radio in Spontan-Radio.

Singt Julio Iglesias »Wenn ein Schiff vorüberfährt«, fragt sich Thomas laut vor dem Mikrophon, warum der Mann so schluchzt, es wäre doch schlimmer, »wenn ein Pferd vorüberschifft«. Solche Flapsereien hat es im BR seit der Wiedergründung des Senders 1947 nicht gegeben, sie gelten als ungehörig und bereiten Ärger bis hinauf in die Chefredaktion. Der Moderator wird gerüffelt und präsentiert ein paar begeisterte Hörerbriefe – die Macht des Hörerbriefs, außerhalb der Sendeanstalten unterschätzt, ist innerhalb erstaunlich groß. Viel Fanpost, viel Spielraum.

Der Musikgeschmack der Fans spielt dabei keine entscheidende Rolle. Der meistverkaufte deutsche Titel des Jahres 1973 –

600 000 Singles – heißt »Fiesta Mexicana« und wird, obwohl es sich dabei um ein tieftrauriges Abschiedslied handelt, wegen seines Schlachtrufs »Hossa, hossa« zum Schunkelhit der Nation. Ludwig Alexander Hirtreiter, alias Rex Gildo, wird sich von diesem Erfolg nicht mehr erholen, trotz einer passablen anschließenden Filmkarriere am Leben verzweifeln und sich fünfundzwanzig Jahre später aus dem Fenster stürzen.

Das Metier der Unterhaltung ist nicht ungefährlich – *the higher they climb the deeper they fall.* Der Plattenplauderer Thomas kümmert sich nicht um solche Gefährdungen, er ist ein Seiltänzer, und seine Balancierstange ist die Ironie. So respektlos und zugleich liebevoll wie er ist bisher kein Moderator im BR mit den Musiktiteln umgegangen, so reaktionsschnell hat keiner Verkehrsmeldungen persifliert, so schonungslos hat sich keiner selbst als unfertig und suchend präsentiert, auf eigene Kosten Späße gemacht und den Kontakt zum Publikum auf einem Scheindialog aufgebaut, der den Hörern das Gefühl vermittelt, mit diesem Moderator schon lange gut bekannt zu sein.

Dahinter steht kein ausgearbeitetes Konzept, sondern eine Begabung. Wo andere versuchen, Zuhörer systematisch zu überrumpeln, ist Gottschalk nichts als er selbst. Ebendies ist wahrscheinlich das Geheimnis seines Erfolgs.

Der führt dazu, daß man ihm eine weitere eigene Live-Sendung anvertraut, »Disco 2«. Sie liegt auf einem für Unterhaltung aussichtslosen Platz im zweiten Programm des BR, der »Kulturschiene«, und zwar jeweils dienstags und donnerstags zwischen 19 und 19.30 Uhr; am Dienstag vor dem »Literarischen Quiz« mit Immanuel Birnbaum und am Donnerstag nach der Sendung für die Israelitische Kultusgemeinde mit Baruch Graubart.

Wer den Einfall hatte, in diesen Rahmen aus Ernst und Würde Popmusik für die Jugend zu zwängen, ist nicht bekannt. Es muß ein experimentierfreudiger Geist gewesen sein. Und niemand im BR außer Thomas Gottschalk hatte den Mut und das Talent, auf einem so von Bildung und Religion geprägten Sendeplatz allerleichteste Heiterkeit zu verbreiten. Das scheinbar Unmögliche gelingt: »Disco 2« wird zwar kein Hit, hat aber nach einem halben Jahr einen festen jungen Hörerstamm.

Und das Fernsehen? Theas kleine Anfrage saß als Haken fest. Thomas bewirbt sich und wird tatsächlich im Dritten Bayerischen Fernsehprogramm als Nachrichtensprecher eingeteilt. Nicht daß er dort durch besonders lustige Weltnachrichten aufgefallen wäre, aber er erwirbt Kameraroutine, lernt zumindest, die Scheu vor den damals noch gewaltigen Bildkanonen zu verlieren. Unter den wechselnden Sprechern der »Abendschau« fällt er durch hübsches Aussehen auf, nicht durch besondere Prägnanz, aber durch schöne Jacketts und Schlipse, die er mit Thea gemeinsam einkauft. Neue Hosen kaufen sie nicht; die sah man ja nicht im Bild.

Die Aufgaben summieren sich nun: Stationsdienst in allen drei Hörfunkprogrammen, Nachrichten im Fernsehen, Musiksendungen im ersten und zweiten Programm. Der Zeitaufwand ist hoch, doch die Anforderungen stagnieren. Jedenfalls beruflich.

Privat gerät viel in Bewegung. Thea verkracht sich mit ihrer Freundin und will die gemeinsame Wohnung verlassen. Der Zeitpunkt ist biographisch goldrichtig, denn allmählich müssen Thomas und sie herausfinden, wieviel alltägliche Nähe sie vertragen.

Man sucht und findet eine Wohnung. Die Kelleretage, groß wie ein Schwimmbad mit Oberlicht, vom Besitzer mit Bad, Küche und Toilette bewohnbar gemacht, liegt in der Sailerstraße, nicht weit von einer der nördlichen Umgehungsachsen Münchens, dem Petuelring.

Thomas unterzeichnet den Mietvertrag. Scheinbar eine reine Vernunftsentscheidung, wäre sie nicht mit so vielen emotionalen Faktoren verbunden. Ihm ist bewußt, daß seine Mutter Rutila und seine Gefährtin Thea zwei Frauen sind, wie sie – abgesehen von ihrer emotionalen Stärke – unterschiedlicher nicht sein könnten. Und er, der beide liebt, ist kein Mann, der einen gordischen Gefühlsknoten nach der alexandrischen Methode löst. Er zieht es vor, in schwebenden Kollisionen zu leben, und wird noch als über Fünfzigjähriger wenige Monate vor dem Tod der Mutter auf die Frage nach dem Geheimnis seines Erfolgs antworten: »Ich lebe eingespannt zwischen starken Frauen.«[26]

Das Bild erinnert an das Gleichnis vom Kreidekreis. 1973 hat er sich jedenfalls mit der ersten gemeinsamen Wohnung für das Zusammenleben mit Thea entschieden. Dazu gehört allerdings auch, daß er heimlich in Theas Telefonbüchlein, in dem eine ganze Reihe männlicher Vornamen verzeichnet waren, an sämtlichen Nummern außer der seinen kleine Änderungen vornahm, aus der Drei eine Acht machte, aus der Eins eine Sieben, aus der Null eine Neun – und schon war er die vermeintlichen Nebenbuhler los.[27] Verständlich, daß er angesichts der auffälligen Schönheit seiner Gefährtin Bedenken hatte. Vor allem aber waren seine Ängste eine Projektion der eigenen Unsicherheit.

Noch ist er bindungsscheu und braucht ein Hintertürchen: eine weitere Wohnung, in die er sich zurückziehen kann. Das Appartement liegt im Olympiadorf, Helene-Mayer-Ring 4, im selben Haus, in dem auch der frühere Münchner Oberbürgermeister Hans-Jochen Vogel, seinerzeit Bundesminister für Städtebau im zweiten Kabinett Brandt, eine Bleibe hat; Thomas wohnt im fünfzehnten, der Minister im siebzehnten Stock. 1974 wird Vogel Bundesjustizminister und ist entsprechend stark durch Terroristen der RAF und der Bewegung 2. Juni gefährdet. Im Lift ist folglich stets ein Polizeibeamter mit Maschinenpistole postiert.

Thomas Gottschalk ist der bestgeschützte Rundfunkmoderator der Republik. Freunde, die ihn in seinem Nest besuchen, berichten Gemeinplätze von Studentenwohnungen: mal türmt sich gebrauchtes Geschirr in der Badewanne, mal ist die Wanne von Freunden belegt, die mangels anderer Gelegenheit bei Thomas ihre Grundreinigung vollziehen, und damit dies nicht im Dunkeln geschieht, obwohl die Badezimmerlampe anscheinend irreparabel defekt ist, steht am Wannenrand eine Kerze. Die Regel seines Elternhauses »Ordnung ist das halbe Leben« hat er umgewandelt in »Das ganze Leben ist Chaos«.

Nach seinem Abitur wird auch Brüderchen Christoph hier vorübergehend wohnen, was ihm eine reizende Begegnung einträgt: Zu jung sind die Damen offensichtlich, die da eines Tages vor dem Hochhaus stehen und keinen sehnlicheren Wunsch haben, als Thomas Gottschalk zu begrüßen. Da der augenblicklich in der Sailerstraße weilt, kümmert sich Christoph um die Gören und findet heraus, daß sie von zu Hause ausgerissen sind, um ihren Radioliebling zu treffen. Jetzt erweist sich, daß der kleine Bruder das Zeugnis der Reife zu Recht erhalten hat. Er bittet die Mädchen nach oben in die Wohnung, ruft, ganz Gentleman, die Eltern an, und wenige Stunden später sind die liebeskranken Teenager wieder zu Hause. Aber wir sind vorausgeeilt: Noch ist Christoph im Internat.

In der Sailerstraße macht sich Thea an die Ausgestaltung der gemeinsamen Kelleretage. Zunächst werden die Wände lila gestrichen, die Toilette wird mit Titelseiten von Modezeitschriften tapeziert, alte Möbel werden auf dem Trödelmarkt erstanden, darunter ein Vertiko für 150 Mark, das sich durch die Jahre und Umzüge bis in die Windmühle in Malibu erhalten hat. Durchgesessen, aber hübsch geschwungen ist das alte Sofa vom Sperrmüll, das aber nach Theas geschickter Aufpolsterung und dem Neubezug mit violettem Samt geradezu herrschaftlich aussieht.

Die Türen erhalten einen roten Lackanstrich, ein paar Ikeamöbel werden, nachdem Thomas sie zusammengeschraubt hat, bis zur Unkenntlichkeit umdekoriert. Etwas Goldfarbe, ein riesiges Himmelbett, etwas gedämpftes Licht tun ein übriges – der Vermieter kennt seinen Betonkeller nicht wieder und staunt: »Das sieht ja aus wie bei einem König!«

Nun ja. Es ist mehr eine Bühne als ein Palast. Und königlich lebt Thomas nicht. Das junge Paar schuftet. Viel Geld ist nicht da, alles muß mit möglichst geringem Aufwand selbstgemacht werden. Thomas schreibt an einer Seminararbeit über die Münchner Räterepublik und fragt sich, wo das alles hinführen soll. Hat er den Job fürs Leben? Ist sie die Frau fürs Leben? Ein weißer Hase und eine Katze namens Minki, von Thea in die Beziehung eingebracht, sind für die Entscheidung wenig hilfreich. Um der Freundin zu imponieren und um den Geistesmühen an der Räterepublik zu entkommen, schwingt Thomas sich immer wieder zu handwerklichen Leistungen auf. Seine technische Begabung ist durchaus mäßig, weshalb das erste Regal, das er liebevoll für Thea zimmert, in sich zusammenfällt. Sollte das ein Zeichen für die Zukunft sein? Sicherheitshalber macht er wenigstens Examen und die erste Lehramtsprüfung. Man weiß ja nie. Vielleicht landet man ja doch in irgendeiner Dorfschule in Niederbayern und heiratet die Tochter des Bürgermeisters.

Die Jahre gehen dahin, Thomas wechselt die Autos, wird immer beliebter bei den Hörern. Aber sein freches Mundwerk verschreckt weiterhin die Chefetage. Auch sein ungewöhnliches Outfit ist den Herren in den grauen Anzügen suspekt. Häufig sieht man ihn in einem langen blauen Mantel durch den Sender eilen. Thea hat ihm das gute Stück geschneidert und mit einem Pelzkragen besetzt. Abfälliger Kommentar seiner Mutter: »Du siehst ja aus wie ein Kutscher!« Auch ein ehrlicher Beruf, denkt sich Thomas. Warum nicht Kutscher?

Vielleicht wäre alles anders gekommen, hätte nicht eines Tages eine Münchner Boulevardzeitung ein Foto von ihm gebracht, dazu die Schlagzeile gesetzt »Das ist der fröhliche Sprecher von Bayern 3« und ihre Leser mit folgender, gelinde gesagt suggestiver Frage zu Briefen aufgefordert: »Sollen auf Bayern 3 Späße gemacht werden, oder soll steriler, seriöser Funk gemacht werden? Schreiben Sie …«[28]

Und sie schrieben.

10 *Pop nach acht*

Der bayerische Ministerpräsident Dr. Alfons Goppel hatte zum Ball geladen. Da er ein genußfreudiger Landesherr war, wurde auf seinen Festen nicht nur ordentlich gegessen und getrunken, wurden nicht bloß Reden gehalten, sondern man tanzte.

Natürlich gab es ein ordentliches Orchester, und gemäß der vorwiegend vertretenen Generationen wurde nicht gerockt, sondern gewalzt. Ein bißchen Foxtrott, etwas Blues, vielleicht Cha-Cha-Cha oder Tango, am beliebtesten aber waren die Walzer, die langsamen wie die Wiener, und der Herr, der Thea immer wieder zu einem solchen Walzer aufforderte, war ein offenbar unermüdlicher Tänzer.

Thomas sah zu, fand die ganze Veranstaltung nicht sonderlich erheiternd, und als Thea an den Tisch zurückgebracht wurde, mit schmerzenden Füßen in den etwas knappen Schuhen, ergab sich zwischen dem Tänzer und Thomas ein Gespräch. Der Herr stellte sich als Dr. Peter Schmalisch vor, Anwalt seines Zeichens und Steuerberater, mit Kanzlei am Sendlinger-Tor-Platz in München. Thomas erwähnte Vertragsprobleme, die er habe, Schmalisch bot seine Hilfe an, man tauschte die Karten.

Als Thea, die sich inzwischen frisch gemacht hatte, zurückkehrte, stellte Thomas Herrn Dr. Schmalisch bereits als seinen persönlichen Anwalt vor. Der fand das vergnüglicher als Thea, die ihm mit einem ebenso anerkennenden wie vorwurfsvollen Blick mitteilte, er habe ihr die Füße »blutig getanzt«. Schmalisch hielt das für eine Metapher und erschrak, als Thea ihm mitteilte, sie habe das leider wörtlich gemeint. Juristisch war der Vorgang schwer zu fassen, vielleicht als Körperverletzung auf Verlangen?

Wenige Tage später findet sich Thomas in der Anwaltskanzlei ein, bringt aber nicht nur die zur Debatte stehenden Verträge mit, sondern auch gleich einen Karton mit allen Steuerunterlagen. Ein Besuch mit weitreichenden Folgen. Peter Schmalisch wird Thomas künftig in allen Steuer-, Geldanlage- und Vertragsfragen beraten und vertreten.

Die Jahre 1976 und 1977 sind Entscheidungsjahre in Gottschalks Biographie. Privat wie beruflich.

»Disco 2« läuft mit beständigem Zuspruch der Hörer und hat eine Struktur, die zum jungen Publikum paßt. Jeden Dienstag gibt es ein Quiz, die Gewinner können sich auf T-Shirts, Autogramme oder signierte LPs freuen, Donnerstag ist Wunschtag für Hörer, die einen »Super-Oldie« gespielt haben wollen, und unter der Rubrik »Disco-Kontrast« legt der Moderator an jedem der beiden Tage ein Musikstück auf, das jenseits von Hitparaden nur ihm gefällt. Diese Mischung aus Telefonsendung, Wunschkonzert und Plauderei über Musik ist zwar nicht neu – neu aber ist der Ton, ist die Leichtigkeit, mit der Gottschalk die halbe Stunde wie im Flug vergehen läßt.

Jetzt endlich hat auch das Fernsehen begriffen, was es an dem Sonnyboy haben könnte. »Szene 76« – der Titel wechselt jeweils mit dem Jahr und endet mit »Szene 79« – ist eine vom Bayerischen Fernsehen produzierte Jugendpopsendung, die einmal monatlich an einem Freitagnachmittag in der ARD läuft. Thomas und sein Kollege Anthony Powell präsentieren Rockgruppen live vor den Kameras oder in Videoclips – wobei die Art, wie Thomas die jugendlichen Zuschauer im Studio zugleich animiert und im Griff behält, verrät, daß an ihm ein Pädagoge verlorengegangen ist.

Zu diesen ersten Fernsehauftritten als Moderator kommen weitere reguläre Sendungen im Hörfunk: »Frisch aus der Presse«, jeden Sonntag zwischen 20 und 21 Uhr auf B3, und werktags »Der Schlagerladen« von 8.10 bis 8.30 Uhr auf B1.

Der junge Moderator weiß sehr gut, daß er ständig im Programm zu hören sein muß, damit seine Stimme und seine Art sich einprägen. Er hat nicht vergessen, wie wichtig ihm als Junge gewesen war, daß er sich auf Tony Prince in RTL verlassen konnte. Eines der Geheimnisse, die hinter jedem Medienerfolg stehen, lautet: Regelmäßigkeit.

Die aber ist beim BR als freier Mitarbeiter nicht zu erreichen. Also bewirbt er sich als Musikredakteur und wird prompt, befürwortet durch den Abteilungsleiter Karl Michalsky, fest angestellt. Das Salär ist nicht sonderlich, dafür die Sendezeit reichlich. Auch die Mutter ist zufrieden, daß der Sohn nun endlich einen richtigen Beruf hat und das Leben langsam in geordnete Bahnen kommt. Schluß mit den Ansagerdiensten, Schluß mit dem Nachrichtensprechen in der »Abendschau« des Bayerischen Fernsehens. Dafür ein öffentlich-rechtliches Gehalt und ein eigenes Büro.

Sein Programm? Mainstream. »Ich möchte einmal richtigstellen, Popmusik heißt populäre Musik und hat nichts mit Lärm und Nervenzerfetzerei zu tun. Es muß doch möglich sein, Chris Roberts und die Gruppe Pink Floyd in einer Sendung unterzubringen, ohne daß etwas auf- oder abgewertet wird. Ich möchte die Popmusik entkrampfen.«[29]

Das Büro, Raum 406 im alten Trakt des BR am Rundfunkplatz, dem nach seinem Architekten benannten Riemerschmid-Bau, vierter Stock rechts, wird keineswegs nach den Gesetzen der üblichen, langweilig zweckmäßigen, weitgehend farblosen Innengestaltung eingerichtet.

Zu ihrer Verblüffung sehen die Redakteure und Mitarbeiter der Abteilung Unterhaltungsmusik, wie ein altes Sofa durch die Pforte nach oben geschleppt wird, bezogen mit lila Samt. Damit nicht genug: ein Cola-Automat folgt, ein Schreibtisch vom Trödel und, Krönung des Ganzen, ein großer Sonnenschirm von Coca-Cola. Später wird noch ein Regiestuhl mit dem Namenszug Thomas Gottschalk hinzukommen, aber 1977 hat der Jungredakteur noch keinen Kinofilm gedreht, folglich noch kein Möbel vom Filmset.

Damit das Büro noch farbiger wird, kommen blaue, gelbe, grüne Werkzeugkisten aus Plastik hinzu, die aus einem Handwerkermarkt stammen und exakt die Größe jener Singles haben, die sich zu Hunderten in der Plattensammlung anhäufen.

In einen der Kästen werden jeweils die Scheiben fürs aktuelle Programm gesteckt. So marschiert der Moderator zum Lift im Studiobau, fährt in den siebenten Stock, wo die Sendekomplexe liegen, immer mit einem bunten Kasten in der Hand – und immer ohne Manuskript. Dort trifft er auf die Kollegen von einst, die Stationssprecher, und plauscht sich schon mal warm. Er sei, heißt es, eigentlich stets fröhlich gewesen. Mit ihm sei die gute Laune ins Sendestudio eingezogen.

Freilich auch das Chaos. Denn die Technikerinnen und Techniker wissen nie, was kommt. Kein vorliegender Text, kein Laufplan, spontane Telefonaktionen, Studiobesucher – sie müssen auf alles vorbereitet sein. Was in anderen Sendungen als Panne gilt, hier gehört es zum Vergnügen des Moderators, der nichts schwer-, nichts übelnimmt und für den mögliche Fehler im Ablauf den Live-Charakter der Sendung nicht gefährden, sondern vollenden. Ebendas halten ihm seine Hörer zugute. Die Fanpost wächst an und wird von ihm wiederum ins Programm gespeist: Plattenwünsche, Grüße, originelle Kritik. Wer ihm schreibt, muß damit rechnen, in der Sendung aufzutauchen.

Die starke Resonanz des Newcomers verschafft ihm nicht nur Freunde. Es gibt auch Neider. Altgedienten Unterhaltern gilt, was er macht, als oberflächlich. Doch weil nichts so erfolgreich macht wie der Erfolg, wird ihm Anfang 1977 von dem inzwischen zum Chef der Unterhaltungsmusik aufgestiegenen Werner Goetze eine neue eigene Sendung angeboten: jeden Werktag von acht bis neun Uhr abends – »Pop nach acht«.

Sein Büronachbar, Teddy Parker, Redakteur und deutscher Schlagersänger, warnt ihn: »Sind Sie verrückt? Sie sind Redakteur, Sie können doch nach Hause gehen, Sie werden sich doch nicht jeden Abend da hinsetzen!« Aber Thomas rechnet anders: »Dann komm ich eben morgens erst um zehn.«[30]

Er kalkuliert richtig. Alle die ihn warnen, ab 20 Uhr sei Radio uninteressant, weil dann alle Leute vor dem Fernseher säßen, irren gewaltig. »Pop nach acht« wird zur erfolgreichsten Sendung von Bayern 3 und macht Thomas Gottschalk zum Radiostar. Zwar spielt er sein Glück herunter: »Als einziger, der solche Musik macht, bin ich halt unter Blinden nur der einäugige König.«[31] Aber jeder spürt, diese Karriere ist nicht mehr aufzuhalten. Auch für ihn selbst ist im nachhinein klar: »Das war mein Durchbruch als Entertainer.«[32]

Der Fleiß hat seinen Preis. Thomas ist nahezu keinen Abend mehr zu Hause. Zu Hause? Ja, es gibt dieses Zuhause, seit Thea den Nachnamen Gottschalk trägt: Am Faschingsbeginn 1976, am 11. November um 11 Uhr, tritt das Paar im Schwabinger Standesamt Mandlstraße, wo zahllose Studentenehen geschlossen worden sind, vor den Standesbeamten und gibt sich das Jawort. Für den Bräutigam nicht unbedingt verpflichtend, wie er später sagt. Die eigentlich bindende Trauung ist für ihn die in der Kirche, das Wort vor Gott. Und das werden sich Thomas und Thea erst drei Jahre später geben, unter Ausschluß der Öffentlichkeit, in einer abgelegenen Kapelle. Der den Bund segnende Priester ist Onkel Johannes Seifert, und kaum einer weiß von dem Datum – 1979 wird das Paar bereits auf der Flucht vor den Medien sein. Thomas verkehrt den Heiratsablauf seiner Eltern, die ja zuerst kirchlich und acht Jahre später standesamtlich heirateten, in sein Gegenteil.

Beide Hochzeiten werden übrigens ohne Aufwand begangen. Schon in der Mandlstraße ist keine große Gesellschaft versammelt. Keine Kollegen von Radio oder Fernsehen. Mutter Rutila ist nicht anwesend, aber Bruder Christoph tritt als Trauzeuge an, flankiert von Thomas' Freund aus den Tagen des Rupert-Mayer-

Heims, dem Mediziner Peter Hauber aus Kempten. Um elf Uhr zwanzig ist die Trauung vorüber, um fünfzehn Uhr ist Thomas aus dem Hochzeitsanzug bereits wieder draußen und auf der Fahrt zum Hilton-Hotel, um ein Interview mit der Band The Carpenters zu führen.

Und Thea? Als am Nachmittag ein Blumenstrauß abgegeben wird und der Lieferant fragt: »Hier soll 'ne Hochzeit sein?«, sagt sie nur: »Ja, ich bin die Braut« – und steht da, allein und im Malerkittel, denn es gilt, das neue Heim zu schmücken.

Von der Sailerstraße in die Fürstenrieder, Stadtteil München-Laim. Vom Keller in den ersten Stock. Eine kleine Altbauwohnung, wiederum von Thea in ihrem romantisch verspielten Art-déco-Geschmack gestaltet. Weil Thomas es gern anders hätte, stattet sie ein Zimmer für ihn weniger blumig aus. Thea tapeziert die Blütenmuster, er die Rauhfaser. Im Bad prangen Magnolienblüten auf schwarzem Grund. Wieder muß der Gatte Ikea-Bausätze in Möbel verwandeln, die dann von ihr bis zur Unkenntlichkeit dekoriert werden. Ein Vierteljahrhundert später stöhnt er: »Manchmal hab ich das Gefühl, ich hätte dreißig Jahre in der Schule verbracht und dann zwanzig Jahre diese Möbel geschraubt.«[33]

In der Küche leuchtet von einer Wand die Alpenkette: Durch Beziehungen zur Deutschen Städtereklame ist es Thomas gelungen, ein Riesenplakat zu ergattern, auf dem mit der Silhouette der Münchener Frauenkirche vor den Bergen in föhniger Klarheit für eine Biersorte geworben wird. Weißblauer Himmel über dem städtischen Panorama, das die Küche gleichsam ins ganze Oberland erweitert. Dazu weißblaue Rautenvorhänge und ein großes farbiges Porträt des Märchenkönigs Ludwig II. am Küchenschrank.

Was stören da die Lastwagen, die hier, ähnlich wie einst über die Mainkanalbrücke in Kulmbach, aus der Laimer Unterführung donnern und von der Autobahn Stuttgart zu den Autobahnen nach Salzburg, Garmisch und Lindau fahren! Thomas hat einen gesunden Schlaf, ist zufrieden, meint, weiter, als er es jetzt gebracht hat, könne es ohnehin nicht gehen. Endlich ist man aus dem Keller raus, und ein schöneres als dieses traute Heim scheint für ihn kaum vorstellbar.

Für Thea schon. Sie verfügt nicht nur über den bekannten weiblichen Hang zur Veränderung des Lebensumfeldes und räumt und zieht entsprechend gern um, sie will auch ihrer gestalterischen Phantasie Futter geben. Wenn alles getan ist, müssen neue Räume gefunden werden. Zudem ist der junge Gatte nicht viel zu Hause; zu seinen Sendestunden kommt noch der allgemeine Redakteursdienst, und selbst wenn er sich auf die eigenen Programme kaum vorbereitet, so ist doch zumindest verwaltungstechnisch die Zuständigkeit für andere Teile der Unterhaltung zeitaufwendig. Außerdem hat er in festen Rhythmen auch nach Feierabend noch sogenannten Jourdienst, das heißt, sich in Bereitschaft halten, falls das Programm kurzfristig geändert werden muß. Thea bescheidet sich mit der geringen Freizeit ihres Gatten – ein Opfer für seine Karriere.

Ein anderer fordert ab und zu ein Zeitopfer von ihm: sein Bruder Christoph, genauer gesagt, dessen mönchische Pädagogen. Ein Notruf der Mutter aus Kulmbach: »Du mußt zum Internat, Thomas, ich kann ja nicht, es müßte mich jemand fahren, sprich mit dem Direktor, ich weiß nicht genau, was der Christoph angestellt hat, aber es brennt wieder mal.«

Einer solchen mütterlichen Bitte kann man sich schwer verschließen. Immer wieder mußte Thomas bei den Lehrer-Mönchen in Scheyern ein gutes Wort für den Bruder einlegen. Von München aus und im gelben Volvo Amazone war die Anfahrt wesentlich einfacher zu bewerkstelligen als mit öffentlichen Verkehrsmitteln von Kulmbach, und so wurden aus den Elternsprechstunden Großer-Bruder-Sprechstunden.

Mal waren die weiblichen Küchenhilfen tief in der Nacht besucht worden, und im Klostergang fand sich ausgerechnet ein Pantoffel des Schülers Christoph Gottschalk; mal ging es um dessen Leistungen, die zu wünschen übrigließen. Thomas regelte das immer durch seine Überredungskunst.

Diesmal aber wog das Delikt schwer. Schon die Formulierung »Störung der Totenruhe!« klang beunruhigend. Allerdings gab es keine Beweise für eine Beteiligung von Christoph an dem ungeheuerlichen Vorgang.

Was war geschehen? Einer der Klosterbrüder, ein in Würden gealterter Lehrer, war verstorben, und seine sterbliche Hülle lag nachts aufgebahrt im Kreuzgang des Klosters.

Im Schein ihrer Taschenlampen schlichen sich einige Schüler, sicherlich war Christoph dabei, todesmutig zu dem schräg aufgerichteten, offenen Katafalk und garnierten die Hände des Verstorbenen mit ihren Abschiedsgeschenken.

Tags darauf traten die Mitbrüder des Toten in den Kreuzgang und fanden in den kalten Händen des Mönches die rot leuchtende Hinterlassenschaft des nächtlichen Anschlags vor. In der Rechten hielt der Tote einen Luftballon. In der Linken steckte aufrecht und unverkennbar eine kleine Coca-Cola-Fahne. Kein Zweifel: der Verstorbene war als Werbeträger mißbraucht worden!

Das Entsetzen der Klosterbrüder ist leicht vorstellbar. Das kaum unterdrückte Lachen der Schüler bei der sich anschließenden hochnotpeinlichen Befragung gleichfalls. Dem Toten, dachten die Knaben wohl, wird es gleich gewesen sein, ob in seinen Händen ein Fähnchen oder ein Rosenkranz lag. Christoph wurde als *spiritus rector* der Aktion vermutet, doch niemand gestand die Tat.

Thomas hatte Mühe, ernst zu bleiben. Er billigte den Bruch der Pietät nicht, als großer Bruder und Spaßvogel aber hatte er zuviel Sinn für Pointen, um nicht den humoristischen Mehrwert dieses ungehörigen Ereignisses zu sehen. Er plädierte auf Milde. Eigentlich wäre für einen derart groben Verstoß gegen die guten Sitten mindestens das *consilium abeundi* fällig gewesen, der Beschluß nämlich, daß der Täter bei der nächsten, auch nur winzigen, Auffälligkeit die Schule zu verlassen habe. Und Christoph hatte keinen Mangel an derlei Auffälligkeiten. Aus Not an Beweisen kam er ungeschoren davon.

Einem weitaus schlimmeren Vergehen entkam er mit so viel

Chuzpe, daß man darin früh den werdenden Juristen erahnen konnte. Er ähnelt Thomas in vielem – beide haben eine Katzenhaarallergie, beide hatten Asthma, und beide haben die mütterliche Schwäche in Mathematik geerbt. Bei Christoph taten sich nicht nur Lücken im Stoff auf, die man durch Nachhilfe hätte füllen können. Nein, seine Mathematikkenntnisse hatten nach dem großen Einmaleins überhaupt nicht wesentlich zugenommen. »Mir kommt es so vor, als hätte ich selbst Bruchrechnen erst kurz vor dem Abitur gelernt.«[34]

Vor einer schriftlichen Prüfung packte ihn panische Angst. Da sah er nachts, wie im Gebäudetrakt gegenüber dem Schlafsaal der Mathematiklehrer das Arbeitsblatt für die morgige Klassenarbeit mittels der damals üblichen Matrizentrommel vervielfältigte. Kaum war der fertig und hatte das Lehrerzimmer verlassen, stibitzte Christoph einem schlafenden Mitschüler, der zum Abholen von Landkarten und Unterrichtsmaterialien Zugang zum Lehrerzimmer hatte, den Schlüssel, lief auf Zehenspitzen durch das nachtstille Kloster, brachte im Lehrerzimmer eines der Arbeitsblätter an sich und weckte, zurück im Schlafsaal, einen Freund, dessen mathematische Begabung die seine weit übertraf. Der rechnete die sechs Aufgaben durch, und am nächsten Vormittag schrieb Christoph, aufs beste instruiert, munter von seinen Spickzetteln ab. In der Pause prahlte er: »Heute ist es mir in Mathe richtig gutgegangen, ich habe alle sechs Aufgaben gelöst!« – »Sechs?« wunderten sich seine Klassenkameraden. »Es waren doch bloß fünf!« Der Prahlhans erbleichte.

Am Morgen hatte der Lehrer Erbarmen mit den Schülern gehabt und die letzte Aufgabe gestrichen. Christoph hingegen hatte die Lösung der ursprünglich vorgesehenen sechsten, die er gar nicht kennen konnte, ebenfalls aufgeschrieben. Was tun? Erneut drang er ins Lehrerzimmer ein, fischte seine Mathearbeit aus dem Stapel und goß über das letzte Blatt so viel Tinte aus, daß die Rechnung gänzlich unterm Fleck verschwand. Da fühlte er eine Hand auf seiner Schulter. Der Mathematiklehrer hatte ihn erwischt.

Die Sachlage war unzweideutig: Einbruch, Hausfriedensbruch, Urkundenfälschung. *Consilium abeundi* war das Geringste, was zu erwarten war. Der Rausschmiß wahrscheinlich. Sobald der Lehrer der Internatsleitung von dem Vorfall berichtete, würden Christophs Tage in diesem benediktinischen Bildungsinstitut gezählt sein.

Da fällt dem Bengel ein, daß der Mathematiklehrer ja auch Priester ist, Mönch und Klosterbruder, und daß man bei ihm beichten kann. Schon legt er im Beichtstuhl bei ebenjenem Lehrer ein umfängliches Geständnis der Missetat ab, wodurch dieser nun ans Beichtgeheimnis gebunden ist und den Vorfall verschweigen muß.

Chapeau! In der an Schülerstreichen nicht eben armen Internatsgeschichte ist das vermutlich der raffinierteste. Er zeigt ein kombinatorisches Talent, das sich später, als Christoph Gottschalk in seiner Firma Dolce Media Unterhaltung und Reklame, Produkt und Werbeträger, Stars und Geld professionell zusammenbringt, als segensreich bewähren sollte. Offensichtlich hat er auch rechnerisch dazugelernt. Für den ökonomischen Erfolg mußte er in der Berufspraxis notgedrungen einiges aufholen, was er zuvor versäumt hatte.

Zweifellos genoß Christoph unter seinen Mitschülern, auch bei den Lehrern, einen Bruderbonus. Alle wußten, daß er an freien Tagen oder in den Ferien mit dem großen Bruder Thomas unterwegs war, wenn der durch Discotheken und Bierzelte tingelte, angekündigt als »Bekannt aus Rundfunk und Fernsehen!«

Das mag ja in München so gewesen sein, wo er dann und wann in der Disco Gaslight Platten auflegte. Aber auf der harten Tour zwischen Pfaffenhofen und Beilngries kannten ihn keineswegs alle – zumal heftige Biertrinker wußten mit dem netten Jungen auf dem Podest im Zelt oft nichts anzufangen und buhten ihn einfach nieder. Er hielt das aus, sammelte Erfahrungen, zahlte Lehrgeld und steckte Mißerfolge weg. Etwas in ihm wußte: Nach einem Autogramm von mir werdet ihr euch noch mal alle zehn Finger lecken.

Im BR hörte man ihn nun werktäglich, seine Abendsendung »Pop nach acht« wurde zum *blockbuster* des Radioprogramms, zumal das Schema den Hörern die Orientierung leichtmachte. Montags Rocklexikon von Abba bis Zappa, dienstags der Plattentest mit telefonischer Notengebung durch die Fans, mittwochs der Blick auf die Hitparaden des Auslands, donnerstags Hörerwünsche, freitags die Hitparaden vergangener Jahre, erneut zusammengestellt. Viele Telefonate, Verlesung von Hörerbriefen, Grüße von A nach B, dazu fast regelmäßig Besuch von Rockgruppen und Hörern live im Studio.

Das läßt manchen Techniker verzweifeln. »Die können doch hier nicht Musik spielen, dafür sind wir hier nicht ausgerüstet, da sind doch nur zwei Mikros, wie soll denn das gehen?« Auf solche Fragen antwortet Thomas generell: »Wird schon, kommt schon, geht schon, mach schon!«

Zum ersten Mal werden langhaarige Gestalten mit Gitarrenkoffern in die abgeschotteten Sendestudios des BR eingelassen, grüßen »Hi Thomas« und packen aus. Ob es die Bellamy-Brothers aus Kalifornien mit ihrem Hit »Let your Love flow« sind oder Styx, es sieht aus, als sei der BR mit etwas Verspätung nun doch noch von den 68ern besetzt worden. Die Mitarbeiter in der Sendung geben zu, daß diese Auftritte *unplugged* erstaunlich gut klingen.

Ganze Schulklassen fallen schon am Nachmittag in Thomas' Büro ein, überhäufen ihn mit Teddybärchen, während der, der tatsächlich Teddy heißt, Redakteur Teddy Parker nämlich, aus dem Nebenbüro die Flucht antritt. Das hat der BR noch nicht erlebt: eine Invasion der Jugend. Und Gottschalks Vorgesetzter, Werner Goetze, ist begeistert. Endlich kommt man weg vom Altherrenfunkimage, endlich sind es nicht nur die Jugendfunkredaktion und das bei der Staatsregierung als rot verschrieene »Notizbuch« im Ersten, die neue Hörerschichten erschließen.

Täglich kommen bis zu hundert Briefe, keineswegs bloß Plattenwünsche. Auch Sorgen werden da geschildert, Hilferufe treffen ein. Er beantwortet fast alle Briefe selbst. Das heißt, nach der Sendung um 21 Uhr geht die Arbeit am Schreibtisch weiter. Oft wird es Mitternacht, bis er endlich in seinem Volvo-Coupé nach Hause fährt.

Bald nimmt er auch noch die im regionalen Fernsehen laufende Discosendung »18-20-Musik« an, später »Pop-stop«, für die ihn der Chefredakteur des Fernsehens, Franz Schönhuber, eingekauft hat – ohne zusätzliches Honorar. Hier tingelt Thomas mit Kamerateam und Übertragungswagen durch die bayerischen Kleinstädte und sucht die lokale Musikszene auf. In jeder Stadt stellt er ein hübsches Mädel als Co-Moderatorin neben sich, präsentiert Jugendbands und gewinnt auf diese Weise schnell ein zusätzliches Publikum, das sich nach der Stimme nun auch Gesicht und Gestalt dieses Thommy einprägt. Ein Grundstock, auf dem er in den kommenden Jahren aufbauen wird.

Bezahlt wird er als Redakteur. Nach Haustarif. Der ist in seinem Alter nicht gerade üppig. Aber es reicht.

Sechs Jahre sind seit seinem Abitur vergangen, er ist fest angestellt und verheiratet, hat eine Katze namens Tiger und einen Hund, einen Chow-Chow, namens Tarzan. Bürgerlich? Aber ja! Schließlich braucht man bei all der Unruhe einen festen Punkt.

Die Münchner Schickeria hat das junge Paar entdeckt, Einladungen in Hülle und Fülle folgen, man möchte sich mit dem Paradiesvogel schmücken. Allerdings weiß die reife Generation auf diesen Parties nicht immer, wohin sie den Lockenknaben stecken soll. Und so lautet die häufigste Frage noch: »Und was machen Sie?« Da war es doch angenehmer, sich nach Rockkonzerten *backstage* mit Leuten derselben Wellenlänge zu unterhalten.

Sehr bald entscheiden sich Thomas und Thea, das Schickimickigetue nur selten mitzumachen und Einladungen, wo immer es geht, zu entkommen. Allerdings lernen sie in den Kreisen, in denen sie sich unbehaglich fühlen, einen Multimillionär kennen, der zum Freund werden wird: Gunter Sachs. Dessen Einladungen folgen sie gern, weil sie dort die Erfahrung machen: »Es können auch reiche Leute interessant und nett und natürlich sein. Da sind wir dann«, erinnert sich Thea, »in eine angenehmere Gesellschaft geraten.«[35] Sachs umgibt sich gern mit künstlerischen Zeitgenossen, je weniger angepaßt, um so lieber.

Manche Bekanntschaft aus jenen Jahren wird dauerhaft anhalten. Etwa die mit Helmut Dietl. Er wird übrigens der einzige Filmregisseur sein, dem es gelingt, Thomas als Schauspieler so lange zu quälen, bis der – in dem Streifen *Late Show* von 1999 – sogar einigermaßen überzeugend wirkt.

Vorerst aber bleibt Thea und ihm die Welt der oberen Zehntausend fremd. Am wohlsten fühlt Thomas sich in den eigenen vier Wänden. Wo sich freilich die Gattin anschickt, die Wohnung ganz und gar fertigzustellen; folglich verringert sich die Freifläche für ihren Gestaltungsdrang. Und das heißt – Thomas wird das bald lernen –, das Heim demnächst zu verlassen und andernorts ein unbestelltes Feld für innenarchitektonische Kreativität zu suchen.

Das junge Paar, das aus dem Keller kam, ist durchaus glücklich im ersten Stock. Aber wäre es nicht noch schöner unterm Dach? In Aussicht genommen wird der bei Künstlern beliebte Münchner Stadtteil Lehel. Knöbelstraße 12, ein Haus voll netter Leute. Noch ist nichts frei dort. Vorläufig sind andere Autos im Blick. Ein Morgan soll es sein, ein englischer Roadster im Oldtimer-Look. Ein Jaguar. Knabenphantasien werden wahr.

Zuvor aber kommt im März 1978 die erste öffentliche Würdigung. Der mit 3500 Mark dotierte Kurt-Magnus-Preis für »überdurchschnittlich befähigte Mitarbeiter des Hörfunks«.

Es ist der erste Medienpreis in einer langen Reihe, vielleicht der schönste. Der Geehrte freut sich: »Die Jury hob in der Begründung eine gewisse Flapsigkeit hervor. Jetzt hab ich's amtlich, daß ich am Mikro ungewohnte, lockere Töne anschlagen darf!« Und die Oberen im BR, deren Kontrolle das Jungtalent zu entgleiten droht, neigen sich vor dem Erfolg.

11 *Der Freund zur rechten Zeit*

Aschaffenburg gehört zwar noch zu Bayern, gesprochen wird aber dort ein Hessisch, das mit dem bayerischen Idiom absolut nicht in Verbindung zu bringen ist, was man schon an der Aussprache des Stadtnamens hört: »Aschebersch«. In der zweiten Hälfte der Siebziger macht da ein junger Mann mit seiner Rockband Yuma die Gegend unsicher, der seinen Eltern zuliebe nach der mittleren Reife eine Lehre als Gas- und Wasserinstallateur absolviert, die Gesellenprüfung besteht und dabei weiß, daß er diesen Beruf nie und nimmer ergreifen wird. Seine Welt ist die Musik, vornehmlich die seiner Band. Und deren Musik ist *heavy metal.*

Der junge Sänger heißt Antonio Geissler. Die Eltern stammen aus dem Spessart und haben eine Vorliebe für südländische Namen. Antonio paßt freilich sehr gut zu ihrem Sohn, dem die schwarze Lockenpracht bis auf die Schultern fällt und der damals mit seinen dunklen Augen ohne weiteres als Süditaliener hätte durchgehen können. In der Band macht sich sein mafioses Aussehen gut, nicht so sehr an Grenzübergängen, wo er, wann immer er ein- oder ausreisen will, gefilzt wird.

In den Siebzigern sind Discoveranstaltungen in der Provinz ein gutes Geschäft. Jemand mietet eine Turnhalle, eine Band, einen Moderator, vielleicht noch einen Stargast, und die zumeist jugendlichen Besucher aus dem Umland tanzen bis in den Morgen. Auch die Band Yuma läßt sich für solche Discoparties anheuern. Dabei lernt Antonio einen Mann kennen, der eigentlich Versicherungsmakler ist, viel lieber aber solche Abende plant und organisiert. Man kann damit offenbar satte Gewinne machen.

Der Mann versteht sein Geschäft, doch wenig von Musik. Davon versteht Antonio sehr viel, vom Geschäft hingegen noch gar nichts. Ideale Voraussetzungen, sich zusammenzuschließen, und so gründet Antonio mit dem Organisator seine erste Firma: msc promotion, sie produziert *music, show, concert.*

Als Discjockeys will Geissler seine Rundfunklieblinge engagieren, einer stammt vom Hessischen, einer vom Saarländischen, einer vom Bayerischen Rundfunk; letzterer heißt Thomas Gottschalk, hat fast ebenso lange Haare wie Antonio, genauso wilde Locken, nur eben in Blond.

»In all den Jahren hat es nie Streit zwischen uns gegeben. Niemals tiefsitzenden Ärger. Auch in kritischen Situationen nicht. Er wurde so was wie mein großer Bruder.«[36] Der das heute, noch immer mit deutlich hessischem Tonfall, sagt, ist ein erfolgreicher Herr mit kurzgelocktem Haar, silbergrau, und seine Firma AUG, Angenehme Unterhaltung GmbH, in Seeshaupt an der Südspitze des Starnberger Sees vermarktet nicht nur Thomas Gottschalk, sondern auch andere Showgrößen wie Günther Jauch und Fritz Egner. Er ist der Mann im Hintergrund und leistet unter anderem die Vorarbeit dafür, daß Peter Falk und Tom Hanks, Leonardo DiCaprio und Faye Dunaway, Senta Berger und Hugh Grant, Geraldine Chaplin und Andie MacDowell in »Wetten, daß..?« neben Gottschalk auf dem Sofa Platz nehmen. Vermutlich ist er derjenige, der den Entertainer vor, auf und hinter der Bühne am besten kennt: »Thomas ist ein Abenteuer für sich«, faßt er die Erfahrungen der vielen Jahre zusammen, in denen er mit und für Gottschalk gearbeitet hat.[37]

Der Beginn dieser Arbeit lag in einer Tanzhalle irgendwo in der Provinz, wo Thomas, von Geisslers msc engagiert, für vierhundert Teenager Platten auflegt und ansagt und wo Antonio und er feststellen, daß sie beide hohe weiße Turnschuhe mit den drei schwarzen Streifen bevorzugen, was seinerzeit noch nicht ganz üblich war.

Bei etlichen dieser Veranstaltungen trat Geissler nicht nur als Manager, sondern zugleich auch mit seiner Band Yuma auf, und gelegentlich wurde Thomas von den Hardrockern als Sänger eingemeindet – von Proben soll er freilich nicht viel gehalten haben. Die deutschlandweit veranstalteten Discos der Jugendzeitschrift *Bravo* hatten fast immer nicht nur den Moderator Gottschalk, sondern auch Yuma und damit den Sänger Gottschalk im Programm. Seine gesanglichen Qualitäten werden meist unterschätzt. Man kennt sogar nicht ganz ernst gemeinte Interpretationen deutscher Kunstlieder von ihm, in denen sein wohlklingender Bariton ertönt.

Sehr viele Jahre nach seinen Gesangseinlagen bei Yuma wird er mit der Band Besorgte Väter und dem Titel »What happened to Rock'n'Roll« seine Version des Dictums »Früher war alles besser« abliefern. Aber damit wären wir schon im Jahr 2001, während die Yuma-Band in den späten Siebzigern durch seine stimmliche Mitwirkung glänzte. Leider gibt es davon keine Mitschnitte.

Antonio Geissler tritt fortan als Agent in Funktion, vermittelt Thomas zahlreiche Discoauftritte und kommt endlich als sein Musikberater aus dem heimatlichen, nahe Aschaffenburg gelegenen Groß-Waldstadt nach München – für zwei Tage pro Woche zunächst, wo er jeweils in Gottschalks Olympiadorfappartement am Helene-Mayer-Ring wohnt. Er chauffiert ihn zu allen möglichen Firmenveranstaltungen und Discoauftritten; er kennt die neuesten Musiktitel, die Hotels, die Manager, er ist bald ein unentbehrlicher Helfer und Begleiter, der in den frühen achtziger Jahren endgültig nach München, in eine Wohnung im Stadtteil Haidhausen, ziehen wird. Dort, in der Kirchenstraße 52, Rückgebäude, richtet Thomas im Parterre sein erstes Büro ein, Antonio im ersten Stock seine erste Münchener Bleibe. Hier beginnt die unsichtbare Karriere des Mannes im Hintergrund. Mit der Zeit stellt sich heraus, daß dies seine ideale Position ist – mit leisem Abschiedsschmerz von der Zeit als Musiker.

Bis zu seiner Agentur AUG, wo er Show-Konzepte entwickeln, Produktionen planen und herstellen, Sendungspakete ans Fernsehen verkaufen wird, werden noch diverse Firmen gegründet, verändert, aufgelöst, in neue Firmen überführt. Deren erste hieß Soll & Haben – Ausdruck der Stimmung von Thomas und Antonio; die Honorare jener Jahre waren vergleichsweise bescheiden und der Aufwand schon relativ hoch.

Kein Wunder, daß Thomas nach weiteren Feldern Ausschau hielt, auf denen er sein Mundwerk spazierenführen konnte. Seine Kollegen meinten, er sei doch längst ausgelastet; er war anderer Ansicht. Im Radio saß er sicher, hatte einen Bewunderer und Freund hinzugewonnen, von dem noch ausführlich zu sprechen sein wird, den BR-Redakteur Günther Jauch. Aber etwas in ihm drängte dazu, sein Unterhaltungstalent auch im Bild zu verwirklichen. Einige fragten sich bereits, ob es überhaupt ein Medienleben vor Thomas Gottschalk gegeben habe.

Ist der Mensch bei Trost? Zu allem, was er landauf, landab, in Turnhallen und im Radio treibt, muß er nun auch noch eine Fernsehshow moderieren, und das in Baden-Baden! Dort hört man im Südwestfunk seit geraumer Zeit nach der Mittagspause aus den Kantinenlautsprechern die Aufforderung: »Die Mitarbeiter von ›Telespiele‹ und von ›Was Christen glauben‹ bitte in die Studios!«

Das Talent aus München hätte durchaus in beiden Sendungen als Moderator auftreten können. Engagiert aber ist er für die »Telespiele«, eine Show, die das bekannte, fürs Fernsehen modifizierte elektronische Pingpong mit den Elementen Musik, Prominente, Telefonkandidaten und Publikum verbindet. Einem Ingenieur des SWF namens Möller war es gelungen, das einfache Teletennis so zu modifizieren, daß Spieler durch hohe oder niedrige, in ein Telefon gebrüllte Töne die zwei weißen kurzen Balken – die beiden Tennisschläger – am Bildrand links und rechts aufwärts und abwärts bewegen konnten, um den hin- und herfliegenden Ball abprallen zu lassen. Verfehlte ein Balken den Ball und ließ ihn über die Auslinie fliegen, erhielt der Gegner einen Punkt. Derart konnten zwei Teilnehmer an beliebigen Orten mit Fernsehgerät und Telefon gegeneinander antreten. Wer zehn Punkte erzielte, durfte sich einen Song wählen, der im Studio eingespielt wurde, und kam in die nächste Ausscheidung. Der Sieger aller Spiele erhielt ein Teletennis fürs heimische Fernsehgerät. Im Zeitalter elektronischer Spielkonsolen und vernetzter Computerspiele kann man sich kaum vorstellen, wie unbeholfen und graphisch bescheiden das Ganze ablief – damals war es eine Sensation.

Gottschalk trägt viel zum Gelingen der Show bei, er ist das ideale Gefühlsgelenk zwischen den Spielern am Telefon, ihren Bemühungen am Tennisbildschirm und dem Publikum im Studio und macht aus dem schlichten Konzept sehr vergnügliche Sendungen. Die Idee wird weiter nach England, Holland und Frankreich verkauft. In Deutschland gelangt das Format vom Dritten Fernsehen des SWR in die ARD. Endlich ist Thomas da, wo er hinwollte: im Abendprogramm des Ersten Deutschen Fernsehens.

Das war beim Start nicht abzusehen. Er fiel in düstere, ganz und gar nicht vergnügliche Jahre der Republik. Anarchistische Gruppen, die ihre mörderische Untergrundromantik mit dem Kampf um soziale Gerechtigkeit verwechselten und die Bundesrepublik mit einer Diktatur gleichsetzten, hatten als Reaktion auf ihre Morde bis dahin ungekannte Überwachungsmethoden der sogenannten wehrhaften Demokratie auf den Plan gerufen: vom Berufsverbot für gesellschaftskritische Lehrer bis hin zur hysterisch aufgeladenen polizeilichen Verfolgung und illegalen Überwachung linker und linksliberaler Bürger. Das Klima der späten Siebziger war in der BRD alles andere als heiter, es war kriegerisch. Die Staatsmaßnahmen provozierten Widerstand. In der Folge wurde nahezu jeder, der Kritik übte, als Sympathisant des Terrors denunziert. Schwarze Listen kursierten bei Konservativen; die SPD geriet durch den Terror unter Druck, sich als Partei der Rechtssicherheit zu profilieren und möglichst hart durchzugreifen. Fast gelang es der RAF, den Staat zu erzeugen, den zu bekämpfen sie vorgab.

Keine gute Zeit für Unterhaltung. Das Land verstummt. Schriftsteller wie Heinrich Böll und Walter Jens warnen vor der Gefährdung der Demokratie und werden bespitzelt. Einige Politiker meinen, wer ein reines Gewissen habe, müsse den Überwachungsstaat nicht fürchten. Mit der Verdächtigungsvokabel »Verfassungsfeind« werden Rufmordkampagnen angezettelt und Lehrer, Künstler, Autoren ins Abseits gestellt. Heinrich Bölls Theaterstück »Antigone« wird vom Spielplan gestrichen, Stücke von Albert Camus zurechtgestutzt oder abgesetzt. Bayern zensiert Schulbücher und eliminiert die Schriftsteller Erich Fried, Wolf Biermann und Günter Wallraff aus den Lehrplänen.[38] Während Terroristen unterschiedlicher Gruppen mit Brandanschlägen, Überfällen und Entführungen die Lage weiter verschärfen, zieht in den Rundfunk- und Fernsehanstalten die Ängstlichkeit ein. Der Bayerische Rundfunk verbietet gar auf Druck der *Bildzeitung* die Ausstrahlung eines Interviews mit Heinrich Böll zur Situation im Land.[39] Darin gibt er seinem Gefühl volkstümlich Ausdruck: »Allmählich reicht es uns ganz dicke hier!«

In diesen Terrorjahren hat SWR-Redakteur Wolfgang Penk die »Telespiele« als Show entworfen und ins Programm gehoben. Am Tag der geplanten Erstsendung im Herbst 1977 wurde der von Terroristen der RAF entführte Präsident des Arbeitgeberverbandes, Hanns Martin Schleyer, ermordet aufgefunden. Penk entschied, die Show nicht live zu senden, sondern aufzuzeichnen. Selbstverständlich stimmte Thomas zu. Die Konserve wurde am 10. November 1977 im SWR ausgestrahlt. Ihr fehlte, wenn man genau hinsieht, was den Glanz der Auftritte von Gottschalk ausmacht: die Spannung des Augenblicks.

Die »Telespiele« wurden ein Erfolg und nach zwei Jahren anstelle der »Montagsmaler« von Frank Elstner ins Erste Programm übernommen – damals noch nicht begleitet von dem hysterischen Medienrummel, den Zeitungen und Zeitschriften heutzutage um jedes mittlere Showereignis veranstalten.

Elstner hatte Ende 1979 genug und zog sich für eine Weile aus dem Fernsehen zurück, um sich mehr seinen Aufgaben als Programmdirektor von Radio Luxemburg zu widmen. Er behielt Thomas im Auge; den Jungen, das wußte Elstner aus seiner Erfahrung als Entwickler von Showkonzepten, würde man noch für viele TV-Formate verwenden können. Sollte man ihn einfach als Nachfolger in die »Montagsmaler« verpflanzen? Das läßt der nicht mit sich machen: »Meine Mutter findet Frank Elstner seriös und nennt mich einen Windhund. Wie soll ich da konkurrieren?«[40]

Im Februar 1980, mit 29 Jahren, wird Gottschalk als Showmaster der »Telespiele« zum ersten Mal in der ARD auftreten. »Dieser Junge hat Zukunft«, nuschelt Rudi Carrell, als er Thomas in seine Show »Am laufenden Band« einlädt. »Ich könnte ihn mir als würdigen Nachfolger für mich selbst vorstellen.« Der Gelobte kontert via Presse: »Ich als Carrell-Nachfolger? Was soll ich denn dann mit 35 machen?«[41]

Fast jeder in der Branche, der eine Position zu vergeben und einen guten Riecher für Talente hat, kann ihn sich als Nachfolger vorstellen – was natürlich auch heißt: ihn so lange, bis die Nachfolge ansteht, möglichst klein zu halten. Thomas aber sieht sich nicht als Kronprinz. Er steigt nicht in die Schuhe anderer. Er hat es auch nicht eilig. Mit den »Telespielen« erarbeitet er sich sukzessive sein Fernsehpublikum – nicht eine bestimmte Gruppe, er will alle. »Ich möchte, daß in Bottrop ein Kumpel im Unterhemd mit einem Bier vor dem Fernseher sitzt und sagt: Den Gottschalk find ich gut, der ist witzig.«[42]

Nach wie vor bestimmt die Rundfunkarbeit seinen Alltag, und hier ist er bereits König. Die Boulevardzeitungen Münchens und die Radiozeitschriften stricken munter weiter am Mythos des Unterhaltungsmeisters, ohne den die Welle Bayern 3 arm an Zuhörern wäre. Die Identifikation funktioniert: lockere Unterhaltung ist gleich Thommy. Seine werktägliche Abendsendung »Pop nach acht« mit der Titelmelodie »Pelican Dance« wird von 1979 an auch noch am Wochenende ins Programm genommen: »Pop nach acht bis Mitternacht«.

Will der Mann sich denn vollkommen aufarbeiten? »Das war ja keine Arbeit für mich! Ich hatte meine Platten, keine Playlist oder so, ich habe die so nach Laune reingefetzt, heute mal Oldie-Hitparade, selber erfunden, ›San Francisco‹ auf Platz drei abgestürzt, mein Gott! Ich war ja Herr des Mikrophons! Es gab eine Love-Hour für die Verliebten. Ich habe Schulklassen Hitparaden machen lassen. Die waren aufgeregt, ich hatte den Klassensprecher am Telefon. Dann haben die Teenies mir ihre Verweise erzählt, und ich habe den »Verweis der Woche« gekürt. Kam natürlich das Kultusministerium mit Beschwerde an die Intendanz: So geht's ja nicht, Verweise auch noch zu prämieren! Also es war immer was los. Aber Arbeit? Arbeit war das nicht.«[43]

Arbeit war manchmal die Redakteurspflicht, wenn er Bereitschaftsdienst hatte und bei unvorhergesehenen Ereignissen das Sendeprogramm umstellen mußte. So am 6. August 1978, als das Telefon in der Nacht klingelte und Werner Goetze am anderen Ende war. »Thommy, grüße Sie! Sie haben doch Bereitschaftsdienst, ja? Sie müssen in den Sender und das Programm umstellen. Der Papst ist gestorben!«

Also fuhr Thomas ins Funkhaus und sorgte dafür, daß eine dem Anlaß gemäße Musik gespielt wurde: Trauerprogramm für Papst Paul VI.

Knapp zwei Monate später, am 28. September, Thomas hat erneut Bereitschaftsdienst, ruft Werner Goetze wieder mitten in der Nacht an: »Thommy, grüße Sie! Halten Sie mich nicht für verrückt, aber der Papst ist schon wieder gestorben! Sie müssen in den Sender und das Trauerprogramm fahren.«

Der überraschend frühe Tod von Johannes Paul I., nach nur wenigen Wochen auf dem Heiligen Stuhl, brachte Thomas in eine Lage, für die er nicht talentiert ist: zum zweitenmal innerhalb von sieben Wochen ein ernstes Musikprogramm zusammenstellen zu müssen, ohne sich zu wiederholen.

Es lag wohl nicht nur an diesem seltsamen Zusammentreffen von Ereignissen, daß sich im Frühjahr 1980 bei ihm die Einsicht durchsetzte, es sei genug »Pop nach acht« mit Gottschalk gelaufen: elfhundert Tage im Studio, seit dem 2. Mai 1977 keinen Sonntag frei, immer weniger Privatleben. Nicht ein einziges Mal ist die Sendung wegen Krankheit des Moderators ausgefallen. Er spürte allmählich auch, daß die Entscheidung anstand, sich mehr im Fernsehen zu engagieren. Und Thea, die all die Jahre mit einem Mann gelebt hatte, der mehr für die Öffentlichkeit da war, fragte sich, wofür sie eigentlich schon wieder ein neues Zuhause einrichtete.

Die lang ersehnte Maisonettewohnung mit Balkon unterm Dach in der Knöbelstraße 12 war endlich frei geworden. »Ein Traum!«[44] Hier, im Stadtteil Lehel, lebten viele Künstler jeder Sparte, hier war man weitgehend unter seinesgleichen. Im Haus wohnten neben einer Grande Dame vom Theater noch ein Filmdarsteller, der sich sommers auf einem Stück Wiese im Hinterhof knapp bekleidet bräunte, ein Schauspieler der Münchner Kammerspiele, ein Italiener, der zwei Mal am Tag seine Katze im Korb aus dem ersten Stock herunterließ. Und an den Hinterhof grenzte eine Vergolderei für Bilderrahmen, in deren Werkstatt man aus der Gottschalk-Wohnung Einblick hatte. Niemand nahm Anstoß daran, daß Thea den oberen Treppenflur mit einer wilden Comic-Malerei dekorierte, auf der die Heldin Prawda in Powerpose die Macht des Weiblichen symbolisierte.

Hier also, wo Thomas an der Tür seine Cowboystiefel aus- und Hausschuhe anzog, war das neue Nest mit Chow-Chow Tarzan und Katze Tiger. Thomas versuchte, seine Katzenhaarallergie niederzuhalten, und Thea hatte alle Hände voll zu tun, machte sämtliche Malerarbeiten und Schreinerarbeiten selbst, strich die Wände nach längeren Diskussionen mit Thomas diesmal nicht in ihrem geliebten Lila, sondern schwarz. Im oberen, durch eine Wendeltreppe zugänglichen Teil richtete sie ein Schlafboudoir ein. Ihr Mann legte unterdessen Platten bei den Faschingsbällen

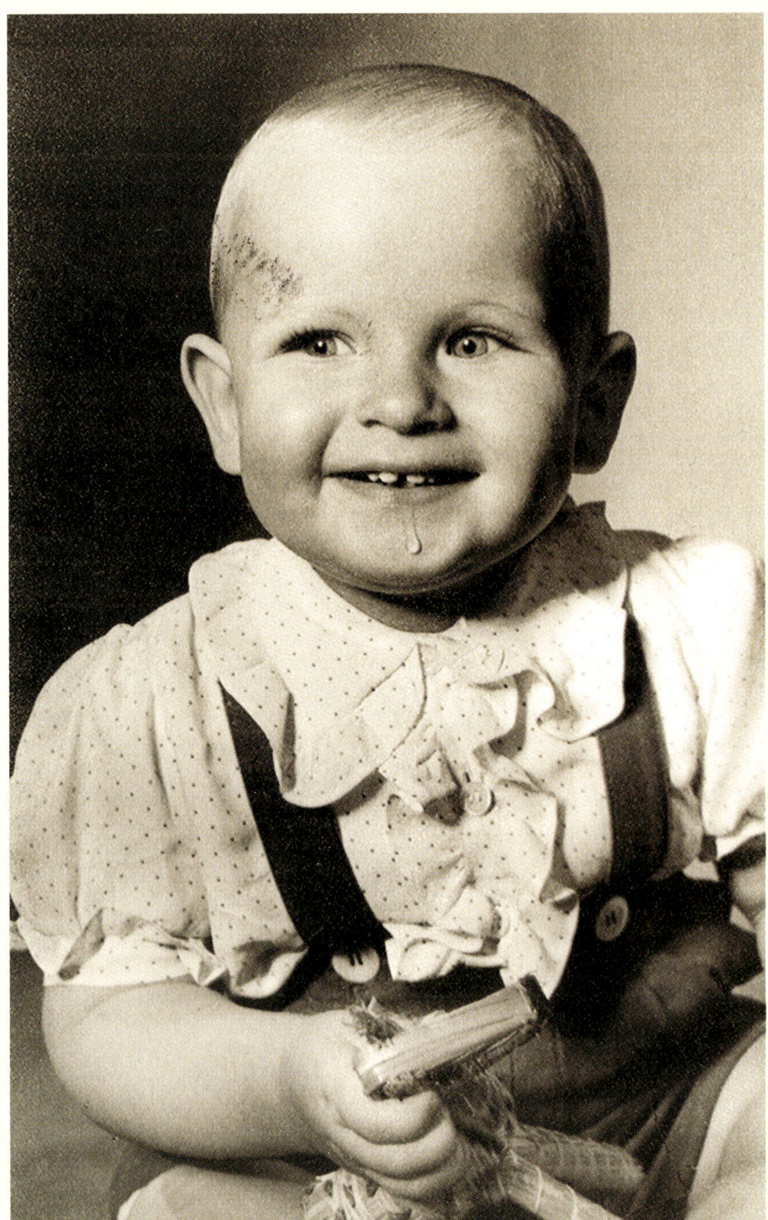

Thomas Gottschalk, ein Jahr alt

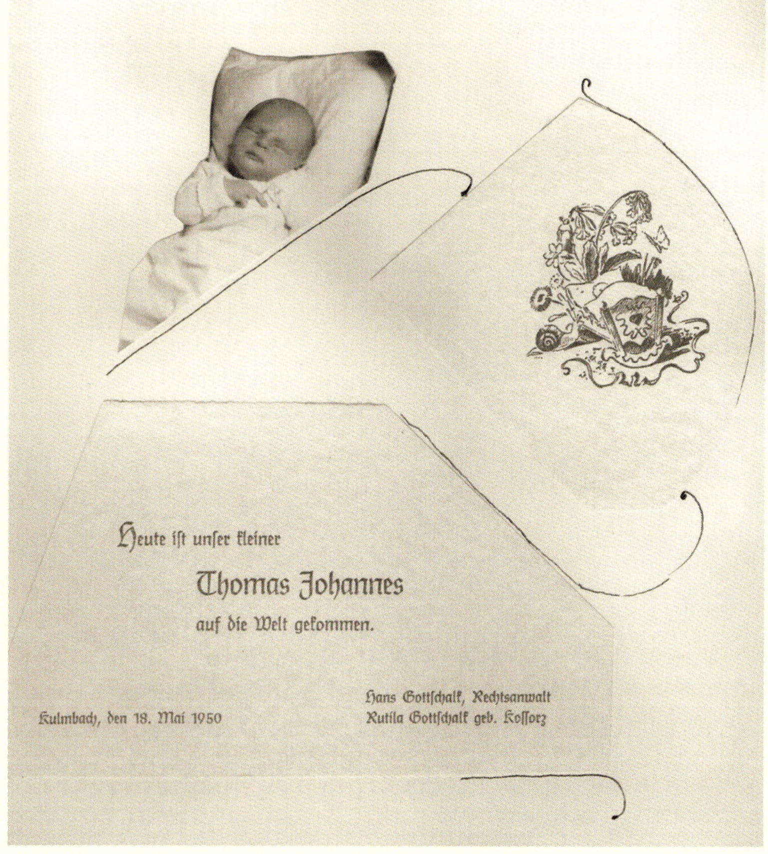

Die erste Seite im Familienalbum

Rutila Gottschalk, geb. Kossorz
1921–2004

Hans Gottschalk
1902–1964

Der erste Tag nach der Geburt

Sechs Monate alt

»70 Zentimeter lang und 10,5 Kilogramm schwer«

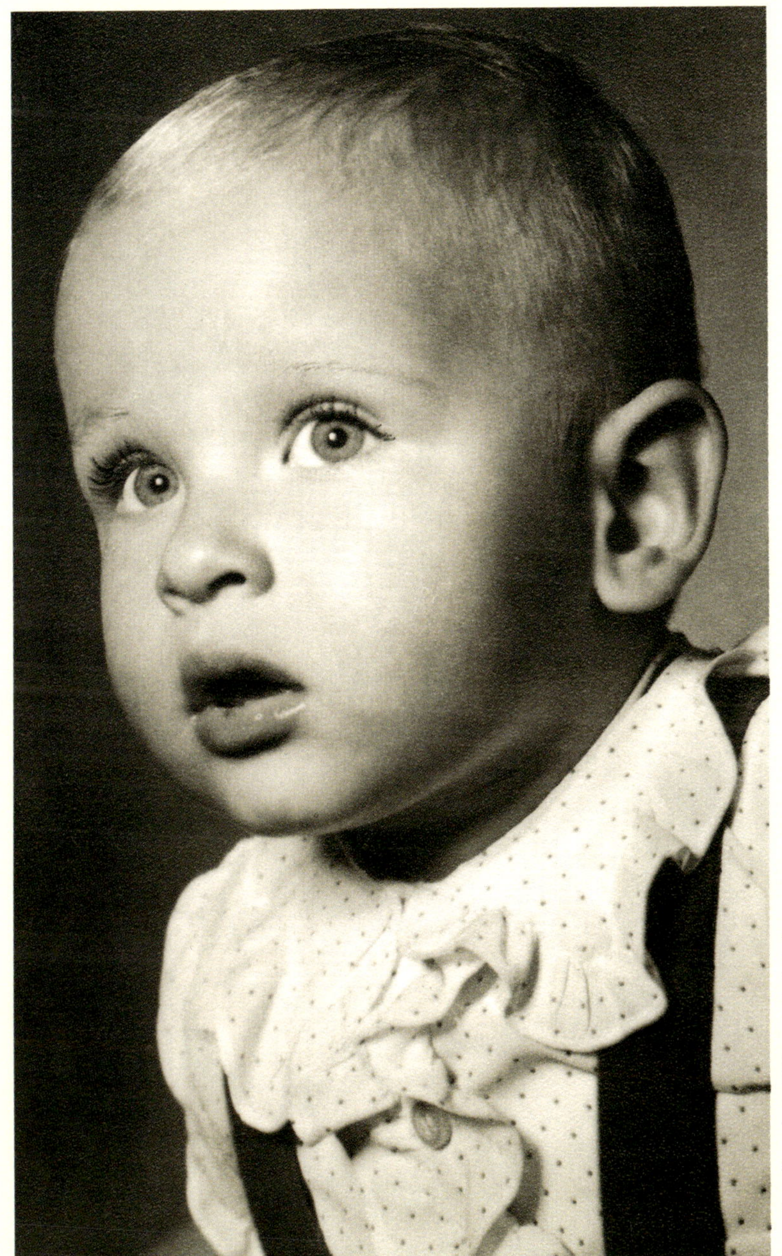

Fotos dieser Doppelseite: © Thomas Gottschalk

Mit einem Jahr

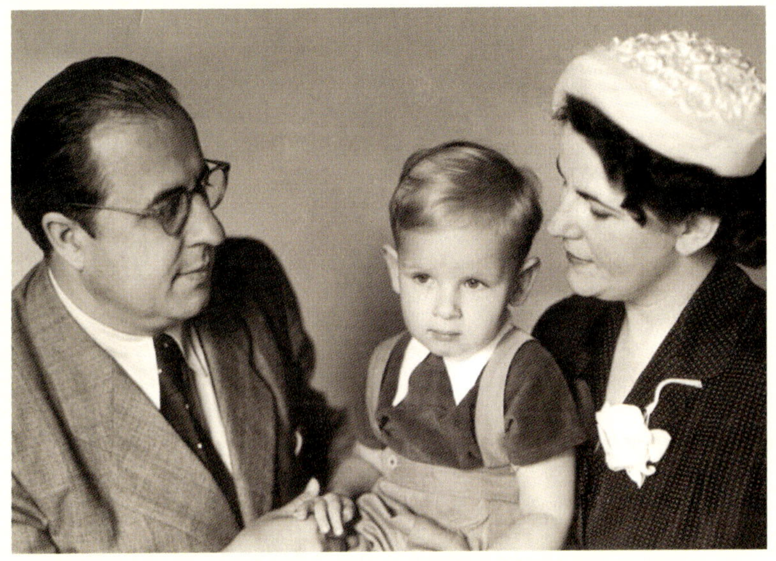

Im Alter von etwa zwei Jahren mit den Eltern

Der Onkel Johannes Seifert
1909–1995

*Mit vier Jahren
im Kulmbacher Sommer*

Der jüngste Ministrant…

…in der Stadtpfarrkirche Zu Unserer Lieben Frau

Weihnachten 1952

Fotos dieser Doppelseite: © Thomas Gottschalk

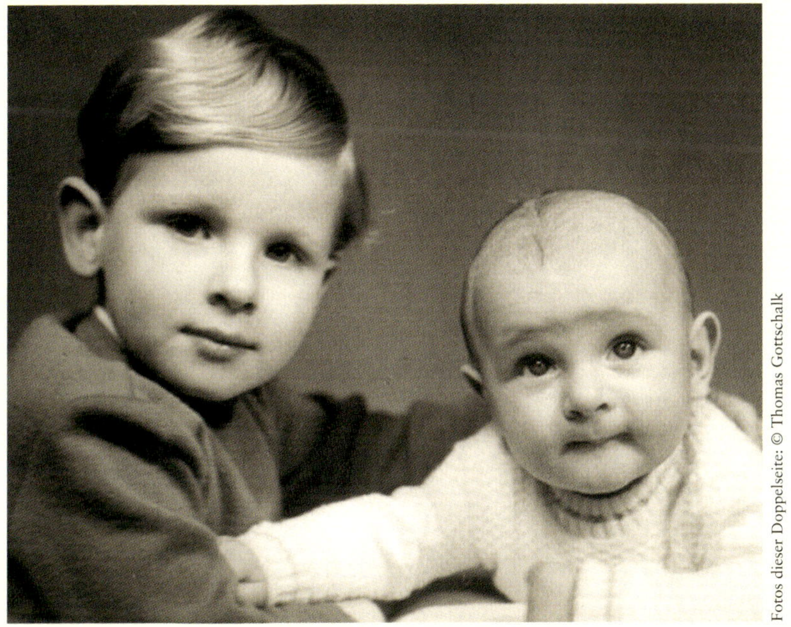

1953, Bruder Christoph vier Wochen alt

Das Elternhaus Drei Eichen in Kulmbach

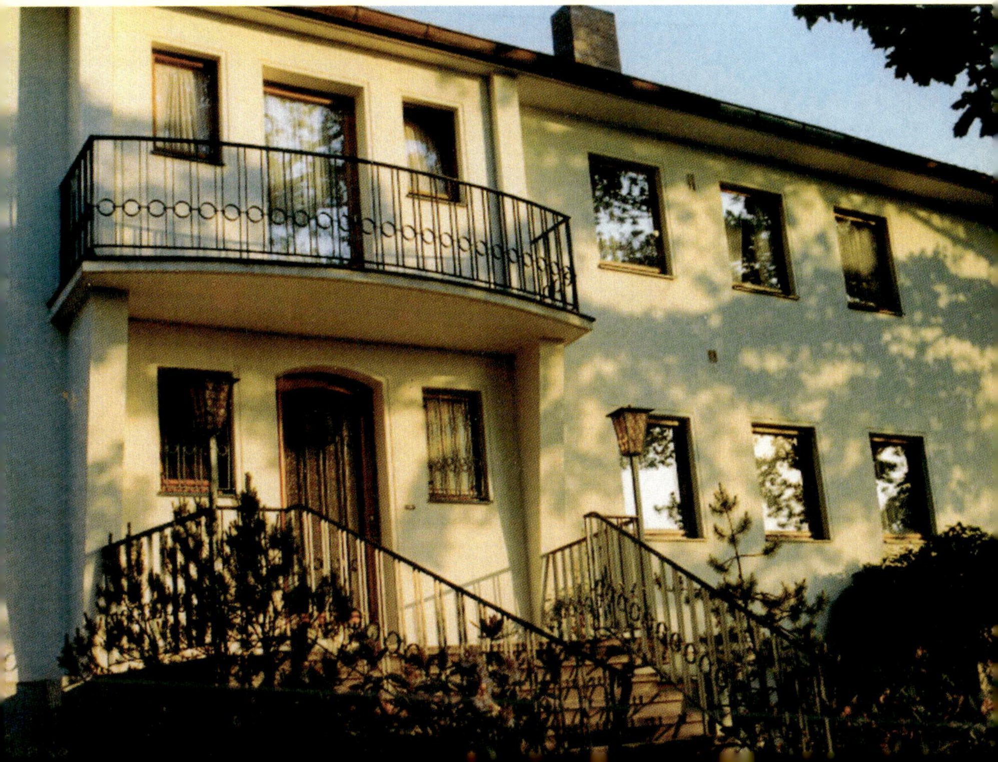

1954 beim Empfang für heimkehrende Kriegsgefangene

Raphaela, seine Schwester, geboren 1960, im Alter von einem Jahr, sechs, neun und fünfzehn Jahren

Die Hedwigskirche, nur fünf Minuten von seinem Zuhause entfernt

Mit fünfzehn Jahren

Fotos dieser Doppelseite: © Thomas Gottschalk

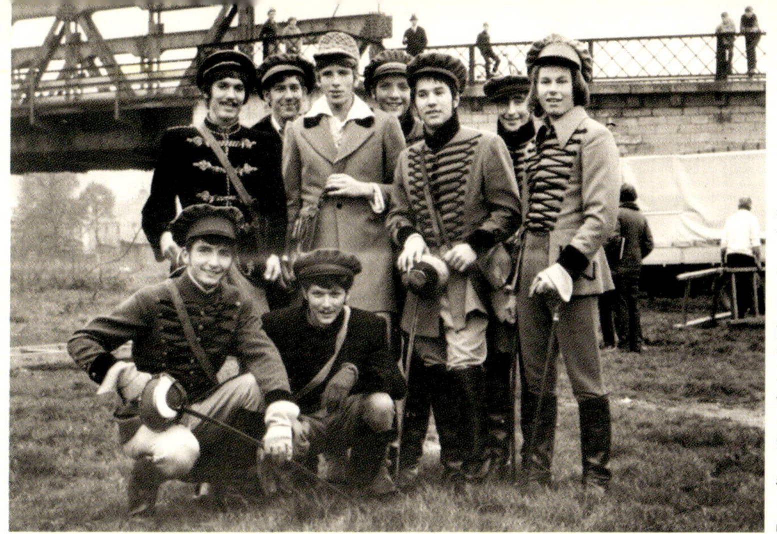

1965, als Mitspieler in der Eichendorff-Verfilmung »Die Freier«, in der Mitte, mit weißem Schillerkragen

Das humanistische Markgraf-Georg-Friedrich-Gymnasium in Kulmbach

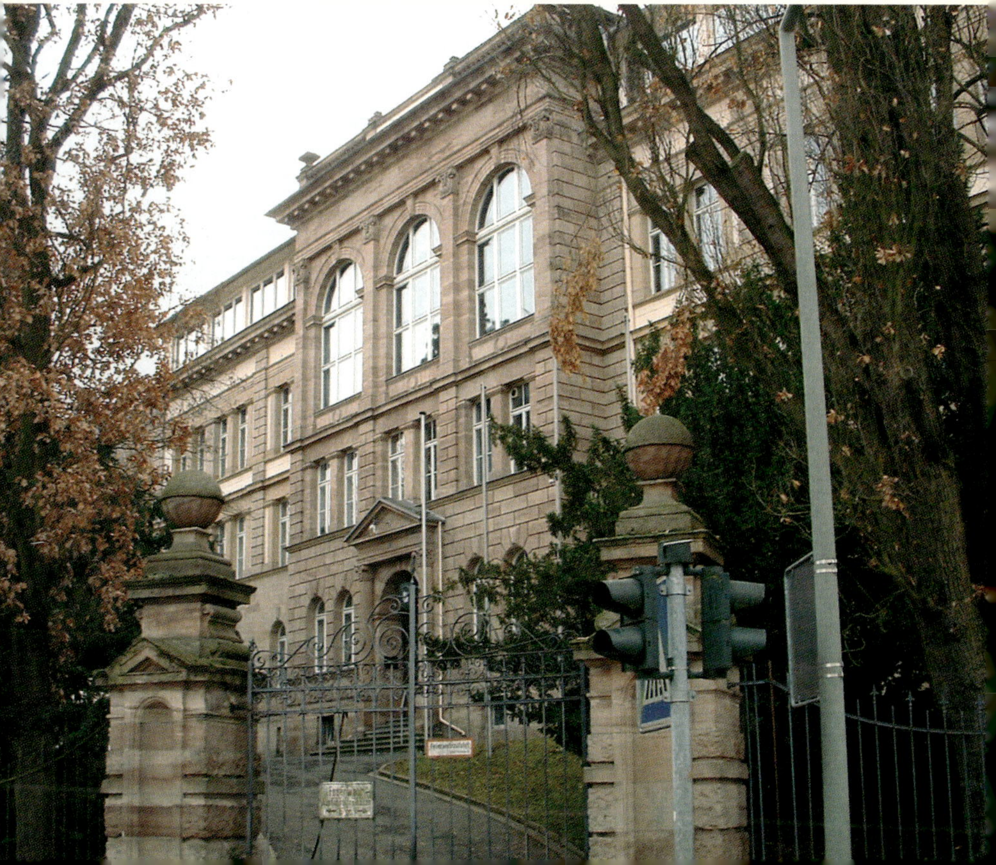

1968, in der zehnten Klasse Gymnasium, unterste Reihe, dritter von rechts

1966, Abschlußball der Tanzschule, in der obersten Reihe, erster von rechts

des Bayerischen Rundfunks auf und fing an, sich nach so etwas wie einem Privatleben zu sehnen – und das in einem Augenblick, in dem die Öffentlichkeit von ebendiesem Privatleben Besitz ergriff.

Entsetzt hatten Thea und er im Sommer die Kehrseite des Ruhms erfahren, als beim Baden im Wörthsee eine Horde Jugendlicher auf sie zustürzte, als sie sich hinter einem Baum umkleideten. »Bist du der Thomas Gottschalk?« schrien die Kids, worauf er in aller Ruhe antwortete: »Nein, ich bin der Bruder«. Dann floh er ins Wasser.

Der Trick funktionierte nicht lange. Um überhaupt ungestört schwimmen zu können, traten sie einem Ruderclub in Schleißheim bei. Was den Vorteil eines eigenen, den Clubmitgliedern vorbehaltenen Badegeländes hatte und den Nachteil, daß man auch rennrudern sollte. Das nun konnte Thomas überhaupt nicht. Seine Kenterübungen sollen spektakulär ausgesehen haben.

Die Ankündigung, er werde Ende 1980 mit »Pop nach acht« aufhören, löste ein mittleres Beben in der Münchner Boulevardpresse aus. »Gute Nacht, Pop nach acht«, titelte die *Bild*-Zeitung. So als habe der nun dreißigjährige Unterhalter kein Recht, einmal innezuhalten und zu überlegen, was er eigentlich wollte und konnte.

Der »B3-Star«[45], der dem Sender mit dem Musikformat »Club 15« erhalten blieb, hatte im stellvertretenden Hörfunkdirektor Josef Othmar Zöller ohnehin einen kritischen Bewunderer, der befürchtete, heiße Musik könne »die Autofahrer aggressiv« machen. »Ein Gottschalk ist gut«, ließ er sich vernehmen, »zehn Gottschalks sind schlecht.«[46] Womit das Restprogramm nach dem Motto »Ein bißchen von allem für jedermann« gerechtfertigt wurde.

Das gefällt Thomas nicht. Er sagt es vorerst nicht öffentlich, aber er zeigt es. Intern versucht er, das Programm, das sich in starker Konkurrenz zu der österreichischen Verkehrswelle Ö 3 befindet, weiter zu entkrampfen, kämpft gegen die Senderkennung, eine blechern gequäkte Fassung der Melodie »So lang der Alte Peter«, will Nachrichten, Musik und Moderation mehr miteinander verschränken. All das gelingt ihm nicht, obwohl seine Vorschläge Jahre später realisiert werden, ja sogar in einer übertriebenen Frohlaunigkeit münden, die er dann wiederum für albern hält.

Seine Taugenichtsqualitäten sind ihm mit dreißig vollkommen bewußt: »Ich bin vom lieben Gott mit einem sonnigen Gemüt ausgestattet. Ich kann Frohsinn verbreiten. Soll ich mich nun hinsetzen und mir sagen: Mein Gott, die Welt ist nicht froh. Du bist so ein fröhliches Kerlchen, aber im Grunde machst du dir was vor?«[47] Will er nicht. Aber daß die Unterhaltung und die Verbreitung von Frohsinn keine leichten Aufgaben sind, ist auch ihm mittlerweile klargeworden. Und so eskaliert die Auseinandersetzung mit dem BR – es ist die erste und vergleichsweise milde – bis zur Grundsatzerörterung, was denn unterhaltsames Radio eigentlich sei. Gottschalk trägt den Disput nach außen. Am 24. Juli 1981 erscheint folgender Artikel aus seiner Feder in der *Münchener Abendzeitung*:

> Bevor es andere sagen, rück ich lieber gleich selber damit raus: Nächste Woche mache ich meinen letzten ›Club 15‹ für den Bayerischen Rundfunk. Eigentlich wollte ich mich klammheimlich davonmachen, ohne die Amme, die mich so lange ernährte, auch noch in die Brust zu beißen. Aber vielleicht sollte ich doch nicht den ganzen Frust runterschlucken.
>
> Ich habe nie einen Hehl daraus gemacht, daß mir Bayern 3 nach musikalischem Inhalt und Präsentation für Leute zwischen 15 und 35 denkbar unattraktiv erscheint. Nur für die kann ich reden, und für die habe ich auch geredet. Ohne viel Erfolg, wie man sieht.
>
> Dabei ging's mir ja noch drei Jahre rosig, wo ich in ›Pop nach acht‹ treiben konnte, was ich wollte. Aber damit war auf eigenen Wunsch Ende '80 Schluß, und ich fand mich mitten im Programm wieder, zwischen Devisendurchsagen (maßgebend bei

der Umrechnung von Euro- und Reiseschecks) und querstehenden Lastwagen (die nur auf Anweisung der Polizei überholt werden dürfen). Einem Programm jedenfalls, dem keiner ansieht, was es ist. Autofahrersender oder Musikwelle, was Poppiges oder was Konservatives, am liebsten von allem ein bißchen und doch nichts richtig.

Die einen hauen zum AFN ab, die anderen zu Ö 3, falls sie ihn noch reinkriegen, manche klemmen sich einen Walkman an die Hose und wippen zu Kassettenmusik durch die Gegend, und wieder andere hören gottergeben das Angebotene mit halbem Ohr und halber Freude. ›Man sollte ja mal schreiben...‹, denken sie vielleicht. Aber dabei bleibt es. Geschrieben aber hat der Herr, der ›Servus‹ statt ›Tschüs‹ gefordert hat, geschrieben hat die Dame, die mehr ›deutsches Liedgut‹ gefordert hat und mit den beschwörenden Worten endete: ›Wo leben wir eigentlich?‹

Wir leben im zwanzigsten Jahrhundert. Wir sind die Generation der Elvis-Fans, der Beatles- und Stones-Enthusiasten. Wir waren Flower-Power-Kinder und fanden die Doors und Jimi Hendrix gut, und wir sind jetzt Erwachsene. Kein Mensch fährt mehr vor Schreck in den Graben, wenn im Radio ein Neger singt. Genug Leute wissen, daß ›Phil Collins‹ keine Zigarettenmarke ist. Genug jedenfalls, um sie im Radio so zur Kenntnis zu nehmen, wie sie es verdienen.

Eineinhalb Millionen Menschen in Deutschland kauften das Pink-Floyd-Album ›The Wall‹, 12000 jubelten in München Stevie Wonder zu. Diese Leute holt es nicht vom Hocker, wenn es ›swingt und singt‹ oder wenn sie ›bis zwei dabei‹ sind.

Das Beispiel von SWF 3, dem kleinen Sender aus Baden-Baden, hat bewiesen, daß man modernes Radio auch in Deutschland schon heute machen kann. Ohne Satellit, ohne Springer, ohne Kommerzdruck.

Sobald es diese Form von Radio im Bayerischen Rundfunk geben wird, bin ich wie der Blitz zurück. Wahrscheinlich werde ich dann auch schon zum wesentlich günstigeren Seniorentarif reisen.

Der bekenntnishafte Text gefiel nicht allen, und je höher die Etage im BR, um so weniger gefiel er. Immerhin arbeitete der Goldjunge ja noch beim Sender, auch im Programm B3: Jeden zweiten Dienstag von 19 bis 20 Uhr war seine Oldiesendung »Meet the Beat« zu hören, und an Feiertagen machte er vier Stunden Programm in »Pop nach acht bis Mitternacht«.

Er war landauf, landab bekannt, seine auffälligen Autos wurden umlagert, der Jaguar, der Morgan oder der braune Mercedes. Die Fanpost kam in Säcken, und als er 1981 auch noch als Schöffe bei der Jugendstrafkammer eingeteilt wurde, hatten die öffentlichen Verfahren im Münchner Landgerichtsgebäude Nymphenburger Straße so viele junge Zuhörer wie nie zuvor und nicht mehr danach.

Auf einen derart von Sympathie getragenen Mitarbeiter kann die Leitung eines Senders nur schwer verzichten. Doch sein öffentlicher Brief löste eine Debatte aus, in der von Ansagerinnen bis zum Programmdirektor nahezu jeder sich in Zeitungen äußerte und etliche sich blamierten, weil sie so unverhohlen Schmeicheleien gegenüber der Spitze des Hauses verbreiteten oder alte Wunden leckten.

Zum Teil bekam Thomas starken Tobak zu lesen: »Schwarz auf weiß erweist sich der charmante Sonnyboy als unduldsam, unredlich und unanständig. Merken Sie nicht, wie unangenehm, eitel und arrogant Sie schriftlich wirken?« So der Chef der Hauptabteilung Unterhaltung im BR, Hellmut Kirchammer.[48] »Ursprünglich haben wir mehr Musik nach dem Geschmack von Thomas gebracht. Wir konnten uns vor Protesten nicht retten.« So Gunthar Lehner, Programmdirektor des BR.[49]

Die *Abendzeitung* füllte wochenlang mit mehr oder weniger bedeutsamen Wortmeldungen in der Sache ihre Seiten, gab Bedenkenträgern und Selbstdarstellern gleichermaßen Gelegenheit zur Äußerung und erteilte schließlich wieder dem Enfant terrible selbst das Wort: »Das Imperium schlägt also zurück. Und immer voll auf meine Mütze. ›Nestbeschmutzer‹ ist noch das Harmloseste, was man mir vorwirft. (...) Was ist denn das Geheimnis von SWF 3 oder Ö 3? Da gibt es ein Team von gleichberechtigten Kollegen, die nur ein Ziel im Auge haben: den Hörer. Aber eines scheint dort zu fehlen. Die Einflußnahme von Rundfunkräten, die mit Daumendruck ›ihre‹ Radiovorstellungen durchdrücken.«[50]

Damit hatte er nun das höchste Kontrollgremium des Senders, den Rundfunkrat, gegen sich aufgebracht und auf diese Weise die Anzahl seiner Gegner schlagartig vervielfältigt: Dort sitzen die Vertreter gesellschaftlich relevanter Gruppen und politischer Parteien und sind sehr empfindlich, wenn man ihnen unterstellt, sie täten wirklich das, wozu sie berufen sind: das Programm kontrollieren.

Ohne daß einer der Beteiligten das bereits ahnen kann, beginnt hier ein acht Jahre dauernder Kampf zwischen dem Moderator und dem Rundfunkrat, mal offen ausgetragen, mal schwelend. Gelegentlich mit harten Bandagen, oft heimtückisch von politischen Interessen gesteuert. Er wird erst 1989 mit einer öffentlichen Schlammschlacht und dem endgültigen Ausstieg Gottschalks beim BR beendet sein.

Zunächst wird der Sender zwei Jahre auf sein unbestritten größtes Unterhaltungstalent verzichten. Thomas wird »Mr. Morning« bei Radio Luxemburg und sendet – ab und an von RTL-Programmchef Elstner für allzu flotte Sprüche gerüffelt – von Düsseldorf aus von Montag bis Freitag zwischen sechs und elf Uhr seine Plattenplauderei in die Republik. In seiner Kellerwohnung in Altenkassel lebt er unter der Woche als Strohwitwer, tritt der Düsseldorfer Sektion der Deutschen Hausfrauengewerkschaft bei, spricht Werbespots für Sportartikel und Musikjournale, läßt sich für Jubiläumsveranstaltungen gutbetuchter Firmeneigner und in diversen Discos als Stargast anheuern und übersteht diese Geldarbeit mit Antonio Geissler an seiner Seite. Vor allem aber sieht er in aller Ruhe zu, wie sein Marktwert steigt.

Ende 1981 läuft sein ARD-Vertrag für »Telespiele« aus. Im März desselben Jahres fangen ARD und ZDF an, um den Moderator zu feilschen. Einer wird gewinnen. Es zeichnet sich frühzeitig ab, wer das sein wird: Der Erfinder der Telespiele, Wolfgang Penk, seinerzeit beim SWF, ist inzwischen Unterhaltungschef beim ZDF geworden. Dorthin wird auch der Redakteur der »Telespiele«, Holm Dressler, Anfang 1982 wechseln. Fehlt nur noch einer – der, über den am 28. August 1981 eine höchst seriöse Wochenzeitung ein umfängliches Porträt veröffentlicht: *Die Zeit*. Die zweischneidige Schlagzeile »Adrett, sauber und artig« ist untertitelt: »Fernsehstar Thomas Gottschalk will nirgendwo anecken.«

Darf man seinen Augen trauen – »nirgendwo anecken«? Und das nach dem wochenlangen erbitterten Streit mit dem Bayerischen Rundfunk? Aber der liegt in München, und *Die Zeit* wird im fernen Hamburg gemacht.

12

Ein Haus, ein Sohn! Na so was!

Unter den lieblichen, von der letzten Eiszeit hinterlassenen Seen im Südwesten der bayerischen Landeshauptstadt ist der Weßlinger See der kleinste, manche sagen: der schönste. Man kann ihn in fünfzehn Minuten umrunden, im Sommer wird er von zu vielen Badenden belagert, die ihm ihr Sonnenöl auf die kaum vorhandenen Wogen schütten. Und darum und weil er so klein ist, muß er seit zwei Jahrzehnten künstlich belüftet werden. Im neunzehnten Jahrhundert hatten Maler ihn entdeckt. Es gibt Bilder des Sees von Auguste Renoir, Leo Putz und anderen. Christian Morgenstern ruderte hier in der Sommerfrische. Julia Mann besaß nahe dem Ufer ein Haus, wo ihre Söhne Heinrich und Thomas häufig zu Gast waren.

1981 wurde im Ort vom Zuzug eines anderen prominenten Thomas getuschelt. Eine sehr schöne, großräumige Villa an der Uferpromenade, nicht weit von einem vielbesuchten Ausflugscafé, hatte seit Jahren leergestanden und befand sich in einem jämmerlichen Zustand. Bautrupps aus Kulmbach waren angerückt, fingen an, den Dachstuhl zu reparieren und arbeiteten sich von oben hinunter. Ortsansässige Zimmerleute murrten. Doch der Hausherr, der die Villa gekauft hatte, mußte zum ersten Mal seit seinem Studium tatsächlich sparen und hatte die Kolonne eines Kulmbacher Freundes, der etliche Discotheken besaß und zu deren Instandhaltung Handwerker unter Vertrag hatte, gebeten, ihm zu helfen.

Gewiß haben die Kulmbacher die Preise im Münchner Umland unterboten. Um die auflaufenden Kosten zu decken, nahm der Hausherr verschiedene Jobs an. Am wenigstens vergnüglich muß darunter jener Auftrag gewesen sein, für den Thomas und Antonio längs und quer durch Deutschland zogen: fünfzehn, zwanzig Termine, alle am Nachmittag und ausschließlich vor Hausfrauen zwischen dreißig und sechzig. Die Orte: tiefste Provinz.

Es ging nicht um Musik, sondern um eine elektrische Nähmaschine, die den Zickzackstich sowie alle möglichen anderen komplizierten Sticheleien beherrschte und an die Frau gebracht werden sollte. Eine Promotion-Show, für die Thomas als Liebling der Mütter auftreten mußte. Die Vorstellung, wie Gottschalk eine Nähmaschine vorführt, soll hier nicht weiter ausgemalt werden. Nur so viel: Nach den Erinnerungen von Antonio Geissler war es »die Hölle, aber sehr gut bezahlt«. Folglich wurde wieder ein Teil des neuen Heims in Weßling abgestottert. Daß er käuflich war, störte den Entertainer nicht, er war es ja für den besten Zweck, die Familie. Lieber wäre ihm freilich schon damals gewesen, was erst später gelang: die Markenhersteller an seine Fernsehshows zu binden: »Miele präsentiert: ›Na sowas!‹-Special mit Thomas Gottschalk«.[51] Doch seinerzeit mußte er noch den Clown im Dienst der Zickzacknähmaschine spielen.

Die Dachwohnung im Münchner Lehel, die man dem Funkkollegen und Freund Fritz Egner weitergegeben hatte, war wirklich sehr hübsch gewesen – aber an einem See wohnen! Wäre das nicht die Erfüllung aller Träume? Geld egal! Doch Sehnsucht ist die Schwester der Blindheit, die Weßlinger Villa wird zur Last. Das Haus war fast ganz auf Pump gekauft und verlangte sehr viel mehr Renovierung, als Thomas kalkuliert hatte. Thea war damals schon eine geschickte Innenarchitektin, Zimmermanns- und Maurerarbeiten aber überstiegen dann doch ihre Möglichkeiten.

Die Instandsetzung zog sich hin. Und im Ort sprach sich herum, wer da wohnte, wessen Chow-Chow die Nase unterm Tor der Einfahrt durchstreckte, daß man den Gottschalk leibhaftig am Samstag beim Bäcker und beim Metzger treffen konnte und wer die ungewöhnlich gekleidete Schönheit war, die an manchen Tagen nachdenklich um den See ging.

Das neue Zuhause war auch schon im Hinblick auf familiäre Erweiterungen erworben worden. Doch der erwartete Nachwuchs stellte sich nicht ein. Nach einer Fehlgeburt durfte die Hausherrin nicht mehr ganz so zupacken, wie sie es gewohnt war. Und Thomas, zwischen Düsseldorf und Weßling pendelnd, war schon wieder in Verhandlungen für seinen weiteren Aufstieg.

Das ZDF nahm ihn unter Vertrag. Eine neue Show, vom alten »Telespiele«-Team entworfen, wurde ganz auf seine Fähigkeit zugeschnitten, in Live-Sendungen locker zu improvisieren. Titel: »Na sowas!« Für den Start wurde der März 1982 anvisiert, als Sendezeit der Montagabend halb acht bis Viertel nach acht. Unter anderem war das auch eine Kampfansage an die »Tagesschau« im Ersten. Zumindest würde Thomas in den letzten fünfzehn Minuten der Show um jenes Publikum zu kämpfen haben, das normalerweise um acht Uhr auf die Nachrichten der ARD umschaltete.

Längst machte man sich auch im Funkhaus München Gedanken, ob es denn so klug war, den Streit mit dem Moderator derart eskalieren zu lassen, bis der die Sache hingeschmissen hatte. B3 verlor scharenweise Hörer an Ö3, die sich auch durch technische Störversuche der Bayern nicht vom Empfang der österreichischen Unterhaltungswelle abhalten ließen. Das hieß vor allem weniger Werbeeinnahmen für B3. In der Presse häuften sich Unmutsäußerungen von Hörern, die ihren Thomas vermißten.

Irgendwann war es auch der Intendanz klargeworden, daß ein Weg gefunden werden mußte, den frechen Erfolgsjungen zurück ins BR-Studio zu locken. Der hatte, ohne dies zunächst zu wissen, einen neuen Fürsprecher im Haus: Dr. Udo Reiter, noch am Beginn seiner Rundfunkkarriere. Ein junger, ehrgeiziger Konservativer, der in den nächsten Jahren ungewöhnlich rasch in Spitzenpositionen gelangen und nach der deutschen Wiedervereinigung zum Intendanten des Mitteldeutschen Rundfunks, mdr, aufsteigen sollte. Der im BR von vielen als Hardliner eingeschätzte Redakteur hat ein zweites, gleichsam bubenhaftes Gesicht: er ist in die anarchische Leichtigkeit von Thomas geradezu vernarrt und weiß, daß man ein solches Talent nicht mit der normalen Personalelle messen darf.

Was im BR geplant war, wurde als offenes Geheimnis gehandelt: Gottschalk solle eine große eigene Radioshow mit weitreichenden Befugnissen für die musikalische Gestaltung bekommen. Nach gehörigem Zeitabstand von dem öffentlich ausgetragenen Streit, so daß alle Seiten ihr Gesicht wahren konnten und keiner in Verdacht geriet, zu Kreuze gekrochen zu sein, werde man mit ihm in Verhandlungen treten.

Offenbar war der Spitze des Hauses nicht bekannt, daß eine Fraktion im Rundfunkrat dabei war, ein Dossier Gottschalk anzulegen; darin sollten alle Entgleisungen und Ungehörigkeiten des Showmasters gesammelt werden. Bei günstiger Gelegenheit wollte man das Dossier gegen ihn verwenden.

Unterdessen machte der Umworbene einen weiteren Medienschritt: ins Kino. Als Filmschauspieler agierte er, zusammen mit dem Kalauerspezialisten Mike Krüger, in einem Streifen mit dem Titel *Piratensender Powerplay*, der wohl als Angriff aufs Zwerchfell der Zuschauer und auf die Unflexibilität der öffentlich-rechtlichen Medien, insbesondere des Bayerischen Rundfunks, gedacht war. Beides ging, gelinde gesagt, ins Leere.

Erstaunlich an dieser Klamotte um einen schwarz betriebenen Musiksender war, daß Gottschalk sich zuvor mehrfach gegen privaten Rundfunk und privates Fernsehen ausgesprochen hatte. In einer Podiumsdiskussion bei der Starnberger Jungen Union bekannte er im Mai 1982: »Ich fände es furchtbar, wenn Leute wie Springer oder Strauß« – er saß neben dessen Sohn Max auf dem Podium – »einen eigenen Sender hätten!«[52] Im

Film nun wurde der private Piratensender als Krone der Kreativität hochgejubelt.

Die Kritik zeigte sich verblüfft darüber, daß der vom Fernseherfolg Verwöhnte, dessen erster Kinoversuch in *Bolero* von Rüdiger Nüchtern fast unbemerkt geblieben war, eine ebenso heftige wie unglückliche Liebe zum Film hegte. Wie unglücklich sie war, würde sich im vollen Ausmaß erst durch die wiederholten Ausflüge in die Welt des Kinos zeigen. Schon hier aber war absehbar, daß Gottschalk, der im Show-Studio professionell wie kein anderer agierte, vor der Filmkamera zum hilflosen Laien mutierte.

Drehbuch und Regie – der für beides verantwortliche Siggi Götz war zuvor durch öden Softpornoklamauk wie *Drei Schwedinnen in Oberbayern* aufgefallen – waren von so unbekümmerter Hilflosigkeit, daß auch der Einsatz qualifizierter Komödianten wie Gunther Philipp und Evelyn Hamann nicht half.

Als der Film im Januar 1982 in die Kinos kam, löste sich der Sympathiebonus, den Thomas bei den Medienjournalisten hatte, in nichts auf: Die Kritik war einhellig und vernichtend. Rezensenten reagierten geradezu gekränkt. Das Publikum hingegen wollte seinen Liebling sehen. Der Film landete auf Platz vierzehn der Deutschen Kino-Charts 1982 und fand, laut Verleih, 1294337 Zuschauer. Die Verursacher sahen darin eine Ermutigung.

Sehr viel erfreulicher als das gespielte gestaltet sich das wahre Leben.

Am 5. November 1982 wird Thea Gottschalk in Starnberg um 8.33 Uhr von einem gesunden Jungen entbunden, der mit 55 Zentimeter Länge und siebeneinhalb Pfund Gewicht die Geburtsgröße seines Vaters um einen Zentimeter überschreitet, dafür aber fünfhundert Gramm leichter ist, als sein Erzeuger beim ersten Auftritt war.

Der Mutter geht es »den Umständen entsprechend« gut, der

Vater, bei der Geburt anwesend und laut Zeugenaussagen »noch lange nachher blaß«, ist von Radio Luxemburg beurlaubt, kümmert sich ums Kinderzimmer, bereitet die Wiege vor, Jugendstil natürlich, damit sie zu dem Märchenprinzen paßt, den die hochschwangere Thea noch zwei Tage vor der Niederkunft als Dekoration auf die Wand gemalt hatte.

Der Knabe, der auf den Namen Roman David getauft wird, hat Theas dunkelbraune Augen und, wie der Vater bemerkt, »erschreckend schwarze Haare, aber Gott sei Dank nicht meine Nase«[53]. Er erbte, wie sich herausstellen wird, auch Vaters Schnellfeuerzunge nicht, wofür seine Mutter dankbar war. Zwei von der Sorte wären zuviel gewesen. Roman wird sich mit den Jahren zu einem zurückhaltenden, sympathisch nachdenklichen und gutaussehenden jungen Mann entwickeln, der an einer kalifornischen Universität International Business büffelt.

Die Mutter ist am Anfang im Umgang mit dem Neugeborenen noch etwas ängstlicher als der Vater. Kein Wunder, Thomas muß sich nur seiner Jugendjahre erinnern, als er die kleine Schwester Raphaela gebadet und gewickelt hat. »Ich war da sofort wieder drin. Es war ja das erste Baby, das Thea in der Hand gehabt hat; sie wußte nicht, wie sie ihn anfassen soll: Gott, der fällt dir runter! Vorsicht, der bricht ab! Nix, ich hab ihn gebadet, zack, zack, ich war da am Anfang viel sicherer als sie.«[54]

Endlich hat er die Rolle, die ihm die liebste ist: Paterfamilias, Behüter seiner Familie.

Zugleich wächst die öffentliche Rolle. Am Montag, dem 29. März 1982, um 19.30 Uhr, steht zum ersten Mal seine neue Show »Na sowas!« im Programm des Zweiten Deutschen Fernsehens. Gesendet wird live aus den ZDF-Studios in München-Unterföhring.

Bis zum 21. März 1987, als nach einer umfänglichen Abschiedsparty noch umfänglichere Show-Aufgaben auf ihn warten, wird er 75mal diese Dreiviertelstunde aus Glamour und Kuriositätenkabinett moderieren und sich damit an die Spitze der deutschen Fernsehmoderatoren spielen. Er wird durch seinen Erfolg beim Publikum vom Montagsendetermin auf den Samstagabend gehoben werden, den klassischen Familienunterhaltungsprogrammpunkt – und beim krönenden Abschluß im Juni 1987 in einer »Na sowas!«-Extra-Show gefeiert werden wie ein König.

Dabei sah es am Anfang nicht rosig aus. An der ersten Sendung mäkelte die Kritik herum. Das Publikum war gnädig. Doch wie immer bei einem neuen Format mußten sich alle erst daran gewöhnen – auch die Zuschauer.

»Man hoffte halt, der smarte Thommy würde das mit seinem losen Mundwerk schon spaßig genug verkaufen. Der aber sah sich gedrängelt und geriet in Hektik. 45 Live-Minuten – da schleppt sich der stärkste Unterhaltungsträger zu Tode.« So der *Münchner Merkur*.[55] »Seine Gabe zum pausenlosen Labern hat die zahlreichen gefährlichen Organisationslöcher im ersten ›Na sowas!‹ leidlich stopfen können.« So die *Süddeutsche Zeitung*.[56]

Es war das Wundertütendenken, das ihn und die Redaktion bestimmt hatte und die Show so schwer beherrschbar machte. Von allem ein bißchen, etwas Kurioses, etwas Musik, ein paar Prominente, die Antonio Geissler herbeischaffte, und viel Abstrusität. Dennoch waren ebendas die Elemente, die in richtig getimter Collage dem Publikum gefielen. Seine Plaudereien und Interviews waren die Gelenke zwischen den Teilen, zugleich fand hier der ironische Ton seinen Platz, der dem Publikum signalisierte: Nehmt das mal alles nicht zu ernst, es ist doch nur ein Abglanz des Lebens.

Er läßt sich wahrhaft merkwürdige Dinge einfallen, so die Bergung eines Autos, Marke DKW, das seit 1957 im Tegernsee gelegen hatte. Er hat Größen der Musik zu Gast wie Tina Turner, gereifte Schönheiten wie Zsa Zsa Gabor – »Das Auto, das Sie da gerade sehen, hat dreißig Jahre im Wasser gelegen. Da würden sogar Sie Schaden nehmen, gnädige Frau« –, das Denver-Biest

Joan Collins, den Filmkomiker Gene Wilder – »Er wünscht sich, einmal bei einem Drama Regie zu führen. Dann kann er gleich hier die Regie übernehmen, die Sendung ist ein Drama.«

Seine unprominenten Gäste bringen Liebhabereien mit ins Studio, die an Abstrusität kaum zu überbieten sind. »Wen immer er indes auch fand mit einem kuriosen Hobby – eines hat sich Thomas Gottschalk stets verkniffen, sich über seine Partner in der Sendung insgeheim lustig zu machen. Eine seiner besten Eigenschaften als Fernsehunterhalter.«[57]

Die »Na sowas!«-Extra-Sendungen von eineinhalb Stunden Länge geraten regelmäßig zu Highlights der Unterhaltung. Und die Kritik streichelt ihn: »Das Riesentalent ist auf seine Weise zur Einrichtung geworden. Provozierend unangepaßt, Herz und Zunge auf dem rechten Fleck, immer voll verrückter Ideen, kann er sich dennoch mühelos behaupten. In unserer konservativen Fernsehlandschaft hat er sich tatsächlich zum Dauerbrenner gemausert.«[58]

Zeitungskritik ist das eine – der Beifall des Publikums etwas anderes. Und das andere ist kein Barometer für das eine und umgekehrt. Folglich wollte Gottschalk doch irgendwann Meßdaten für das Interesse haben und fragte den Unterhaltungschef des ZDF, Wolfgang Penk, ob man eigentlich die Zuschauer bei »Na sowas!« zählen könne. Selbstverständlich, gab Penk zu, wunderte sich freilich über die Anfrage seines Showmeisters. Hatte der etwa Selbstzweifel?

Man muß dabei bedenken, daß die heute grassierende Quotenparanoia, die im einundzwanzigsten Jahrhundert die Medien in Richtung Verblödung und Schamlosigkeit drängt, erst gegen Ende des zwanzigsten Jahrhunderts aufkam und 1982 – zwei Jahre vor Beginn des Privatfernsehens in Deutschland – noch keine programmentscheidende Rolle spielte. Statistiken gab es, selten aber aufgeschlüsselt nach einzelnen Sendungen.

Bis Ende der achtziger Jahre herrschte in den Redaktionen noch der Stolz: Wir machen das Programm, unsere Phantasie ist entscheidend, wir sind Fachleute. Inzwischen hat sich das demoskopische Denken im Fernsehen wie in der Politik weitgehend durchgesetzt, das heißt: Horchen wir mal, was die Leute wollen, und danach schneidern wir dann das Programm.

Der Typ des glatten Erfüllungsgehilfen amorpher Mehrheiten, der keine Verantwortung übernimmt und ungehindert in Wirtschaft, Politik und Medien Karriere macht, war 1982, als Thomas nach den Einschaltzahlen für »Na sowas!« fragte, noch nicht so weitverbreitet wie heute. Selbst die Absahner, die heute für hohe Quote jede Ekelgrenze zu überschreiten bereit sind, verließen sich damals noch auf den eigenen schlechten Geschmack. Noch kursierten ängstliche, auch romantische Vermutungen über das Publikum, die inzwischen zynischen Analysen gewichen sind.

Was dachte Thomas über seine Zuschauer? Als Wolfgang Penk ihm die Umfrageergebnisse brachte, wonach rund zwölf Millionen Menschen am Montagabend seine Show »Na sowas!« einschalteten, brach er zusammen. »Zwölf Millionen? Ja, mein Gott! Sechzig Millionen Deutsche! Und nur zwölf sehen meine Sendung! Was tun denn die andern achtundvierzig Millionen an dem Abend?«

Nun, vielleicht sahen sie ein anderes der drei Programme. Oder liebten sich. Oder hörten Radio oder saßen im Theater oder trieben Sport. Oder sie lasen, das gab es ja auch. Daß zwölf Millionen Zuschauer unter heutigen Fernsehverhältnissen eine gute Einschaltquote für großes Samstagabendfernsehen sind, war damals nicht vorstellbar. Es dauerte, bis Gottschalk begriff, daß seine Zahlen einen beachtlichen Erfolg bezifferten, geradezu eine Liebeserklärung.

Das jugendliche Publikum hatte er zudem mit seiner seit Herbst 1982 gleichfalls im ZDF laufenden Videoclipsendung »Thommy's Pop-Show« gewonnen, deren Extraausgaben live aus deutschen Großstädten gesendet wurden und die Stars des Musikgeschäfts nicht vom Band, sondern leibhaftig vorführten.

Keine Frage: er war auf dem besten Weg, *everybody's darling* zu werden.

Nicht, daß er die Begeisterung verspielt hätte. Das ging nicht. Die Anhänglichkeit des Publikums ist unbeständig, manchmal aber auch erstaunlich hartnäckig und träge. Das Plappermaul agierte zuweilen hurtiger als die Kontrollinstanz im Kopf – und so passierte es…

Nichts an »Na sowas!« hatte die Republik aufgeregt, nicht der Goldfischgurgler, nicht der Hund, der angeblich »Mama« sagen konnte und es auch auf flehentliche Bitten hin nicht tat; nicht der Mann, der seine Haustiere – Vogelspinnen – in den Mund nahm, sie sich in den Schlund gleiten ließ und wieder hervorwürgte, nicht Hildegard Knef, die man besser vor ihrem Auftritt schon hinter der Bühne mit einem weiteren Gläschen abgefangen und ohne Umweg zur Backstage-Party gebracht hätte, nicht der peinliche Redeschaum von Klaus Kinski, den zu stoppen selbst Gottschalk Mühe hatte.

Aber die Sache mit der Verkühlung…

Fast hätte der kleine Aussetzer seines kontrollierenden Kopfes ihn 1986 denselben im Fernsehen gekostet. Kurz vor Ende der Staffel von »Na sowas!« und kurz vor Beginn einer noch größeren Show.

Dabei war es gar nicht so chauvinistisch gemeint, wie es klang, dieses »Achten Sie auf Ihre Eierstöcke…«

Die Presse schaffte es, daß die Nation sich empörte: »Skandal bei: ›Na sowas!‹ Thomas Gottschalk entgleiste!«[59] Ein Aufschrei ging durch die Republik. Selbst Fernsehzeitschriften, sonst ganz auf seiner Seite, stimmten in den Chor der Entrüstung ein. »Stopp, Thommy!«[60] Wer immer einen öffentlichen Zeigefinger an sich entdeckte, hob ihn und mahnte die Menschenwürde an, vor allem die Würde der Maria Groicher, 61, Artistin.

Zusammen mit ihrem 85jährigen Mann hatte sie einige, für ihr Alter bewunderungswürdige Kunststücke vorgeführt und war unter dem dankbaren Applaus des Publikums schon auf dem Weg in die Kulisse, als Thomas ihr – mit Bezug auf ihr knappes Trikot – nachrief: »Nun ziehen Sie sich aber schnell was an, in diesem Alter erkältet man sich leicht die Eierstöcke!«

Mag sein, daß er das als Kompliment gemeint hatte, wie er später sagte. Das Publikum hingegen war geschockt, leises »Buh« war vernehmbar. Im Anschluß an die Sendung erklärte er: »Meine Bemerkung war nicht beleidigend gemeint und ist von der Dame auch nicht so aufgefaßt worden. Im Gegenteil, ich habe ihr doch Komplimente gemacht, wie gut sie mit 61 Jahren noch aussieht.«

Das war nicht geeignet, die Gemüter zu beruhigen. Das ZDF stellte sich vor ihn: »Wir wollen dem Gottschalk keinen Maulkorb umhängen. Seien wir froh, daß wir einen haben wie ihn.« So der Unterhaltungschef Wolfgang Penk.[61] Der Entgleiste selbst nutzte seine Radioshow im Bayerischen Rundfunk tags darauf zur listigen Demutsgeste:

»Der Büßerspruch zum Tage: Herr, vergib mir meine Schuld, ich hab's wirklich nicht gewullt. Ich sitze hier im Büßerhemd und habe mir ein besonders langes angezogen, damit ich mir nichts erkälte.«

Aber wieso saß er überhaupt wieder vor dem Mikrophon in demselben Sender, den er 1981 im Streit verlassen hatte?

Am 3. Januar 1983 hatten die Hörer von Bayern 3 ihren Thommy endlich wieder. Nicht alle freuten sich über seine Rückkehr. Die Vertragskonstruktion war schwierig gewesen. Aus Gründen der Honorarhöhe wurde der Moderator zu Teilen von der Bayerischen Rundfunkwerbung, BRW, unter Vertrag genommen; den Haustarifen war er längst entwachsen. Das fand keine einhellige Zustimmung.

Vor allem einem paßte der »Na sowas!«-Fauxpas gut ins Dossier: dem Vorsitzenden des Hörfunkausschusses im Rundfunkrat des BR und Direktor der Katholischen Akademie München, Prälat Franz Henrich. Der hatte die despektierlichen Äußerungen des Radioplauderers von 1981 nicht vergessen und war wenig begeistert davon, daß Bayern 3 Thomas nun nach zwei Jahren Pause wieder ans Mikrophon gerufen hatte. Wo der schon wieder entgleiste: Einer Münchnerin, die mit Vierlingen niedergekommen war, gratulierte er über den Sender: »Besser vier vom eigenen Mann, als eins von vier andern!« Das ging nun doch zu weit. Daß er sich am folgenden Tag öffentlich entschuldigte, half hausintern wenig: die Akte Gottschalk wuchs. Im Rundfunkrat wußte man, daß man eingreifen müsse, bevor die Medienmacht des Hörerlieblings zu groß wurde; wenn es nicht schon zu spät war.

»Thommys Radio-Show« lief jeden Werktag von 13 bis 14 Uhr. Zusammen mit »Na sowas!« und seiner ZDF-Musiksendung »Thommys Pop-Show« deckte er einen beachtlichen Mediensektor ab – und setzte sich selbst einem nicht geringen Streß aus.

Allmählich begann er zu spüren, daß man mit dreißig auf nicht mehr ganz so vielen Hochzeiten gleichzeitig tanzen kann wie mit zwanzig. Vor allem aber hatte er das deutliche Gefühl, daß seine Familie ihn mehr brauchte. Jetzt trat eine Charaktereigenschaft hervor, die wohl aus der merkwürdigen Beziehung beider Elternfamilien zur Marine herrührt: Er spielt gerne den Steuermann.

Also lenkte er sein Lebensschiff um – zu den Britischen Inseln. Die Ankündigung, er werde das Jahr 1984 mit seiner Familie in London verleben, ließ Gerüchte wach werden; von »ausgebrannt« bis »medienmüde«, von »Überdruß« bis »Übermut«, von »Krankheit« bis »Ehekrise« reichten die Spekulationen. »Ich gehe mit leiser Trauer nach England«, gab er zu – und unter Hinterlegung einer kleinen Wortbombe:

Die letzte »Na sowas!«-Sendung vor der Englandpause findet an einem Dienstag statt, dem 5. Dezember 1983. Thomas hat unter anderen Marius Müller-Westernhagen und Franz Beckenbauer zu Gast. Direkt nach der Sendung rast er ins Münchner

Hilton, wo er Stargast von Holde Heuers Talkshow mit vierhundert Gästen ist.

Er hat sich vorgenommen, seine Zunge im Zaum zu halten. »Die Zeiten sind vorbei, in denen ich zu allem meine Meinung sagte. Ich reiße mich jetzt doch mehr zusammen. Man wird stiller.«[62] – »Ich sage nichts über den BR, habe ich mir geschworen – aber wenn ich gefragt werde ...«[63]

Und da er von der Moderatorin gefragt wird, zieht er vom Leder. Die versprochenen Reformen seien ausgeblieben, das Programm sei verstaubt, und – der Satz wird unterschiedlich zitiert – »in den entscheidenden Positionen sitzen Pfeifen«. Auf die Nachfrage, ob das nicht ein Altersproblem sei und die Pfeifen bald pensioniert würden: »Ich sehe Pfeifen nachwachsen.«

Die Zeitungsschlagzeile »*Im Funk regieren Pfeifen*«[64] setzt den nächsten Streit mit dem Rundfunkrat in Gang. Henrich hatte nur darauf gewartet. »Pfeifen« bringt sein Gottschalk-Dossier zum Überquellen: »Herr G. hat in einem Rundumschlag alle Leute abqualifiziert, die es ihm erst ermöglicht haben, in der Öffentlichkeit ein Begriff zu werden. Was er ist, ist er durch den BR geworden. Man gewährt Herrn G. die Möglichkeit, demnächst jede Woche eine Stunde lang von London aus zu pfeifen. Sollte man nicht lieber selbst auf diesen Mann pfeifen?«[65]

Die Leitung des Senders hält sich bedeckt. Hörfunkdirektorin Gustava Mösler wiegelt ab: Thomas habe die Freiheit eines »Hofnarren«, sie fühle sich nicht beleidigt. Udo Reiter, der ihr im Amt nachfolgen sollte, erinnert sich: »Es gab im Rundfunkrat eine Fraktion, die den Gottschalk für nicht verträglich mit den Grundsätzen des BR hielt, ganz eindeutig.«[66]

Thomas kontert auf die Anwürfe Henrichs: »Ich bin gern bereit, Herrn Henrich 1984 meine wöchentliche Radiostunde zur Verfügung zu stellen. Ich wundere mich, daß diese schmallippige und verbissene Reaktion ausgerechnet von einem Mann der Kirche kommt. Ich bin selbst Schulzögling der Bischöfe und liebe meinen Nächsten. – Wenn Herr Henrich sagt, ich sei geistig da stehengeblieben, wo sich mein Musikgeschmack befindet, dann kann ich dem Vater der Klassikwelle Bayern 4 nur sagen: Ich habe mehr Vivaldi im Auto als Beatles und verstehe von klassischer Musik mehr als Herr Henrich von Popmusik.«[67]

Das war nun nicht zu widerlegen, denn alle, die ihn näher kannten, wußten, daß er im Auto fast ausschließlich Stücke von Händel bis Haydn hörte. Der Rundfunkrat antwortete nicht mehr. Seine Zeit würde kommen. Der Sturm um die »Pfeifen« legte sich, Weihnachten nahte.

Der Abschied fiel Thomas jetzt leicht.

13

Britannia rules the waves!

In Weßling war Thea mit dem Kinderwagen um den See gelaufen, in London lief sie durch den Hydepark – mit einem entscheidenden Unterschied: Thomas war hier, zumindest gelegentlich, an ihrer Seite. Und beide fanden, daß es eine Lust zu leben war in diesem England, das sie liebten. Sie liebten den Kamingeruch der Stadt, die verrückten Stoffe und Tapeten, die Höflichkeit, die eigenwilligen Autos, die Leute mit Spleen, die Demokratie mit Krone, die weltstädtische Gelassenheit und allgemein verbreitete Lebensironie, die den Alltag leichtmachte.

Einmal wöchentlich marschierte Thomas von der Wohnung im Stadtteil Bayswater, Westbourne Terrace, zur BBC und überspielte von dort eine Musiksendung zum BR. Auf diese Weise kamen dessen Hörer in den Genuß der neuesten Rock- und Poptitel des Königreichs, vermischt mit Nachrichten aus dem englischen Musikleben und Eindrücken des Londonflanierers Gottschalk.

Der wußte längst, daß sein deutsches Publikum ihn nicht mehr vergessen wollte und konnte. Mit seiner neunzig Minuten langen »Na sowas!«-Extra-Sendung von der Berliner Funkausstellung hatte er sich zum Abschied souverän in die deutsche Mediengeschichte eingeschrieben. Seine dreizehn Millionen Zuschauer hatte er mit Personen der letzten zwei Dezennien wie dem Herzverpflanzer Christiaan Barnard, dem Modezar Karl Lagerfeld und dem Sexualaufklärer Oswalt Kolle, mit Stars wie Tom Jones, Donovan, Barry Manilow, Ted Herold und Dave Dee, Dozy, Beaky, Mick and Tich verwöhnt. Er hatte den Löffelbieger Uri Geller noch einmal vor die Kamera geholt und das soeben vollzogene Astronauten-Kosmonauten-Rendezvous von Amerikanern und Russen so kommentiert, wie die Mehrheit dachte: »Sie haben sich im Weltraum die Hand gegeben, jetzt sollen sie's gefälligst mal auf der Erde tun.«[68]

Nach dem einhelligen Jubel der Kritik – mit Ausnahme der *taz*, die grundsätzlich auf ihn einprügelte – war klar, daß im Jahr 1984 wieder acht Folgen »Na sowas!« gesendet würden, zusätzlich eine »Extra«-Sendung, und daß Thomas auf der Welt wohnen konnte, wo er wollte: zu diesen Terminen mußte er einfliegen.

Der Aufenthalt auf der Britischen Insel bedeutete keineswegs einen Bruch; er war eine Neubesinnung, für die Karriere weder förderlich noch schädlich. Der eigentlich bestimmende Grund war, daß Thomas das Gefühl hatte, der Beruf fange an, sein privates Leben anzugreifen, und daß es nötig war, längere Zeit ungestört mit seiner Familie zusammenzusein. London war dafür sowohl weit genug weg als auch hinreichend nah, um die Aufgaben in Deutschland zu erfüllen – und es war der Platz, an dem Thea und er sich heimischer fühlten als irgendwo sonst in Europa.

Die Anreise gestaltete sich schwierig. Um einige Möbel und Haushaltsgegenstände nach London zu bringen, war Thomas mit Antonio Geissler in dessen schwarzem VW-Bus vorausgefahren. Der schwerbeladene Bully würde Tage brauchen. Bei der Durchquerung Belgiens stellten sie plötzlich fest, daß der Sprit zur Neige ging. Nun wollte sich partout keine Tankstelle an der Autobahn zeigen, also entschieden sie sich, die nächste Abfahrt zu nehmen, um, mit etwas Glück, im nächsten Ort eine Zapfsäule zu finden. Inzwischen brach die Dunkelheit herein, das belgische Autobahnhinterland erwies sich als öde und menschenleer, ganz zu schweigen von der geringsten Aussicht auf eine Tankstelle.

Dann stockte der Motor, spuckte, röchelte. Der schwarze VW-Bus stand in schwarzer Nacht auf einer schwarzen Chaussee. Man hatte zwar einen Ersatzkanister dabei, nur vergessen, ihn zu füllen. Sie ließen den Wagen am Straßenrand zurück und machten sich samt leerem Kanister zu Fuß auf. Irgendwo mußte es ja jemanden geben, der Benzin hatte.

Man stelle sich vor: Mitten in der Nacht klingelt es, vor der Haustür stehen zwei langhaarige Gestalten, nicht sonderlich gepflegt, übermüdet, der Landessprache nicht mächtig. Sie halten einen Benzinkanister hoch und deuten und klopfen darauf.

Thomas kann so treuherzig schauen und Antonio so verzweifelt, daß ihnen beim vierten Versuch der Hausherr den eigenen Reservekanister umfüllt, wonach ein weiteres Abenteuer beginnt: die Suche nach dem schwarzen VW-Bus auf der nächtlichen Landstraße. Als auch die bestanden ist, kann die Reise nach Calais fortgesetzt werden. Thomas hat eine Erfahrung gemacht, die ihm schon lange fehlte: wie es ist, wenn ihn keiner kennt.

Mit sechzehn hatte er bei seinem ersten Besuch in London festgestellt, daß er sich hier wie zu Hause fühlte. Wie konnte das sein, der Provinzbube aus Kulmbach, dem »Herzen Oberfrankens«, in der Hauptstadt des British Commonwealth of Nations? War das der Tatsache zu verdanken, daß er seinen Taufnamen von dem Londoner Lordkanzler Thomas Morus geerbt hatte?

Es war eher der Eindruck individueller Freiheit, der ihn damals lehrte, daß seine Lebensart nicht überall auf der Welt so quer lag wie in der oberfränkischen Kleinstadt.

In der Carnaby Street hatte er genau die verrückten Klamotten gefunden, die ihm gefielen. Hier gab es offenbar Menschen, für die der Alltag nicht grau und schwer war, sondern bunt und leicht. Auch Thea hatte in ihrer Zeit als Au-pair-Mädchen in London die Modevielfalt und -freiheit, die unmittelbar neben gediegenstem Konservativismus existierte, genossen und bewundert.

Hier nun hatten beide endlich den ersehnten Abstand zu Autogrammjägern. »Das normale Sichbewegen ist bei mir etwas verschüttet.«[69] Der Ruhm hatte längst seine Kehrseite offenbart.

Thomas baute in seinen Sendungen die Distanz zum Publikum ab, und das Publikum verhielt sich nach Ende der Sendungen weiterhin distanzlos. Weil er im Studio nicht anders war als außerhalb – »Du siehst ja genauso aus wie im Fernsehen!« rief ihm ein Fan auf der Straße zu –, blieb das Publikum mit ihm auch außerhalb des Studios per du; ein Verhalten, das er selbst provozierte.

Mag sein, daß den Deutschen die natürliche Distanz zum Nächsten schwerfällt. Auf jeden Fall war der Showstar in die Lage von Goethes »Zauberlehrling« geraten; die Geister, die er rief: er wurde sie nicht los.

Er konnte sein, wo er wollte, nicht einmal in der fernen Karibik war ein unbeobachteter Urlaub möglich. Die Deutschen, Österreicher und Schweizer waren überall schon vor ihm da und zückten unnachsichtig nett den Stift fürs Autogramm und den Fotoapparat für den Lebensaugenblick.

In Restaurants wurde ihm vor der Speisekarte das Gästebuch unter die Nase gehalten, Kinder kamen zum Tisch und ließen Bierdeckel signieren; ging er ins Theater, küßte ihn die Garderobenfrau. Und wenn Thea einkaufen wollte, verkleidete sie sich mit Sonnenbrille und Perücke. Besuchte er Freunde in der Normandie, dauerte es nicht lange, und ein Hubschrauber mit Fotografen kreiste über dem Ferienhaus. Er war Profi genug, um stets gute Miene zu machen, aber allmählich empfand er die Allbekanntheit doch als böses Spiel. Er war ein Star zum Anfassen und Aneignen geworden. Gemeineigentum.

Wollte er sich davon lösen, mußte er auch einen Teil seiner dafür geschaffenen Identität aufgeben. War er nach England gegangen, um einen Bruch zu vollziehen?

»Richtig ist: daß ich noch immer in diesem Bruch bin – weg vom Teenie- und Discjockey-Image. Ich weiß nicht, ob ich es schaffe, daß nach dem Bruch die Yellow Press sich nicht mehr für mich interessiert. Weiß auch nicht, ob das überhaupt gut wäre. Ich will ja nach wie vor Fernsehunterhaltung machen und kann es mir eigentlich gar nicht leisten, einen solchen Bruch zu vollziehen, jedenfalls so, wie ich ihn persönlich gern vollziehen würde.«[70]

Als diese Bemerkungen aufgezeichnet wurden, war er 34 Jahre alt, war mit Frau und Kind in die Anonymität der britischen

Hauptstadt gezogen und fragte sich vielleicht zum ersten Mal, wie sich sein öffentliches Bild vom blondgelockten Schwiegersohn, den viele deutsche Töchtermütter sich erträumten, mit dem Älterwerden vertrug.

»Ich muß schon sagen, daß ich mich sehr schwer von meiner Jugend trenne. Ich laufe aber nicht der heutigen Jugend nach – also, daß ich da sage: ich bin in, ich stehe auf Trio und Nena... Nein. Das wirklich nicht.«[71]

Auch mit dem Medium Fernsehen identifiziert zu werden, macht ihm jetzt nicht mehr uneingeschränkt Freude: »Ich habe die letzte ›Traumschiff‹-Folge gesehen und frage mich, ob die das ernst meinen. Das ist ja ein Wahnsinn!«[72] Die ersten Ansätze von Medienkritik werden sichtbar, die er in den folgenden Jahren sukzessive weitertreiben wird. Man wird ihm den Balken im eigenen Auge attestieren und Kollegenschelte vorwerfen, aber es geht ihm nicht um Konkurrenz.

Er ist einer der wenigen, die das Roß, auf dem sie sitzen, mitsamt dem Reiter kritisieren können.

Daß er in London seinem Spaßmacherimage in anderen Interviews treu bleibt und angeblich davon träumt, »auf der Bettkante der Queen zu sitzen«, gehört zum Geschäft. Heftiges Nachdenken über Gottschalk hatte bei ihm eingesetzt, London ist der richtige Ort dafür, und seine humanistische Bildung nebst praktischem Christentum geben die nötigen geistigen Instrumente an die Hand.

Endlich ist auch Zeit, in Ruhe entscheidende Planungsgespräche mit seiner Frau zu führen. Offenbar hat das Leben einen Punkt erreicht, an dem doch so etwas wie Zukunftsgestaltung nötig wird. Pläne, ganz in England zu bleiben, werden verworfen. Aber wo wäre in Deutschland ein Schutz der Familie vor der öffentlichen Neugier möglich? Kann Roman auf eine normale Grundschule gehen, ohne ständig seines Vaters wegen begafft oder gehänselt, umworben oder ausgeschlossen zu werden? Soll er als Einzelkind aufwachsen oder Geschwister bekommen? Thomas und Thea suchen in jenen Monaten nach dem richtigen Kurs für ihr Familienschiff. Grundsatzentscheidungen stehen an, und Thomas hätte gegen einen guten Lotsen auf der Brücke nichts einzuwenden. Zukunftsangst hat er nicht; sein Gottvertrauen hat sich immer bewährt.

Zu Hause in München herrscht derweil keineswegs Flaute. Thomas erfährt, daß die Antigottschalkfraktion im Rundfunkrat bei den Plänen zur Programmreform erneut unterlegen ist: längst bastelt man in der Chefetage an den Sendeplänen des neuen Programms Bayern 5. Einer der Kernpunkte: eine Show für den Star. Thomas kann in aller Ruhe zusehen, wie ihm im BR der rote Teppich ausgerollt wird.

Bei seinen Deutschlandbesuchen realisiert er nebenbei einige Kinoprojekte, darunter die ersten beiden *Supernasen*-Filme mit Mike Krüger. Der studierte Architekt und gefürchtete Blödelprofi verfügt wie Thomas über ein prägnantes Riechorgan.

Über diese und weitere schauspielerische Leistungen wird noch nachzudenken sein. Entscheidend ist, daß ein einziger dieser Kalauerfilme Gottschalk mehr einbringt als ein ganzes Jahr Gehalt im BR.[73] Die Villa am Weßlinger See, obschon während der Englandzeit vermietet, hat sich als Groschengrab herausgestellt. Der Aufenthalt in London ist auch nicht billig, zumal ein Bentley gekauft und nach Deutschland überführt werden muß.

Ja, muß! Wenn dieser junge Mann eine Schwäche hat, ist es seine Lust an besonderen Autos. Bald schon nähert er sich einer Einkommensgröße, die ihm ermöglicht, den Kult um die Limousinen nahezu ohne Begrenzung auszuleben. Doch schon jetzt greift er zielsicher in den Olymp der Karossen.

»Ich hab einen gebrauchten Bentley gesehen«, gesteht er seinem Freund Antonio, »knapp zehntausend Pfund bloß, ein Bentley, das ist geschenkt!« Als sie das Gefährt bei einem Londoner Händler begutachten, gesteht Thomas, daß er es bereits gekauft hat. Man setzt sich hinein, fühlt sich königlich. Ja, das ist es! Damit durch München gleiten!

Die beiden beschließen, die edle Limousine über den Kanal zu bringen und damit nach Deutschland zu fahren. Die französischen Zöllner in Calais sind voller Bewunderung, auch wenn die zwei langhaarigen, leger gekleideten Gestalten nicht zu dem Gefährt passen. Doch die Pässe sind in Ordnung, und nur um der Routine zu gehorchen, fragt einer der Beamten, ob die jungen Männer etwas zu verzollen hätten, nein?, na dann gute Fahrt – und der Wagen, der sei ja wirklich *beautiful, très chic.*

»Ja«, lacht Thomas, »finde ich auch. Deshalb habe ich ihn ja auch gestern in London gekauft!«

So arglos heiter sagt er das! Und versteht überhaupt nicht, wieso der Franzose das Auto mit einem Mal nicht mehr *très chic* findet, sondern nach den Fahrzeugpapieren fragt. »Papiere?« fragt Thomas zurück und sieht Antonio an. »Hast du Papiere?« Der duckt sich nur und ringt die Hände.

Der Zöllner weist sie höflich, aber bestimmt auf jene Straßenspur, die zurück zur Fähre nach Dover führt. So kommen die beiden Bentley-Fahrer zu einem weiteren Tag in London, nach welchem sie dann – diesmal im Besitz aller nötigen Dokumente, an die Thomas beim Kauf überhaupt nicht gedacht hatte – erneut von der Fähre in Calais rollen, problemlos die französische Grenze passieren und auf ihrer Fahrt nach München wiederum Belgien durchqueren wollen.

Antonio schwant, eingedenk des belgischen Abenteuers mit seinem schwarzen VW-Bus, nichts Gutes; doch was der belgische Zoll jetzt mit ihnen anstellt, gleicht einem Alptraum.

Der eklatante Widerspruch zwischen dem Wagen und der äußeren Erscheinung seiner Insassen läßt im Kopf der Zöllner eine Warnleuchte angehen. Sie schließen aus der Kombination lange Haare–Lederjacke–Turnschuhe–Bentley messerscharf auf Drogenhandel und lassen ihre Schäferhunde in den Wagen.

Thomas verzweifelt – Schäferhunde auf den Ledersitzen seines Bentley! Vergeblich versucht er, den Zöllnern klarzumachen, wer er ist. Sie kennen ihn nicht. Er rennt zu einem Zeitschriftenkiosk und hofft, ein deutsches Magazin zu finden, in dem er abgebildet sein könnte, die Jugendzeitschrift *Bravo* zum Beispiel, jede Ausgabe enthält ein Bild von ihm ... Fehlanzeige, in Belgien keine *Bravo*.

Die Hunde zerkratzen zwar die Polster und sabbern auf den Teppichboden, erschnüffeln aber kein Stäubchen Kokain. Das kann gute Beamte nicht an der Erfüllung ihrer Pflicht hindern. Der Wagen wird aufgebockt und von unten inspiziert. Jetzt erst hätte Thomas wirklich Grund zu verzweifeln. Zusammen mit Antonio steht er neben den Zöllnern und blickt hinauf zum Fahrgestell seiner Luxuskarosse. So viel Rost hat er noch nie gesehen. Auch die Grenzer staunen. Sie lassen den Wagen vorsichtig wieder herunter, raten zu langsamer Fahrt und überlassen den Bentley seinem Besitzer. Der fragt sich bang, wie er seine edle Rostlaube durch den TÜV bringen soll.[74]

Es wird nicht sein letzter Bentley sein. Unter den zahllosen Wagen, die inzwischen als »früher mal von Gottschalk gefahren« ihren Wiederverkaufswert steigerten, liegen die Engländer vorn: Jaguar, Bentley, der handgefertigte Aston Martin und Rolls-Royce. Eine Neigung, die nicht unbedingt den neuesten Entwicklungen auf dem Kraftfahrtsektor folgt, aber jenen Glanz von Spleen hat, der den Fahrer heraushebt aus der Masse der Bewegung. Was macht es da, daß die Nobelsten nicht immer auch am zuverlässigsten fahren. *Wenn* sie fuhren, ließen sie den Fußgänger am Straßenrand staunen.

In München konnte man in den frühen achtziger Jahren ziemlich sicher sein, daß in einem extrem auffälligen Straßenkreuzer Thomas Gottschalk am Steuer saß. Legendär ist sein fliederfarbener Chevrolet Monte Carlo, der so lang war, daß er in einigen Schwabinger Gassen nicht um die Kurve kam. Ein liebevoll gepflegtes Fahrzeug, das leider sehr blessiert wurde, als der Bruder es sich einmal ausgeliehen hatte.

Christoph wollte nach bestandenem juristischen Staatsexamen mit seiner Freundin – und späteren Frau – Regina ein paar Tage in Urlaub fahren. »Nimm ihn dir«, sagt Thomas, »aber versprich mir: nicht nach Italien!« Was tut Christoph? Fährt nach Italien, wo nachts in San Gimignano die Scheiben des Chevy eingeschlagen werden. Unter anderen Gegenständen fehlt auch das große amerikanische Autoradio. Hätte Thomas doch dem Bruder nur Theas Wagen geliehen, einen in Weßling gut bekannten gelben 2CV! Auf die Kofferraumklappe der Ente war liebevoll der See gemalt, der vor der Haustür lag.

Seinen Bentley wird Thomas in Weßling bewegen wie ein kostbares Pferd. Manchmal sieht man ihn auf der A96 nach München gleiten, glücklich, weil es ein Stück England ist, in dem er sitzt. Ein Stück guter Erinnerung. Denn nach dem Jahr in London wird ihm die englische Lebensart noch mehr ans Herz gewachsen sein. Gewiß, er kritisiert manches und behauptet: »Ich mußte aus London fort. Über kurz oder lang wäre ich an der Themse entweder pleite gewesen – London ist die dritteuerste Stadt der Welt –, oder ich wäre an grünen Erbsen erstickt.«[75] Dann wieder schwärmt er vom Lebenstil, von der lässigen Art, Kultur zu konsumieren, von der Lebendigkeit der Medien und sogar von den Verkäufern: »In London, wo ich unbekannt bin, hatte ich mit meinem Freizeitaufzug auch in noblen Geschäften nie Schwierigkeiten. Da rupfte eine Verkäuferin im feinen Harvey Nichols mir fünf Minuten vor Ladenschluß noch einen Anzug von der Schaufensterpuppe, und im überlaufenen Selfridges ließ mich ein umlagerter Tabakverkäufer seelenruhig an zwanzig Pröbchen schnuppern. Wer sich immer noch in Reih und Glied aufstellt, um auf den Bus zu warten, gerät halt auch sonst nicht so schnell in Panik.«[76]

Die englischen Medien, von denen er im Jahr zuvor noch begeistert war, sieht er nun nüchtern: »Das Unterhaltungsangebot ist eher schlichten Gemütern gewidmet. Neben der Schonkost für weiche Birnen gibt es allerdings auch jede Menge harte Information. Ein deutscher Politiker würde englischen Interviewern sofort einen Prozeß wegen Majestätsbeleidigung an den Hals hängen.«[77] Und die Summe des Inseljahres? »Der Unterschied zieht sich durch alles. Weiß der Teufel, woran's liegt, die Engländer sehen alles nicht so eng. Und vor allem: Sie nehmen sich selbst nicht zu ernst.« [78]

Nach seiner Rückkehr wartet neben noch größeren Fernsehaufgaben und noch alberneren Filmprojekten auch der Rundfunk wieder auf ihn: »Mit Gottschalk gegen die Privatsender«[79], lautet die Schlagzeile, unter der eine vier Stunden lange Magazinschiene im BR angekündigt wird. Die Protagonisten: Thomas Gottschalk und als Redaktionsleiter sein Vorgesetzter: Günther Jauch.

Dieses Team wird in die Geschichte des Bayerischen Rundfunks eingehen. Zunächst wegen des Erfolges, zum andern wegen des ziemlich spektakulären Ausscheidens der beiden aus dem Sender im Jahr 1989. Bis dahin schenken sie den Hörern vier Jahre lang, mit kurzen Unterbrechungen, ein Radioprogramm, das nicht nur bei jungen Fans Kultstatus erwirbt. Der Bayerische Rundfunk kann sich mit Gottschalk und Jauch gegen die massiv aufkommende Konkurrenz privater Sender glänzend behaupten.

14 *Ich habe einen großen Papierkorb*

Seit Ende der Siebziger steuerte die BRD medienpolitisch in ein gewolltes Chaos. Während die allgemeine Diskussion über Sinn und Nutzen oder Unsinn und Schaden des Fernsehens die Akademien und Feuilletons beschäftigte und der amerikanische Werbemanager Jerry Mander mit seinem Buch *Schafft das Fernsehen ab!*[80] einen Beststeller gegen das Leben aus zweiter Hand landete, bereitete die Politik sich auf den privat betriebenen Rundfunk vor, ohne daß dies bei den jeweiligen Maßnahmen immer schon erkennbar war.

Da wird im einen Bundesland das Rundfunkgesetz geändert, um Parteien vorsorglich mehr Einfluß zu verschaffen, im anderen ein Staatsvertrag mit einem ARD-Sender schon mal versuchsweise gekündigt. In Bayern kommt es gar zu einem »Volksbegehren Rundfunkfreiheit«, in dem sich nahezu alle Kräfte bündeln, die nicht der CSU nahestehen. Einige Ministerpräsidenten kungeln kommende Kabelprojekte aus, ein Bundespostminister schwadroniert von »flächendeckender Verkabelung« – und muß es wissen, war er doch bis kurz vor seiner Ernennung selbst beteiligt an einer Gesellschaft für Kabelkommunikation. Dieser Minister heißt – nomen est omen – Schwarz-Schilling und gehört zum Kabinett Kohl. Der wiederum verspricht damals schon »blühende Landschaften«, Medienlandschaften nämlich, »neue Wachstumsmöglichkeiten« und »neuen Auftrieb« für die Meinungsvielfalt.[81] Die Länder, die für die Rundfunkgesetze zuständig sind, will er zu einem »Dialog über die Medienordnung der Zukunft« zusammenführen, was denen aber, da der Bund hier überhaupt nichts zu sagen hat, egal ist.

So wurschtelt jeder vor sich hin, heraus kommen zusammengeschusterte Verfügungen und Gesetze, die ob ihrer Schlampigkeit oder politischen Instrumentalisierung nicht selten vor dem Bundesverfassungsgericht landen und nicht standhalten.

Kurz gesagt: die Republik schlitterte ins private Fernsehen und den privaten Rundfunk nach der schwäbischen Methode »Schau mer mal«. Frühzeitig hatten die großen Mediengruppen das Geschäft erkannt, Holtzbrinck und Springer, Bertelsmann und WAZ, dazu die Herren Burda und Kirch – sie alle brachten ihr Schäfchen ins trockene, und meist war der Pferch auf politisch gut vorbereitetem Terrain angesiedelt. Selbstverständlich gab es keine Korruption, sie war gar nicht nötig.

Daß ARD und ZDF in solcher Lage nervös wurden, ist verständlich. Das öffentlich-rechtliche Rundfunksystem war in eine Lage gedrängt worden, in der mancher Politiker die Intendanten für erpreßbar hielt und meinte, als Gegenleistung für mehr Einfluß auf das Programm ein bißchen weniger Lizenzen für Privatanbieter versprechen zu können. Die Mitarbeiter der Sender hatten alle Hände voll zu tun, ihren Intendanten das Rückgrat zu stärken oder ein solches durch Druck von unten zu erzeugen. Allen war klar: es mußten Konzessionen an den Publikumsgeschmack gemacht werden. Das Monopol war unrettbar verloren. Der einzige Vorteil daran war, daß mehr Phantasie, mehr Kreativität benötigt wurden, um sich zu behaupten. Keiner stellte sich damals vor, wohin der Wettstreit ums niedrigste Niveau in den zwei Jahrzehnten seither führen würde. Kassandra-Rufe verhallten bald, Warner galten als Spielverderber.

In München treten seit dem 29. Mai 1985 elf Privatradios auf drei Wellenlängen gegen den BR an. Meist ohne die nötige journalistische Qualität, aber mit flotter Musik, viel Geplapper, Telefonaten, Lokalnachrichten und ausnahmslos jungen Mannschaften. Und alle mit dem Ziel, dem öffentlich-rechtlichen Sender im Bereich Unterhaltung Hörer abspenstig zu machen.

Der BR ist vorbereitet und hält vom 7. Oktober an mit seiner

»B 3 Radio-Show« dagegen. Das Live-Konzept ist einfach: neunzig Minuten lang Thomas, seine Sprüche, seine Platten, seine Gäste; anschließend die neu entdeckte Moderatorin Hannelore Fischer mit einer Stunde Service und dann neunzig Minuten Günther Jauch mit seinem journalistisch gemachten Show-Teil, den man heute Infotainment nennen würde; vielleicht war ihm seinerzeit seine Begabung als Showmaster noch gar nicht bewußt.

Der in Münster geborene und in Berlin aufgewachsene Jauch, sechs Jahre jünger als Gottschalk, hatte die Münchner Journalistenschule und ein Jurastudium absolviert, zuvor schon beim RIAS Berlin im Sportfunk gearbeitet und 1977 seinen Wohnsitz nach München verlegt. Zunächst in der Sportredaktion des BR, dann beim Zeitfunk als Redakteur angestellt, wurde er Hörfunkkorrespondent des BR in Bonn, arbeitete im »Morgentelegramm« und als Moderator der »Rundschau«. Von Thomas, der hinter dem seriösen Journalisten das Talk-Talent witterte, war er überredet worden, sich mehr der Unterhaltung zuzuwenden. Die Eignung dafür hatte er im Fernsehen als Reporter in der Sendung »Rätselflug« bewiesen: In einem Studio saß ein Rateteam, das ihn auf die Spur setzte, und zwar kreuz und quer durch die Welt. Nach einer verschlüsselt gestellten Aufgabe mußte das Team herausbekommen, was gesucht war, und Jauch zur Fundstelle lenken. Er flog und lief da durch die Weltgeschichte, bis er nach Anweisung das Gesuchte fand. Eine Art exotische Schnitzeljagd, die ihm ermöglichte, weit herumzukommen.

Sein größter Wunsch aber war, als Korrespondent nach London gesandt zu werden. Der BR hatte ihm diesen Posten bereits zugesagt, ihn aber dann doch mit Bonn getröstet. Nun war ihm der Londoner Posten ein zweites Mal in Aussicht gestellt worden – wenn er zuvor zwei Jahre die »Radio-Show« redaktionell betreuen und in ihrem journalistischen Teil moderieren würde. Wieder verließ er sich auf die Zusage, weil er sich nicht vorstellen konnte, ein zweites Mal abgespeist zu werden.

Eine für damalige Verhältnisse erstaunlich starke Ankündigungswelle in den Münchner Zeitungen hatte die neue Sendestruktur des BR begleitet; entsprechend groß war der Erwartungsdruck. Sogar Thomas war ein bißchen nervös.

Als er zehn Minuten vor Beginn im Studio auftaucht, seine Schallplatten unterm Arm, stellt er fest: er hat seine Erkennungsmelodie und seine Jingles vergessen. Er rast zurück in die Redaktion und kommt mit den Themabändern gerade noch rechtzeitig zu Sendungsbeginn, um ins Mikrophon zu sagen: »1955 trifft in Friedland der erste Zug mit Spätheimkehrern ein, und am siebenten Oktober 1985 startet die erste B3 Radio-Show.«[82] Während ein Poptitel von Queen erklingt, darf man nachdenken, was Thomas gemeint haben könnte. Ist die Show für ihn so etwas wie Befreiung? Will er Geschichte machen wie seinerzeit Adenauer mit seinem Moskaubesuch zur Befreiung der Kriegsgefangenen? Ist sein Einsatz für den BR die Heimkehr des verlorenen Sohnes? Bevor wir zu einer Lösung des Rätsels kommen, ist schon der erste Gast zugeschaltet: die Frau des Bundeskanzlers, Hannelore Kohl.

Gottschalk: »Können Sie eigentlich noch mit einer Einkaufstüte in den Supermarkt gehen?«

Kohl: »Ja, das kommt schon vor.«

Gottschalk: »Wieviel kostet ein Pfund Butter?«

Kohl: »Zwei Mark fünfzig.«

Gottschalk: »Frau Kohl, das war kein Quiz, aber Sie haben trotzdem gewonnen.«[83]

Ende des Gesprächs. Musik. Der nächste Gast: der »Lachende Vagabund« Fred Bertelmann. Sein sechzigster Geburtstag wird im Studio mit einer Flasche Sekt gefeiert, die der Jubilar auf dem Regiepult umstößt, und beinahe wäre die Sendung damit zu Ende gewesen.

»Die Münchner Sender werden nach der Anzahl ihrer Hörer benannt: Radio Gong 2000, Radio 89 und ... B3«[84] – als Thomas den eigenen Sender scheinbar klein redet, ist er sich des Erfolgs längst gewiß. »B3 Radio Show, so wertvoll wie ein kleines

Steak«[85], parodiert er einen Werbespruch, weil während seiner Sendung über zweihundert begeisterte Hörer angerufen haben.

Zum Feiern der Premiere bleibt nicht viel Zeit. Vom Funkhaus geht es direkt zum Flugzeug nach Berlin, wo man seinen Auftritt in der ZDF-Show *Der Große Preis* erwartet.

Der Erfolg der »Radio-Show« ist heute kaum mehr vorstellbar. Sie wurde quer durch die Generationen, die Bildungsschichten, die Berufsgruppen gehört. Die Eingangssprüche kursieren noch heute: »Am Montag ist der Papi blau, drum hört die Mami Radio-Schau.« – »Ist das Wetter heiß und stickig, wird der Moderator zickig.« – »Hat der Bauer kalte Ohren, hat er seinen Hut verloren.« Natürlich ging es auch hier nicht ohne die zu erwartenden Entgleisungen ab, so, wenn Thomas den Musiktitel »These Times are Hard for Lovers« einer älteren Hörerin widmet, mit der Begründung: »In diesem Alter ist die Liebe wirklich hart.«[86]

Der flapsige Ton war nicht fürs Publikum aufgesetzt, er herrschte auch im Redaktionszimmer 406. Teilte die Sekretärin mit: »Du kriegst heute die Hopfenkönigin ans Telefon«, konterte Thomas: »Hopfen wir das Beste!« Kam Jauch mit der Nachricht: »Wir haben dir für morgen den Genscher besorgt«, fragte Thomas zurück: »Wozu?«, und Jauch darauf: »Weiß ich auch nicht. Aber im Auswärtigen Amt wird er mit höchster Priorität gehandelt.«[87]

Wie früher bereitete Thomas sich kaum auf seine Sendung vor. Ein paar Zeitungsmeldungen genügten. »Da hat eine Frau in ihrem Garten eine Schlange gefunden, die rufen wir an, ob es nicht doch bloß der Gartenschlauch war.« Prominente, die in München abgestiegen waren, wurden in ihren Hotelzimmern angerufen. Schließlich inszenierte er, jeweils am Donnerstag, seine unvergeßlichen *Dallas*-Nachmittage. Die deutschen Synchronsprecher der Fernsehserie *Dallas*, mit denen Hörer sofort die »echten« Figuren assoziierten, waren ständig bei ihm am Telefon. Hatte es abends in der Serienfolge eine familiäre Tragödie gegeben, schon hatte Gottschalk tags darauf in seiner Show die Stimme der verzweifelten Miss Ellie am Hörer und diskutierte mit ihr die Lage der Ewing-Sippe. Er hielt Trost für die betrogene Sue Ellen bereit und nahm den Bösewicht J. R. ins Gebet. Und als der alte Jock Ewing – der Schauspieler Jim Davis war plötzlich verstorben – laut Drehbuch angeblich im Dschungel verschollen war, verkündete Thomas, er habe »ihn aufgespürt«, worauf sich der deutsche Sprecher von Jock Ewing mit der Auskunft am Telefon meldete, er sei wohlauf, aber von der Ranch geflohen und untergetaucht, weil er die miserablen Kochkünste seiner Frau, Miss Ellie, einfach nicht mehr ausgehalten habe. So wurde der Fernsehscheinwelt eine Radioscheinwelt übergestülpt. Thomas liebte das.

Ebensogern legte er sich mit Polizisten an, die Strafmandate verteilt hatten. Dafür erfand er – nach der Fernsehkrimiserie *Der Alte*, dessen Titelfigur Köster hieß – die »Erwin-Köster-Gedächtnis-Medaille«, und wer sie öffentlich erhielt, war dadurch ganz und gar nicht geehrt. Später schritt er zur öffentlichen Zerstörung eines Strafzettels, zum Mißfallen des Justizministers.

Seine sprachlichen Schnellschüsse waren berüchtigt. Da hatte er beispielsweise drei Straßenmusikanten, eine Frau, zwei Männer, ins Studio geholt, die in der Münchner Fußgängerzone auftraten und nachts in Fußgängerunterführungen schliefen, alle drei in einem Schlafsack. Nein, antwortete die Dame Thomas, auch im Schlafsack gehe es anständig zu. Da wunderte sich der Moderator und folgerte: »Wie das Sprichwort sagt – wo man singt, da laß dich ruhig nieder, gute Männer haben keine Glieder.«

Was Thomas an Tiefgang vermissen ließ, glich Günther Jauch aus, was dem an Leichtigkeit fehlte, zauberte Thomas ins Mikrophon, dazwischen Hansi Fischer, die gleichfalls schlagfertig war, ein halbes Jahr später jedoch an eine andere Stelle des B3-Programms rückte und dem Duo Gottschalk/Jauch die Show überließ.

Die Übergangsplaudereien zwischen beiden, wenn Thomas seine zwei Sendestunden hinter sich und Günther die seinen vor sich hatte, erwarben Kultstatus. Es waren improvisierte Slapsticks, auf die kurz vor vier Uhr nachmittags über eine Million Hörer warteten. Da trafen zwei Naturtalente und Funkprofis aufeinander, die vom Temperament her unterschiedlicher kaum sein konnten, sich aber große Sympathie, ja Freundschaft entgegenbrachten und einander nichts übelnahmen.

Je heftiger und listiger der eine den andern in den Begrüßungsgesprächen auf den Arm nahm, um so vergnüglicher entwickelte sich der Dialog. Üblich war, daß Jauch, kaum hatte er das Studio betreten, sich über die Kleidung von Thomas aufregte, worauf der ihm seine mangelnde Kenntnis der Rock- und Popszene vorhielt. Anschließend machten sie sich gemeinsam über Hörerbriefe her, wobei der eine jeweils die kritischen Kommentare gegen den anderen vorlas, die eigenen Lobeshymnen nicht vergaß und so die Eitelkeiten des Gewerbes ironisierte.

Günther spielte dabei den etwas weltfremd Gebildeten, Thomas den Lebenstänzer, Jauch konnte wunderbar grantig sein, Gottschalk frivol, eine Konstellation wie aus dem Märchen *Die Grille und die Ameise*. Ob ehemalige Lehrer angerufen oder eingesandte Liedaufnahmen von minderbegabten Sängerinnen vorgespielt wurden, ob beide auf der Spur des Namens Jauch über den Irrweg der »Jauche« schließlich wortgeschichtlich korrekt zum Mittelhochdeutschen »gucgouch«, also Kuckuck, gelangten, was auch Dummkopf meinen konnte – immer liefen die Sketche ab, als seien sie raffiniert geplant worden. Dabei handelte es sich um akustisches Spontantheater, wie es nur im Radio möglich ist.

Jede Niederschrift der Dialoge ließe die Situationskomik vermissen. Die Stimmen gehören dazu, die Verstellung und scheinbare Naivität, die abgebrochenen oder absterbenden Sätze, die Manier, den andern nie ausreden zu lassen, die Versprecher, der hörbare Wille, keinen Satz ganz ernst zu nehmen.

Auf der Internetseite des Bayerischen Rundfunks werden die akustischen Links, in denen Thomas und Günther ihre Späße treiben, bis heute am häufigsten angeklickt. Sie haben nicht nur ihre nostalgische Gemeinde, sie haben auch nach zwanzig Jahren ihr junges Publikum.

So also konnte Radio sein, jenseits der biederen Wunschkonzerte und bierernsten Verkehrsinformationen. Und weit entfernt von der kichernden Höreranmache, die mittlerweile als unterhaltsam gilt. »Nie wieder«, wird der *Spiegel* später schreiben, »fiel den Öffentlich-Rechtlichen eine solche Antwort auf den Privatfunk ein.«[88]

Daß die »B 3 Radio-Show« zum Zugpferd für das ganze Programm Bayern 3 geworden war, hinderte die bekannten Gegner im Sender nicht, ihr Mißfallen intern und außerhalb zu bekunden. Der für die B 3-Redaktion zuständige Josef Othmar Zöller, dessen Sendung »Gute Fahrt« von der »Radio-Show« verdrängt worden war, wiederholte seine alte Klage: »Der Thommy quatscht einfach zu viel – so, wie ich das beurteile, wollen viele Hörer am Wochenende Urlaubsstimmung im Radio!«[89] Eine alte Seilschaft sprang dem Nörgler bei: Unter der *Bild*-Schlagzeile »Thommys Radio-Show gefährdet Autofahrer« ließen sich Innenministerium, Polizei und ADAC in Zöllers Sinne vernehmen: »Der Sicherheitsgewinn auf den Straßen darf nicht durch verringerte Verkehrsinformationen aufs Spiel gesetzt werden.«[90]

Da waren sie wieder, die Meckerer von eh und je. Aber Gottschalk spielte längst in einer anderen Liga, das ZDF hatte ihn größer gemacht, als er zu Zeiten von »Pop nach acht« war; entsprechend souverän konterte er:

> Es kann mir keiner erzählen, daß Bayern 3 vorher besser war. Wir hatten hier das spießigste Programm. Es interessiert doch Frau Müller in Weiden und Herrn Meyer in Würzburg mehr, wenn wir im Studio Maria Schell und Atze Brauner, Howard Carpendale und dann Boris Becker am Telefon haben als Professor Max Danner mit seinem 85. Crash-Test oder die Celsiusgrade im Warmbad von Garmisch. Ich kann Herrn Zöller ja verstehen. Sein Lebenswerk war das Tatütatütatüta. Vielleicht bekommt er jetzt nicht mehr die Flasche Schnaps von der Bergwacht und eine Nadel weniger vom ADAC. Aber Taubenauflaßzeiten und Pegelstände sind was für Leute, die im Auto hinten ihren Gamsbart mit Hut liegen haben.[91]

Damit hatte er mitten ins Schwarze getroffen. Nachweislich ist seine Art, Radio zu machen, erfolgreicher. Wenn er Exwirtschaftsminister Otto Graf Lambsdorff mit einem Vertreter des Einzelhandels über die Ladenschlußzeiten streiten läßt, rufen in einer halben Stunde 13 000 Hörer an. Die Show bekommt zehnmal so viel Post wie zuvor die ganze Serviceredaktion. Die Einschaltquote pendelt sich bei 1,2 Millionen ein. Läßt er Schüler zu Wort kommen, die sich über Verweise öffentlich beschweren, hat er mehr als die Hälfte der bayerischen Schuljugend am Empfänger. Sein Abschiedsspruch macht die Runde durchs Bayernland: »Und morgen wieder die Radio-Show mit Günther und Thommy, die doppelte Nullösung!«[92]

Gelegentlich wird er böse und politisch: Als die Bundeswehr ihr dreißigjähriges Bestehen mit einem »Freudenschießen« feiert, kommentiert er, daß da nicht allein »unser Bundeskanzler, ein positiver Mensch« angesichts der Jagdbombergeschwader herzlich gelacht habe, auch »mein Sohn, der drei ist, hat immer fröhlich bumbum gejubelt«.[93]

Freunde macht er sich damit im Dritten Programm nicht unbedingt. Noch hält der frisch ernannte Hörfunkdirektor Udo Reiter zu ihm. Aber er schafft, strategisch nicht ungeschickt, ein Gegengewicht, indem er einen bis dato Unbekannten, den dreißigjährigen Claus-Erich B., als Abteilungsleiter für leichte Musik installiert.

Den befähigt zwar nach eigenem Bekunden keine musikalische Qualifikation zu diesem Posten, aber er attestiert sich selbst einen Sinn für »Musik, die melodisch, rhythmisch und flott ist, was zum Mitsummen halt«[94]. Es wäre auch ganz unnötig, des weiteren von dem Protegé der oberen Etagen zu sprechen, hätte er nicht binnen kurzem ein umfassendes Musikregime im Sinne seiner Deutschfreundlichkeit errichtet und sich dabei auf sein Schlagergefühl verlassen: »Man kann ein Gespür entwickeln für das, was die Leute wollen.«[95]

Sein Gespür richtet sich fortan nicht nur gegen englische Popmusik, sondern gegen alles, was kritisch klingt: von Konstantin

Wecker bis zu Rio Reiser, von Herbert Grönemeyer über Udo Lindenberg bis zu Herman van Veen.[96] Noch wagt er sich nicht an die Musiklisten von Thomas. Aber der Rest von Bayern 3 fällt den Flippers und der »Sonne von Barbados« anheim, dem Siegertitel der ZDF-Hitparade.

Lang gediente und hochqualifizierte Musikredakteure wie Jürgen Herrmann protestieren vergeblich, der Hauptabteilungsleiter Unterhaltung, Helmut Kirchammer, sieht sich über Herrn B. »im Dissens« mit Programmdirektor Reiter. Hörer beschweren sich. Es kracht so richtig im Gefüge des BR.

Dabei geht es keineswegs nur um Musikgeschmack, sondern um die Anpassung des Programms an konservative Mehrheiten. Auch das zweite Programm des Senders mit den Wort- und Kulturschwerpunkten wird auf Linie gebracht. Im dritten ist die »Radio-Show« nicht kompatibel mit dem Bayern der CSU. Sie erhöht den politischen Druck auf den Sender.

Und wo ist Gottschalk? Er macht Ferien in Kalifornien, meldet sich aber von dort mit unverblümten Worten:

> Da fährst du nichtsahnend in Disneyland Achterbahn, und hier tobt schon wieder mal der Kleinkrieg. Einerseits gibt es wirklich wichtigere Dinge, über die es sich aufzuregen lohnt, als die Musik von Bayern 3. Zum andern leben nun mal viele Zeitgenossen gerne rund um die Uhr mit dem Sound of Music. Das Problem ist nur: der Opa will Vicky, die Mutti will Nicki, der Papa will Mick, und das Kind liegt völlig quer, denn es will Wham. Daß da keine Freude aufkommt, ist doch wohl klar. Da braucht's nun wirklich keinen Gottschalk, der wieder mal die Schnauze aufreißt. Langsam hab ich nämlich selbige gestrichen voll. Mir kann's ja Wurscht sein. Die Platten, die ich hören will, hab ich daheim, in der Radioshow redet mir keiner dazwischen. Warum also mach ich mich dauernd unbeliebt? Keiner gibt mir was dafür, und es macht auch keinen Spaß, als ewig maulender Alt-Teenie dazustehen, der dauernd englische Neger-

> musik spielen möchte und hart arbeitenden Menschen ihr bißchen Nicki nicht gönnt. Wo doch außerdem Bayern 3 ein Autofahrersender ist, und zudem weiß jeder, daß man bei aggressiver Musik gern in den Graben fährt.[97]

»Wichtigere Dinge, über die sich aufzuregen lohnt«, gibt es 1986 wahrlich genug.

Es ist das Jahr der atomaren Katastrophe von Tschernobyl. Das Jahr, in dem der schwedische Ministerpräsident Olof Palme ermordet wird. Ein Jahr tiefer Verunsicherung der Menschen, wir lernen die Strahlungsmaßeinheiten Becquerel und Rem, Sievert und Curie kennen, aber keine offizielle Stelle sagt, wieviel wovon lebensgefährlich ist. Statt dessen wird das Volk mit Stellungnahmen wie der folgenden abgespeist; sie stammt vom Sprecher der Bundesregierung, Norbert Schäfer: »Ich habe am Mittwoch von der akuten Gefahr gesprochen, so wie ich auch heute davon gesprochen habe. Mir war aber auch zu diesem Zeitpunkt nicht bekannt, daß diese Entwicklung, die mit dem, was ich gesagt habe, zunächst nichts zu tun hat, daß diese Entwicklung anstand oder möglich gewesen ist. Sonst hätte ich das hinzugefügt.«[98]

Ein kabarettreifer Text. Man war seinerzeit schon froh, im Rundfunk wenigstens ab und an ein kritisches Wort oder ein kritisches Lied zu hören, das der eigenen hilflosen Wut über die durchsichtige Abwieglerei und die Bevormundung durch die Ämter Ausdruck gab.

In diesen Monaten machte sich eine bayerisch-mundartliche Musikgruppe verdient, die sich Biermösl-Blosn nennt und traditionelle Volksmusik ebenso perfekt beherrscht wie die bitterböse Satire auf Gesellschaft und Politik. Daß die drei Brüder mit Namen Well gegen die Atomlobby ansangen, verstand sich von selbst.

Als ihre Lieder nach und nach aus den Programmen des BR verschwanden, war klar, welche Direktive dahinterstand: Entfernung von Kritik aus dem Bereich der Unterhaltung.

Das galt ebenso für das Münchner Kabarett Lach- und Schieß-Gesellschaft mit Dieter Hildebrandt, dessen Satiresendung »Scheibenwischer« vom BR zum SFB nach Berlin emigrierte und dann in der ganzen ARD mit Ausnahme Bayerns empfangen werden konnte. Der BR hatte seinen Zuschauern eine geistige Sperrstunde verordnet. Thomas, wegen der Funkausstellung gerade in Berlin, zitierte daraufhin im Radio Bayern 3, was am Abend zuvor auf der Kabarettbühne gesagt worden war. »Wir tragen hier alle rote Schlipse. Dürft ihr das noch?«

Hinter dem »Kleinkrieg« um die Musik im Hörfunk stand letztlich ein politischer Richtungsstreit: B. hatte den Auftrag, das »gesunde Volksempfinden« zu repräsentieren, und tat das mit allem Eifer. Gottschalk wollte Mainstream sein. Selten konnte man so deutlich sehen, daß diese beiden Haltungen nicht dasselbe meinen. Die erste ist eine Bevormundung, die zweite eine Form von Ergebenheit. Das gesunde Volksempfinden gibt es nämlich nur in der Vorstellung derer, die davon reden, und den Mainstream gibt es tatsächlich. Mainstream ist eine Form von Gefallsucht, von Menschenfreundlichkeit; die Berufung auf gesundes Volksempfinden ist eine Art, Menschen zu verachten.

Was seinerzeit in den Medien, vornehmlich den öffentlich-rechtlichen in Bayern, stattfand, war ein gehässiger Richtungsstreit. Etliche Journalisten wurden dabei kaltgestellt. Andere kochten ihr parteipolitisches Süppchen. Bezeichnenderweise aber blubberten an der Oberfläche so scheinbar unbedeutende Streitblasen wie die um die beste Musik.

Erstaunlich war, daß auch die Printmedien auf das Theater hereinfielen und ausführlicher über die Geschmäcker der jeweiligen Unterhalter berichteten als über den Hintergrund, wo die Strippenzieher einen neuen Rundfunk ohne Hofnarren und unbotmäßige Redakteure entwarfen. Gottschalk nahm, zumindest nach außen, den Richtungsstreit als ästhetische Herausforderung an. Ihren politischen Teil erkannte er nicht oder verschwieg er. Er läßt sich nicht gern zu politischen Bekenntnissen hinreißen.

Wer aufmerksam beobachtete, mußte wissen, daß die Entwicklung im Sender ein Vorbeben war: In der CSU hatte der Kampf um die Nachfolge von Franz Josef Strauß begonnen, und es galt, den Einfluß auf den BR abzusichern. Kritiker des Hörfunkdirektors Reiter sprachen von dessen »Zentralverriegelung mit der Nymphenburger Straße«, dem Parteisitz der CSU[99], ehemalige 68er davon, daß die CSU ihnen den »Marsch durch die Institutionen« nachmache.

Um Ruhe in die rundfunkinternen Auseinandersetzungen zu bringen, schlug Thomas eine gleichsam friderizianische Lösung vor: Jeder solle nach seiner Fasson selig werden. Man teile die verschiedenen Geschmäcker auf die verschiedenen Programme des BR auf, dann könne vom Opa bis zum Enkel jeder seine Welle finden. Er sei übrigens auch bereit, den Sender zu verlassen, wenn man ihm vorschreiben wolle, in seiner Show Lieder wie »Wegen dir« von Schlagersternchen Nicki zu spielen. Als Grund gab er die deutsche Grammatik an: »Der Titel ist falsch, es muß heißen: Deinetwegen.«[100]

Wieder einmal bewährt sich seine Methode, mit Rückzug zu drohen. Udo Reiter will ihn auf jeden Fall halten und stärkt dafür seine Position gegenüber Claus-Erich B. Allerdings ist keine Position frei, folglich wird eine neue Funktion geschaffen: »Koordinator der Welle Bayern 3«.

Ein pompöser Titel, der nicht zu Thomas paßt. »Keiner wußte, was das eigentlich war.«[101] Aber der Ernannte nimmt an, erhält BR-Visitenkarten mit der neuen Würde und beeilt sich, öffentlich zu erklären, dadurch werde Abteilungsleiter B. nicht entmachtet, nur erleichtert.[102] Listiger kann man es kaum sagen. Die *Süddeutsche Zeitung* verleiht ihm den Titel *spontifex maximus*.[103]

Der Frieden ist von kurzer Dauer. In einer großen Telefonumfrage, die mit TED gemessen wird, will der BR auf Anregung von Thomas die musikalischen Vorlieben seiner Hörer klären. Das Ergebnis ist ein überwältigender Sieg für die »Radio-Show«. »Die Hörer wollen's rockiger« titelt die Boulevardpresse.[104]

B. bezweifelt das Ergebnis, wird trotz seiner Niederlage nach oben katapultiert und als kommender Hauptabteilungsleiter Unterhaltung ins Gespräch gebracht. Er bemüht sich öffentlich um den Anschein der Kooperation mit Thomas. Doch der hat jetzt die Machtfrage verstanden: Nicht immer rettet Publikumserfolg vor den Absprachen in Hinterzimmern.

Irgendwann in jenen aufreibenden Monaten begreift er auch die aktuelle Rolle der Rundfunkratsmehrheit und definiert das Gremium live vor dem Mikrophon: »Gestern war ich in einer spannenden Sitzung. Im Rundfunkrat des Bayerischen Rundfunks. Ich kann euch sagen: das ist eine Mischung aus Elferrat und Zentralkomitee.«

Daß die inzwischen zum Funkhausklassiker avancierte Äußerung in das wachsende Gottschalk-Dossier des Prälaten Henrich wandert, versteht sich von selbst. Die despektierliche Zuordnung des ehrwürdigen Gremiums in die Gefilde von Karneval und Sowjet löst innerhalb des BR, vor allem in den Chefetagen, ein sardonisches Gelächter aus. Fast zwei Jahrzehnte später bekennt Udo Reiter:

> Das war glänzend! Ich mußte ja immer zu den Sitzungen. Und eines Tages sah ich ihn dort und dachte mir schon: Um Gottes willen, das wird was werden. Und dann am nächsten Tag schalte ich die Sendung ein, da ging's schon los … Eine Mischung aus Zentralkomitee und Elferrat! Die beste Charakterisierung, die man überhaupt finden kann! Aber dann! Bei der nächsten Sitzung im Rundfunkrat nahm Prälat Henrich von der Katholischen Akademie das Wort: ›Vor Beginn und Eintritt in die Tagesordnung hätte ich eine Frage, Herr Hörfunkdirektor. Ist das jetzt üblich, daß freie Mitarbeiter in öffentlichen Sendungen die gewählten Gremien des Hauses diffamieren und diskreditieren dürfen?‹ Dann sagten Frau Dr. Mösler und ich: ›Sehen Sie, das ist wie bei Hofe, der Narr durfte auch ein paar Wahrheiten sagen, ohne daß man ihn deswegen gleich gehängt hat.‹ Und wir sahen sie da sitzen, mit verbissenen Gesichtern. Sie empfanden ihn als Pfahl im Fleisch![105]

Wenn Reiter das, längst selbst Intendant und damit auf einen Rundfunkrat angewiesen, erzählt, lacht er spitzbübisch. Damals mußte er abmahnen, nach außen laut, intern eher sanft. »Ich habe ihn oft im Rundfunkrat verteidigen müssen. Er hat sich nie verbiegen lassen. Heutzutage wären all die Anlässe keine Aufregung wert. Aber damals waren das alles Verstöße gegen die Weltordnung.«[106]

Der Hörfunkdirektor wollte sich den Erfolgsmoderator unbedingt erhalten und zugleich den kollektiv beleidigten Rundfunkrat besänftigen. Die Vorstellung, man könne Gottschalk so haben, wie er nun mal ist, und gleichzeitig mittels eines Vorgesetzten wie B., im Haus auch Schnulzenbeau tituliert, in Schach halten, war verwegen. Zumal mit Günther Jauch ein zweiter aufmüpfiger Kopf ins Programm gekommen war, der beim Publikum gut ankam, dem aber, weil er politisch dachte, die Personalpolitik im Sender noch stärker mißfiel als seinem Partner Gottschalk.

Das Zwillingsgestirn, das dem Dritten Programm des BR *starlight* verlieh, konnte es damals bereits mit jedem Konkurrenten aufnehmen: Thomas war zum ZDF-Showmaster für »Wetten, daß..?« aufgestiegen, und Günther Jauch – längst im Bayerischen Fernsehen mit seiner Jugendsendung »Live aus dem Alabama« ein Publikumsliebling – folgte nach; die Mainzer holten auch ihn.

Im Juli 1987 machte der Programmdirektor des ZDF seinen Coup öffentlich: »Nach Thomas Gottschalk ist Günther Jauch die zweite Entdeckung dieser Jahre, und ich bin stolz, daß sie beide für das ZDF arbeiten.«[107] Derselbe Redakteur wie für Thomas würde auch die neue Jauch-Show schneidern und betreuen: Holm Dressler. »Na siehste!« sollte sie heißen und mehr Talkshow, weniger Zirkus als »Na sowas!« sein.

Aber noch gibt es die tägliche »Radio-Show«, und beide Stars halten an dem Motto fest: reden für Bayern, lächeln für Mainz. Im Oktober verordnet Thomas sich eine Pause und plant, die Wintermonate bis zum März in Los Angeles zu verbringen. Abstand von den Querelen im BR, Ausspannen in der Sonne von Kalifornien; all das würde ihm und seiner Familie guttun.

Jauch plädiert gleichfalls für eine Unterbrechung der täglichen Rundfunkshow. Die Privatradios in München jubeln. Endlich ist das Quotengespann mal stumm.

In LA macht eine deutsche Journalistin – die aus Niederbayern stammende und damals schon seit Jahren in Hollywood lebende Frances Schoenberger – Thea und Thomas mit einigen bedeutenden Figuren aus Film und Fernsehen bekannt.

Auf den Einladungen im Haus Schoenberger, meist Sonntagvormittag gegen elf Uhr, trafen sich so illustre Gäste wie Wolfgang Petersen und Roland Emmerich, das Ehepaar Prochnow, Bernd Eichinger und Söhnke Wortmann mit Hollywoods amerikanischer Prominenz. Frances Schoenberger war zu »Herz und Seele der deutschen Gemeinschaft in LA« geworden, wie Freunde sie nannten. Sie schrieb vorwiegend für den *Stern* über die Welt des Films und seine Protagonisten, kannte in Hollywood Gott und die Welt und machte gern Menschen miteinander bekannt.

Zu Thomas wuchs eine herzliche Freundschaft, die wiederum ihm den Eintritt in die Gesellschaft von LA erleichterte. Der Mann, dem in Deutschland die Leute in Scharen nachliefen, war in der Traumfabrik nahezu unbekannt. Für Frances war er »wie ein großer Bruder«[108]. Sie half ihm, sich zurechtzufinden, er half ihr, wenn sie beispielsweise die deutsche Gemeinschaft zum Weihnachtsfest einlud. Da ließ sich Thomas dann vernehmen: »Es begab sich aber zu der Zeit, daß ein Gesetz von Kaiser Augustus ausging, daß alle Welt…« wie in seiner Jugendzeit in Kulmbach.

Im Haus Schoenberger lernt er den Produzenten Bred Krevoy kennen, dem es gelingt, den Regisseur Jon Turteltaub für Thomas zu interessieren. Der wird ihm 1990 eine kleine Nebenrolle in *Highway Chaoten* und im Jahr darauf eine Hauptrolle in

Trabbi goes to Hollywood geben. Beide Streifen landen in den deutschen Charts auf den hinteren Rängen und müssen sich trotz heftiger Werbung mit etwas über hunderttausend Zuschauern begnügen. Für einen Mann, der im Fernsehen zwischen fünfzehn und zwanzig Millionen fesseln kann, eine herbe Enttäuschung. Aber noch ist es nicht soweit, noch lächelt er nur von den Plakaten deutscher Kinoproduktionen.

Nach der Rückkehr aus LA hält jeder Kompromiß zwischen Thomas und dem um ein Jahr jüngeren B., mittlerweile installierter Hauptabteilungsleiter für Unterhaltung, immer nur für kurze Zeit. Udo Reiter gibt im nachhinein zu: »Ja, da war eine ganz starke Rivalität!«[109] Für die war er selbst in nicht geringem Maß mitverantwortlich.

Der spätere Bruch zwischen Gottschalk und seinem Haussender war programmiert, seit der Rundfunkrat den aufmüpfigen Jungstar ins Visier genommen hatte, also etwa seit 1980. Gottschalk war selbst keineswegs unschuldig daran, provozierte bei jeder sich bietenden Gelegenheit und vermittelte der Öffentlichkeit das Gefühl, unantastbar zu sein. Inzwischen war er mit drei Bambis ausgezeichnet worden, hatte den Telestar und die Goldene Kamera erhalten. Er war Pfeifenraucher des Jahres 1985 und schlechtest angezogener Mann 1986 geworden und hatte sich für die Verleihung der Kulmbacher Stadtmedaille mit dem Bekenntnis bedankt: »Kulmbach hat einen tiefen Platz in meinem Herzen.«

Finanziell war er durch einige Blödelfilme und seinen 1988 für drei Jahre abgeschlossenen Werbevertrag mit der Klops-Kette *McDonald's* endgültig unabhängig geworden: 1,5 Millionen Mark standen ihm fürs öffentliche Reinbeißen zu. Dafür hätte er im BR fast zehn Jahre Sendungen machen müssen. Pro »Radio-Show« erhielt er ein Honorar von sechshundert Mark, aber wenn er sich zu Jubelfesten von Unternehmen, und sei's auch der Jahresempfang der Sauerkonservenhersteller, als Conférencier einladen ließ, gab es Abendgagen um die 12000. Seit 1987 verdiente er als

»Wetten, daß..?«-Moderator im ZDF pro Show 25000 Mark.[110] Wie sollte da der BR mithalten?

Der konnte nur mit Sendestunden locken. Mit der Freiheit, die zur Lust vor dem Mikrophon gehörte. Doch ebendiese Freiheit war offensichtlich bedroht. Der »Liebling der Großmütter und der Teenager«, wie ihn die *F.A.Z.* titulierte, spielte darum im BR lieber die Rolle, die ihm der *Spiegel* zugeschrieben hatte: den »Provo«.[111] Zumal mit Günther Jauch im Team machte das Böse-Buben-Spiel doppelt Spaß, und bei einem derart inkompetenten Gegner wie dem unaufhaltsam aufsteigenden B. fiel es auch allzu leicht. So lange jedenfalls, bis einer aus dem Gespann stolperte.

Als Jauch die grundgesetzlich garantierte Meinungsfreiheit allzu wörtlich nahm und sich – zugleich mit seiner Ankündigung, seinen BR-Redakteursvertrag wenige Monate vor Erreichen der Pensionsberechtigung kündigen zu wollen – mit satirischem Vergnügen öffentlich über die Personalpolitik im BR im allgemeinen und die Person des Hauptabteilungsleiters Unterhaltung im besonderen äußerte und dabei auch ein paar unbequeme politische Wahrheiten nicht unterschlug, platzte dem Intendanten Reinhold Vöth die Geduld. Er feuerte ihn. Beziehungsweise, er ließ feuern. Udo Reiter unterschrieb den Kündigungsbrief, in dem es hieß:

»Ich empfinde Ihr Verhalten als grobe Illoyalität und möchte Sie daher bitten, Ihren ohnehin geplanten Abschied vom Bayerischen Rundfunk nun sofort zu nehmen. Sie wissen, daß der Bayerische Rundfunk immer bemüht war, Ihnen optimale Arbeitsbedingungen einzuräumen und Ihren Wünschen, soweit es irgend möglich war, entgegenzukommen. Nachdem Sie auf dieser Basis über Bayern hinaus Karriere gemacht haben, hätten Sie es eigentlich nicht nötig gehabt, sich bei Ihrem alten Arbeitgeber mit einem Fußtritt zu verabschieden.«[112]

Bei Thomas hätten alle Warnleuchten flackern müssen. Doch nichts konnte ihm den »ewigen Sonntag im Gemüte« verderben, zumal er wieder einmal in Kalifornien weilte und mit einem Hauskauf beschäftigt war.

Er stellte sich zwar an die Seite seines Freundes, rechtfertigte aber sein eigenes Verbleiben im Sender als »Altersstarrsinn«:

»In diesem Dschungel aus Lobbyisten, Parteifunktionären und Vereinsmeiern, die von modernem Unterhaltungsradio keine Ahnung haben, müssen nun ein Intendant und ein Programmdirektor umherirren, die aus lauter Angst vor den Giftpfeilen aus allen Richtungen die weiße Fahne der Kapitulation aufrecht, aber gut sichtbar vor sich hertragen. Klar, daß es da Indianer wie wir nicht leicht haben.«[113]

Im Klartext hieß das: Die Spitze des BR kuscht vor der CSU. Das konnte so wahr sein wir nur etwas, es wäre dennoch oder deswegen ein Grund gewesen, auch Thomas hinauszuwerfen.

Das besorgte er selbst. Womöglich tat er es in aller Unschuld, ohne überhaupt zu wissen, wo die Belastungsgrenze des öffentlich-rechtlichen Systems lag. Es ging dabei nicht mehr um Musik. Es ging um Sex.

In einer »Wetten, daß..?«-Sendung aus dem Olympiaeisstadion in Innsbruck am 13. Mai 1989, in der als Gast eine seinerzeit bekannte »Sexpertin« aufgetreten war, hatte Gottschalk sich nach Verlust der persönlichen Saalwette verpflichtet, in seiner »Radio-Show« im BR Sexberatung anzubieten. Damit verquickte er den Fernseh- mit dem Radio-Gottschalk und versetzte die Chefetage sowie etliche Rundfunkräte in Alarm.

Galt der Vorgang an sich schon als ungeheuerlich, weil Thomas im ZDF über den Sendeinhalt einer ARD-Anstalt entschieden hatte und der BR ihm, ohne sich als hoffnungslos verspießerte Institution bloßzustellen, die Einlösung der Wettstrafe nicht untersagen konnte, so war die Vorstellung, seine zu erwartenden Sexsprüche über das ganze Erzbistum München und Freising aussenden zu lassen, schlicht unerträglich. Man zog die Notbremse.

Keine Live-Sendung, entschied Udo Reiter. Das jedoch war einer Rundfunkrätin und Bayreuther CSU-Abgeordneten namens Fischer nicht genug der Vorsicht. Dem Moderator müsse ein Fachberater zur Seite gesetzt werden. Gesagt, getan. Rund hundert Anrufer kamen durch. Thomas stellte den Fachmann an seiner Seite als »Sexrat« vor und resümierte anderntags in seiner *Bild*-Kolumne:

»Vielleicht sollten wir Männer zu Hause öfter mal nachfragen, ob denn was anliegt. Man hat ja immer so ein bißchen Bammel, daß da plötzlich der Vulkan ausbricht. Aber ich sage Ihnen, das ist im Notfall immer noch besser, als daß sie sich woanders ausweint. Ich meine: Bei mir ist sie sicher, denn ich bin Kumpel. Aber meine Beratungstätigkeit war einmalig.«[114]

Die aufgezeichnete Sendung, ordentlich zusammengeschnitten, wurde nachts zwischen zehn und elf Uhr ausgestrahlt und machte denn auch keinerlei Skandal. Der Sexplauderer schon.

Ihn stach am nächsten Tag der Hafer. Nun wieder live, ulkte er nachmittags über den Sender: »Lieber ein Sexrat als viele Rundfunkräte…«

Damit schwoll das Dossier, das Prälat Henrich angelegt hatte, zu gewaltiger Fülle an. Und der Aktensammler drohte, bald werde er es »auf den Tisch legen«.[115]

Intendant und Programmdirektor versuchten zu beruhigen: dem Missetäter sei eine Abmahnung erteilt, eine »scharfe Mißbilligung per Post« zugestellt worden, man werde derartigen »Mikrophonmißbrauch in eigener Sache in keinem Fall mehr« akzeptieren; und dergleichen mehr. Es war wohl nichts als Theaterdonner.

Dem Verlangen der Rundfunkrätin Fischer, sie wolle den Wortlaut der »scharfen Mißbilligung« nachlesen, wurde nicht stattgegeben. Udo Reiter meint heute, der Brief könne nicht sonderlich scharf gewesen sein; die Spitze des Hauses habe schließlich nach beiden Seiten als Bittsteller auftreten müssen. Wie also lautete der Text?

Er ist, falls es ihn überhaupt gab, unauffindbar. Der Vorgang bleibt rätselhaft: In der Personalakte Gottschalk findet sich laut Auskunft der Intendanz des Bayerischen Rundfunks kein solches Schreiben. Auch in den Akten der Hörfunkdirektion sucht man vergebens. In Gottschalks archivierter Korrespondenz liegt ebenfalls kein Abmahnungsbrief. Alles spricht dafür, daß Reiter und Intendant Vöth sich darauf einigten, den Vorgang still zu den Akten zu legen. Thomas hat die »scharfe Mißbilligung« nie erhalten. Doch schon auf die öffentliche Ankündigung hin ließ sich der Gemaßregelte aus dem Urlaub im sonnigen Los Angeles vernehmen:

»Sollen sie mich ermahnen und abmahnen, solange sie wollen, Ich habe einen großen Papierkorb. Rausschmeißen kann mich nur das Publikum. Und bevor ich dem auf den Wecker gehe, merke ich es hoffentlich selbst.«[116]

Damit hatte er die Richtlinienkompetenz an den Souverän, das Volk, zurückgespielt. Ein gezieltes Mißverständnis von Demokratie in den Medien. Er hatte den Rubikon überschritten.

Als erster meldete sich sein Dauerkritiker und stellvertretender Programmdirektor Josef Othmar Zöller: »Ich habe nicht viel Verständnis für die Gaudianarchie.« Das hatte auch niemand erwartet. Udo Reiter tauchte in Urlaub ab. Sogar Prälat Henrich hielt sich zurück und ließ verlautbaren, er sei »nicht bereit, seinen Urlaub zu unterbrechen, um das Pressesommerloch zu füllen«. Und B. beeilte sich, freundlich zu wirken: »Ich mag den Thomas, ich schätze ihn sehr und freue mich, daß er da ist.«[117] Das glaubte ihm keiner. Der amtierende Vorsitzende des Rundfunkrates, Paul Rieger, sprach aus, was viele seiner Kollegen meinten: »Bei allem Sinn für flotte Sprüche, das geht zu weit.« Man werde bei der nächsten Sitzung im September die Frage nach der weiteren »gedeihlichen Zusammenarbeit« stellen müssen.[118]

Die stellte dann aber der Mann mit dem großen Papierkorb. Und er beantwortete sie auch gleich. »Ich habe aufgegeben, den BR noch in irgendeiner Form zu retten, weil der nicht mehr zu retten ist. Wir müssen uns ja auch damit abfinden, daß in Bayern eben mehr Leute Nicki-Fans sind und, sagen wir, weniger Fans von den Rolling Stones. Es gibt mehr Spießer in Bayern, und die haben ihren Claus-Erich B. verdient.«[119]

Am zwanzigsten September 1989 melden Zeitungen, daß Thomas Ende des Jahres dem BR adieu sagen wird. In denselben

Meldungen steht zu lesen, er werde in einem Jahr die Werbung für McDonald's beenden. Zugleich werde er im Privatsender RTL eine eigene Wochenshow erhalten, Arbeitstitel »Thommy's«.

Der Programmdirektor von RTL, Helmut Thoma, verkündet: »Mit Thomas Gottschalk, der Nummer eins unter den Moderatoren, haben wir eine neue Stufe in Sachen Unterhaltung gezündet.«[120]

Der Mann redet gern in Bildern. Seine Programmvorstellung, oft genug geäußert, ist einfach: »Der Wurm muß dem Fisch schmecken, nicht dem Angler!«[121] Thomas der Wurm, das Publikum ein fetter Karpfen, Helmut Thoma der Angler.

Der Abschied vom Rundfunk fällt nicht leicht. Nach wie vor ist Radio Gottschalks Leidenschaft und wird es bleiben. Aber unter den Bedingungen von Ängstlichkeit und Inkompetenz läßt sich seine Vorstellung von Rundfunk nicht verwirklichen. Ein fast zehn Jahre langer Kampf zwischen Redaktionsbeamten und Enfant terrible ist zu Ende. Zugleich hatte Thomas sämtliche Trümpfe in der Hand; er war zum Entertainer in der erfolgreichsten Fernsehshow Europas aufgestiegen: »Wetten, daß..?«

Nach dem Abschlußfest für »Na sowas!«, 1987 – wo er in einem Fesselballon einschwebt, im Raubtierkäfig mit sieben Löwen den Dompteur mimt und mehr Angst wegen seiner Katzenhaarallergie hat als vor den Reißzähnen –, stand auch für die Medienkritik fest, daß er das Zeug hatte, den mehrheitsfähigen Frank Elstner zu beerben.

Wie kam es überhaupt dazu? Um das zu erzählen, müssen wir noch einmal zurückblicken vom Jahr der Funkstille, 1989, ins Jahr 1986, in dem eines schönen Sonntags Anfang Dezember Gottschalks Anwalt Peter Schmalisch zu Hause den Anruf seines Mandanten erhält, er möge bitte, so schnell es geht, ins Hotel Vier Jahreszeiten kommen.

15

Wetten, daß..?

Als Dr. Peter Schmalisch die Suite im Hotel Vier Jahreszeiten betrat, fand er dort drei Herren vor. Den Unterhaltungschef des ZDF, Wolfgang Penk, den beliebtesten Unterhalter des deutschen Fernsehens, Frank Elstner, und den Mann, den die deutsche Yellow-Press zu »Deutschlands Charme-Prinz« erkoren hatte: seinen Klienten Thomas Gottschalk.

Die Unterhaltung hatte etwas von einem Comicstrip und lief etwa so ab:

Penk zu Elstner: »Es bleibt dabei, Sie hören auf?«

Elstner: »Ja, 35mal ›Wetten, daß..?‹ ist genug.«

Penk zu Gottschalk: »Würdest du »Wetten, daß..?«

Gottschalk zu seinen Schuhspitzen: »Kann ich mir vorstellen.«

Penk zu Gottschalk: »Vorstellen oder machen?«

Gottschalk zu Penk: »Machen.«

Elstner zu Gottschalk: »Wie besprochen.«

Penk zu Schmalisch: »Den Vertrag?«

Schmalisch zu Penk: »Wir werden uns bestimmt einigen.«

Penk zu Gottschalk: »Also abgemacht.«

Das Gespräch enthielt ein bißchen mehr Konversation – aber im wesentlichen lief es so wortkarg ab – wenn man der Erinnerung zweier Beteiligter vertraut.

In der ersten Dezemberwoche 1986 hatte Elstner bei Gottschalk angerufen und ihn gefragt, ob er sein Nachfolger bei der ZDF-Show »Wetten, daß..?« werden wolle. Thomas hatte zwei Tage nachgedacht, dann zugesagt. Wie immer hatte ihm sein Selbstvertrauen im entscheidenden Augenblick den nötigen Mut verliehen. Manchmal erstaunt ihn die eigene Fähigkeit, Aufgaben zu übernehmen, ohne genau zu wissen, wie er sie erfüllen soll.

Mehrfach waren schon Situationen aufgetaucht, in denen er etwas zugesagt und sich nachher erst gefragt hatte: Kann ich das eigentlich? So war es auch vor der »Radio-Show« gewesen. Am Ende eines Urlaubs auf Gran Canaria hatte er seine Frau eines Abends gefragt: »Ich muß von Montag an zwei Stunden Programm machen und hab eigentlich keine Ahnung, was ich da tun soll.« Und Thea hatte geantwortet: »Dir fällt immer was ein, keine Sorge.«

Natürlich hatte sie recht. Auch zu Hause spielte er ja ständig den Unterhalter, brachte den kleinen Sohn und sie zum Lachen, hellte mit seinen selbstironischen Clownerien ihre Stimmung auf – sie ist nicht mit dem gleichen sonnigen Gemüt ausgestattet wie er. Manchmal rief er von unterwegs an, nannte einen fremden Namen, verstellte seine Stimme, sagte, er sei ein großer Produzent und müsse unbedingt diesen »hervorragenden Gottschalk« sprechen; lobte sich selbst vor der Gattin über den grünen Klee; rief dann ein zweites Mal an und löste den Spaß auf. Er spielte gern den Harlekin mit dessen Befugnissen zur Frechheit gegenüber der Obrigkeit.

Doch gelegentlich erschrak er auch vor Versprechungen, die er gemacht hatte. Er warf sich den Ball immer weit voraus und rannte dann, um ihn aufzufangen.

Die Übernahme einer Samstagabendshow freilich, deren bisheriger Moderator von Sympathiewellen des Publikums getragen war und sich diesem Publikum durch Jahre vertraut gemacht hatte, erforderte ein weit stärkeres Selbstvertrauen als alle bisherigen Berufsentscheidungen. Zumal der Vorgänger ein ganz anderer Typ von Entertainer war als er.

Elstner, bis 1982 Programmdirektor bei Radio Luxemburg, war formvollendet, freundlich, höflich, respektabel. Der Moderator des Mittelstandes und der mittleren Jahrgänge, eher des Mediums freundlicher Angestellter als dessen Clown. Thomas sollte die Jugend dazuholen, seine Schnelligkeit, seine flapsigen Frechheiten sollten die erfolgreiche Show vom heiter-besinnlichen zum vergnüglich-spannenden Ereignis verwandeln.

Zweimal war er schon in Elstners »Wetten, daß..?« aufgetreten, als Wettpate am 6. Februar 1983 in Augsburg und 1985, als er eine Außenwette im Berliner Olympiastadion kommentierte, bei der zwei Männer versuchten, einander über eine Distanz von sechzig Metern Weintrauben in den Mund zu werfen. Die Schauspielerin Maria Schell hatte als Wettpatin für den Fall, daß die Traubenwerfer versagten, angekündigt, mit dem Gast Placido Domingo ein Duett singen zu wollen. Thomas in Berlin, nachdem die dritte Weinbeere danebengegangen war: »Oh, wir haben ein Flugzeuggeräusch überm Stadion. Das ist Placido Domingo auf der Flucht!« Maria Schell fand das nicht ganz so komisch wie das Publikum, das juchzte und applaudierte, während Elstner den Beifall zu mäßigen versuchte.

Zwei Jahre später hatte er sich eine Pause verordnet. Es war allerdings kein vollständiger Abschied, denn er verdient mit seiner Luxemburger Produktionsfirma bei jeder »Wetten, daß..?«-Folge mit – als Erfinder und Lizenzinhaber der meisten Show-Versatzstücke. Die Frage, was geworden wäre, wenn Elstner weitergemacht hätte, führt zu interessanten Vermutungen. Seit langem war bekannt, daß im ZDF eine Show für Gottschalk im Entstehen war. Nach dem erfolgreichen »Na sowas!« wurde in der Redaktion von Holm Dressler ein neues Format konstruiert, das ganz auf die Fähigkeiten von Thomas zugeschnitten sein sollte: leichte, schnelle Unterhaltung, aber ohne die Monstrositätenparade, die »Na sowas!« über weite Strecken beherrscht hatte.

Zugleich hatte man Günther Jauch verpflichtet und auch für ihn nach »So ein Zoff!« die neue Dramaturgie von »Na siehste!« kreiert, die seinen Talkmasterqualitäten und seinen journalistischen Fähigkeiten mehr entsprach. Das bedeutete, Elstner sah sich im ZDF zwei neuen, jungen Showtalenten gegenüber, die beide über eine ihm fehlende Spontaneität verfügten, bereits ähnlich professionell waren wie er und gut mit Menschen umgehen konnten.

Seine vom Publikum hochgeschätzte Anständigkeit, die ihm – noch war das Privatfernsehen keine Konkurrenz – durchschnittlich zwanzig Millionen Zuschauer brachte, würde nun zum ersten Mal im selben Sender einer unbedenklichen Jugendlichkeit standhalten müssen, über die er nicht verfügte, die er sich auch nicht erspielen konnte. Es nützte ihm nichts, daß man von ihm jederzeit einen Gebrauchtwagen kaufen würde. Für die Unterhaltung galten jetzt andere Maßstäbe.

Zugleich wurde er von privaten Fernsehproduzenten angefragt, möglicherweise aber nicht konkret genug, um gegenüber dem ZDF Forderungen stellen zu können. Von Krisengesprächen wurde berichtet, von lautem Streit zwischen Unterhaltungschef Penk und ihm. Die Vermutung, daß Elstner sich von den Jungen nicht ergänzt, sondern bedrängt fühlte, ist nicht abwegig. Was, wenn ein neues Gottschalk-Show-Format an seine »Wetten, daß..?«-Erfolgsquoten heranreichen würde? Würde man sich Zuschauerquoten teilen müssen? Gewiß war es in jeder Hinsicht klüger, die Show als strahlender Sieger abzugeben, als mit ihr gegen die Bewegung der Zeit zu kämpfen. Daß er damit Gottschalk auf Jahre hinaus zum Liebling der Nation machen würde, hat er gewiß nicht geahnt.

Am 13. Dezember 1986, zehn Tage nach der Besprechung im Münchener Hotel Vier Jahreszeiten, begann Elstner seine »Wetten, daß...?«-Show mit einer Rede ans Volk:

»Ich möchte über die Sendereihe ›Wetten, daß..?‹ etwas sagen. Erstens werde ich ›Wetten, daß..?‹ noch dreimal machen, und zweitens will ich zeigen, daß diese Show nicht an eine Person gebunden ist. Es freut mich ganz besonders, daß das ZDF diese Reihe weiterlaufen läßt. ›Wetten, daß..?‹ wird ab Herbst 1987 mit einem neuen Spielleiter über die Bühne gehen: mit Thomas Gottschalk!«[122]

Sensationell war das nicht mehr; die Presse hatte die wesentlichen Fakten bereits gemeldet. Interessant war die Inszenierung: Thomas, in silbergrauem Anzug aus der Kulisse tretend, Elstner ihn präsentierend, eine rituelle Einführung, Elstner der Meister, Gottschalk der Lehrling. Das Ganze bei den beiden Profis von erstaunlicher Zaghaftigkeit, ja Scheu. Was sie da taten, war Nachklang eines alten Ablösungsrituals, dessen Zeremoniell verlorengangen war: Der neue König war gezeigt, das Abtreten des alten eingeläutet worden.

Der zog ein Resümee seiner Herrschaft: »Ich habe sechs Jahre lang durch die Reihe ›Montagsmaler‹ geführt. Darauf pausierte ich eineinhalb Jahre. Dann kam ich mit ›Wetten, daß..?‹ wieder. Das sind nun auch sechs Jahre. Nun kommt also erneut meine 18-Monats-Pause. Anschließend komme ich mit ... Aber das verrate ich nicht.«[123]

Es war die buchhalterische Ankündigung, die man sich von ihm erwartet hatte: genau, umständlich, liebenswert, aber ohne Esprit. Man konnte sich vorstellen, wie Thomas das gemacht hätte – oder machen wird, wenn es soweit ist. Vermutlich würde er sagen: Also, das war's, es war schön, auch ich brauche mal eine Pause, erholt euch gut von mir, aber keine Sorge, ihr werdet mich nicht los, ich komme wieder, womit und wo, weiß die Presse wahrscheinlich früher als ich, Servus!

Wann das sein wird, ist nicht absehbar. Gewiß ist nur: Er hat im Frühjahr 2004 seine hundertste »Wetten, daß..?«-Sendung moderiert. Die erste – zu der Elstner ihm telegraphisch Glück gewünscht hatte: »39 Sendungen haben mir Glück gebracht, ich wünsche Dir 40!«[124] – ging am 26. September 1987 in der Freiheitshalle in Hof über die Bühne, also in heimatlichen Gefilden des Moderators. Wer befürchtete, er werde das erprobte Konzept Elstners umkrempeln, war zuvor von Gottschalk öffentlich beruhigt worden: »Ich bin weiß Gott nicht der Michael Kohlhaas der Fernsehunterhaltung. Ich bin ein angepaßtes Kerlchen. Wenn ich mit Turnschuhen komme, dann sind die verhältnismäßig neu. Ich mache auch meinen Diener, wenn eine ältere Dame auftritt. Ich bin keiner, der am Samstagabend die Fernsehnation verschrecken möchte. Aber gewisse Verbiegungen mache ich nicht mit. Das allein ist hierzulande schon ein Risiko.«[125]

Er, der zwei Jahre zuvor noch geradezu panisch die Idee abgewehrt hatte, für die große Familienunterhaltung am Samstagabend ins Gespräch gebracht zu werden, dachte mittlerweile anders: »Das Fernsehpublikum schluckt inzwischen den Gottschalk pur.« Das war offensichtlich eine richtige Einschätzung: Zwei Stunden vor Beginn der ersten Sendung standen die Zuschauer in Hof vor den Saaltüren Schlange, allein 400 Gäste waren aus dem dreißig Kilometer entfernten Kulmbach angereist, auf dem Schwarzmarkt stieg der Preis der Eintrittskarten von regulär zwanzig auf über hundert Mark. Mehr als fünftausend Kartenanfragen waren eingegangen, darunter etliche aus Holland, der Schweiz und Österreich.

Mama Rutila saß ebenso im Publikum wie Gattin Thea, beide fieberten mit, Stargast Gunter Sachs hatte tatsächlich Fieber und krächzte, statt wie gewohnt im tiefen Baß zu brummen, fast zu spät eingeflogen wurden der Schauspieler Thomas Fritsch und der Fußballer Pierre Littbarski, Regisseur Alexander (Sascha) Arnz kam wegen Bodennebels in Stuttgart nicht rechtzeitig los und konnte gerade noch eine Durchlaufprobe beaufsichtigen, und am Ende der Sendung, als um 22 Uhr die Fernsehzuschauer den Wettkönig erstmals durch Anrufe per TED bestimmen konnten, brach das gesamte Telefonnetz der Bundesrepublik zusammen. Sieben Minuten lang ging nichts mehr zwischen Flensburg und Garmisch. Nur Bundesinnenminister Zimmermann war gerade noch mit seinem Gratulationsanruf durchgekommen.

Aufregung genug also. Der Held des Abends, in weinrotem Frackjäckchen, Glitzerweste, schwarzen Schlabberhosen und Cowboystiefeln, genoß die Ovationen des Publikums und prüfte die Mienen von Wolfgang Penk und Holm Dressler. Die beiden dachten bereits über Änderungen am Konzept nach. Künftig würden die prominenten Gäste nach dem Gespräch auf der Bühne bleiben und nicht gleich in die Kulisse verschwinden. Unzufrieden war niemand, im Gegenteil, 20,84 Millionen Zuschauer hatten die Sendung gesehen, das waren seinerzeit exakt fünfzig Prozent Einschaltquote.

Prominente äußerten sich begeistert. Der Freund Günther Jauch kommentierte als Sportreporter: »Auf Thomas' bodygebildeten Schultern wurde selbst Elstners Erblast zum Fliegengewicht.«[126] Der Star selbst, der sein Publikum fränkisch blödelnd begrüßt hatte – »Ja, grüß Gott, wie heißt eigentlich die Sendung, ach so, ›Wetten, daß..?‹, na wenigstens das hätte ich mir ja merken können« –, gab am Ende ein selbstkritisches Resümee ab: »Eine Sternstunde war es sicher nicht. Aber ich bin fürs erste Mal unterm Strich zufrieden. Ich war der Gottschalk, ich war kein angepaßter Suchender, der sich fragt, wie er das in den Griff kriegen soll.«[127]

In den Griff kriegen muß er einiges in jenen Jahren. Bereits 1984 hatten Thea und er nach einem neuen Heim Ausschau gehalten. Das bekannte Muster: die Weßlinger Villa war fertig eingerichtet, wohin nun mit der Phantasie? Nein, ganz so einfach war es nicht. Das Haus am See war inzwischen weithin als Wohnsitz der Gottschalks bekanntgeworden, und so fanden sich an Wochenenden Schulklassen und ganze Exkursionen von Fan-Gruppen auf der Uferpromenade ein und starrten auf die Fenster, in der Hoffnung, Einblick ins Privatleben nehmen zu können.

Da sich in unmittelbarer Nähe der Villa ein Café befindet, das mit einer reizenden Seeterrasse lockt, konnten die Bewunderer auch mal pausieren und sich stärken, um dann wieder Aufstellung vor dem Gebäude zu nehmen, in dem der Wunderknabe mit seiner Familie hauste.

Die schöne Idee von einst, aus der Haustür hinaus auf den Steg schwimmen gehen zu können, sie hatte sich in das Gefühl verwandelt, in den eigenen vier Wänden belagert zu sein. Von harmloser Schwärmerei bis zur Hoffnung, Thomas durch weibliche Formen zu verführen, gab es auf diesem Stück Uferweg bald alles zu sehen, was für den Normalbürger allenfalls komisch und ein wenig geschmacklos ist, für das Ziel der Begierde aber eine mehr als unangenehme Belästigung. Doch wohin ausweichen?

Nur wenige Kilometer westlich des Weßlinger Sees trifft man auf die Nordspitze des Ammersees, wo das Flüßchen Amper ihn verläßt und sich vor seinem weiteren Weg nach Fürstenfeldbruck in ein Naturschutzgebiet, das Ampermoos, verzweigt. Am östlichen Ufer der Seespitze liegt der Weiler Stegen, der zur Gemeinde Inning gehört.

Zwischen Inning und Stegen, auf halbem Weg zum See also, liegt in einem Grundstück von 25 000 Quadratmetern die sogenannte Basler-Villa, ein Bau aus der Wende vom neunzehnten zum zwanzigsten Jahrhundert, überragt von einem rechteckigen Turmaufsatz, aus dessen obersten Fenstern der See zu sehen ist. Dicht von hohen Eichen, Buchen, Tannen und Fichten umstellt, gab das Haus ein märchenhaftes, aber auch unheimliches Bild ab.

Das damals sehr heruntergekommene Gebäude wurde in den frühen achtziger Jahren von einer Wohngemeinschaft aus Bhagwan-Anhängern unauffällig bewohnt. Dann kam plötzlich das Gerücht auf, die Moon-Sekte wolle das Anwesen kaufen. Die Besitzer verlangten 1,8 Millionen Mark. Bald war klar, das Gerücht war nur ein Trick des Immobilienmaklers, um die Gemeinde, die kein gesteigertes Interesse am Zuzug der Sekte hatte, zum Kauf zu bewegen. Doch der Kämmerer sagte nein, die Villa verkam. 1984 war sie eigentlich unbewohnbar geworden. Zuvor hatte ihr düsterer Anblick ein Fernsehteam dazu bewogen, dort einen »Tatort« mit Götz George zu drehen: »Das Haus im Wald«.

Hier schien genügend Abstand von der Welt zu sein, um ein

unbedrängtes Privatleben zu führen. Der Preis war inzwischen um rund eine Million hinuntergegangen, die Renovierungskosten wurden auf mindestens eine halbe Million geschätzt. Thomas kaufte die, wie er sagte, Rattenburg. Anwalt Schmalisch mußte eine Hochseilfinanzierung zustande bringen. Nach Bezug des neuen Zuhauses gab Thomas, was er selten tut, über seine finanzielle Lage Auskunft: »Ich habe mir ein Wahnsinnshaus gekauft. Es geht über meine Verhältnisse, mit 25000 Quadratmeter Grundstück. Dafür zahl ich, bis ich 47 bin, jedes Jahr einen Haufen Geld. Trotzdem wäre es schön, wenn das Haus auch noch einen Wintergarten hätte.«

Um den anbauen zu können, schloß er weitere lukrative Filmverträge ab, gab allerdings zu: »Ich laß mich auch auf viel Scheiß ein. Ich kann nur schwer nein sagen und habe sogar einen Roman für *Bravo* geschrieben.« Im selben Interview mit dem *Stern* verteidigt er den Streifen *Zärtliche Chaoten*, in dem er mitgewirkt und dessen Drehbuch er verfaßt hatte. »Wenn man das Drehbuch, das ich in einer Woche gebastelt habe, originalgetreu umgesetzt hätte, wäre ein anderer, besserer Film dabei rausgekommen. Aber er ist auch so ein Erfolg, selbst wenn meine Mutter sich geschämt hat, zur Premiere mitzugehen.«[128] Dem künftigen Wintergarten jedenfalls wird der chaotisch-zärtliche Filmerfolg, dem auch noch eine Nummer zwei folgen wird, guttun – ansonsten wäre es barmherzig, über die haarsträubend unbeholfen gedrehte Kinoklamotte den Mantel des Schweigens zu breiten.

Der Hauskauf begann indes nicht nur mit Schulden, auch mit Ärger: die mit dem Makler vereinbarte Geheimhaltung hielt nicht. Der Kauf wurde – vermutlich, weil des Maklers Tochter redefreudig war – wenige Tage nach Vertragsunterzeichnung bereits in einer Münchner Zeitung gemeldet. Konsequent weigerte Gottschalk sich, die Maklerprovision zu entrichten. Es kam zum Prozeß, man schloß einen Vergleich, der neue Hausherr stimmte zu – »gegen mein Rechtsempfinden«[129].

Renovierung und Ausbau zogen sich hin, der Wintergarten, ein englisches Modell, wurde angefügt, ein Schwimmbad mit Fitneßraum unterirdisch errichtet, weil oberirdisch kein Baurecht auf dem Grundstück lag. Die Burg verwandelte sich nach Theas Entwürfen in ein romantisches und außergewöhnliches Zuhause. Die Wände des Eßzimmers waren à la Trompe-l'Œil von mittelalterlichen Landschaften mit Schlössern und Burgen pastellfarben verziert, das Schwimmbad zum Entzücken des dreijährigen Söhnchens Roman mit Szenen aus dem Fantasy-Buch *Dinotopia* ausgemalt.

An der Nordseite ließ Thomas auf einer Terrasse einen echten alten Zirkuswagen aufstellen, der dem Sohn als Spielzimmer diente, und an der Hauswand dahinter prangte bald ein vier Meter hohes Gemälde: die Familie en face in der Arena eines Zeltes, Thomas als Direktor mit Pferdepeitsche. Dazu allerlei Getier. Die Wandmalerei, nach Art von Zirkusplakaten ausgeführt, ziert das Haus, in dem seit 2001 Bruder Christoph mit seiner Familie wohnt, noch heute.

Zwei beeindruckende Hunde, ein Berner Sennenhund namens Tibor und ein noch größerer weißer irischer Schäferhund, der auf Conan hörte, hüteten das Grundstück. Später gab es eine zutrauliche Dogge namens Tornado und einen Neufundländer, der den Namen vom ersten gemeinsamen Hund der Gottschalks übertragen bekam, vom Chow-Chow Tarzan. Die Hunde mit den Heldennamen lebten außerhalb des Hauses, liefen überwiegend frei auf dem Grundstück herum, hatten aber auch komfortable Hütten in einem Gehege zur Verfügung. Sie hielten durch ihr Aussehen Fremde fern, waren aber, sobald sie glaubten, daß Freunde zu Besuch kamen, von gutmütiger Neugier.

Leider schreckten sie nicht alle ungebetenen Besucher ab. Mal zerschnitt jemand den östlichen Zaun an der Kreisstraße nach Stegen, um Fotos von Haus und Bewohnern machen zu können, mal drang jemand von der Seite, die zum See wies und wo das Grundstück in den verwilderten Hang der alten, seit Jahrzehnten stillgelegten Stegener Brauerei überging, zur Westseite des Hauses vor.

Die Hunde waren das einzige Hindernis, das die Journaille der untersten Kategorie davon abhalten konnte, mit Bildern von Thomas und seiner Familie Geld machen zu wollen. Vermutlich war das Paparazzitum auch der Grund, warum der weiße Schäferhund Conan eines Tages an Vergiftung starb; es genügte ja, tödliche Lockspeise über den Zaun zu werfen.

Immerhin war aber das Haus zwischen Inning und dem Ammersee weitaus besser vor zudringlichen Beobachtern geschützt, als es die Villa an der Uferpromenade des Weßlinger Sees gewesen war. Folglich vermittelte das neue Heim mehr Sicherheit und, zumindest für Thomas, die Gewißheit: »Das ist jetzt *my castle* für den Rest des Lebens.«[130]

Ob Thea derselben Ansicht war? Sie wußte besser, daß das Leben ständig im Wandel ist, weil die männlich-bequeme Seßhaftigkeit durch den weiblich-nomadisierenden Umräumdrang aufgehoben wird. Schon in ihrer Kindheit muß sie ein Faible für Raumgestaltung gehabt haben. Sie erinnert sich, daß sie ihre Eltern so lange nervte, bis die sämtliche Zimmer in anderen Farben strichen.

Inzwischen aber hatte sie, nach vorläufigem Abschluß der Ausstattung des Inninger Hauses, ein weiteres Projekt begonnen, das sie mehr zu fordern begann, als sie anfangs vermutet und beabsichtigt hatte.

Im Norden Schwabings, in der Franz-Joseph-Straße 44, hatte sie eine Boutique eröffnet – mit dem in mehrerlei Hinsicht interessanten Namen Camouflage. Dort verkaufte sie in großen weißen Plastiktüten mit dem Emblem eines schwarzen Drachen Damenkleidung nach eigenen Entwürfen, kaufte Mode ein und versuchte mit sehr viel Arbeit und Ehrgeiz, ihr Talent in eine eigene berufliche Existenz zu verwandeln.

Durchaus wohlwollend beobachtete die Presse diese Initiative – aber wie so üblich verlangten Journalisten, daß bei der Vorstellung der neuen Kollektion doch bitte auch Prominenz, sprich:

der Gatte Thomas, mit ins Bild treten solle. Begreiflich, daß Thea ebendies nicht wollte. Wer also ihr Geschäft unter der Telefonnummer 089 34 83 57 anrief, um Thomas zu sprechen, konnte durchaus rüde beschieden werden, daß dies nicht das »Büro Gottschalk«, sondern die Modeboutique Camouflage sei.

Kein leichtes Geschäft. Modemessen, Stoffeinkäufe, Diskussionen mit Produzenten und Lieferanten – und ein Markt, der von Männern dominiert wird. Dazu das schlechte Gewissen, den kleinen Sohn Roman oft Babysittern zu überlassen, auch wenn die junge Patrizia, die im Haus lebte, gleichsam zur Familie gehörte; sie war als Adoptivkind durch die Kirche von Indien nach Deutschland gebracht worden und in der priesterlichen Obhut von Johannes Seifert aufgewachsen. Trotz ihrer liebevollen Fürsorge litt Roman unter der häufigen Abwesenheit der Eltern. Thea sieht im Rückblick die Zeit anders als damals, und manchmal bedauert sie, daß Roman wegen der beiden Elternkarrieren zu häufig auf die Nähe von Vater und Mutter verzichten mußte.

Irgendwann war der Traum von der eigenen kreativen Existenz, vom eigenen Namen in der Haute Couture verblaßt, seine ursprüngliche Kraft verzehrt. Zumal der Gatte die autonomen Wege seiner Frau zwar in Ruhe, dennoch nicht ohne erhöhte Aufmerksamkeit beobachtete. Der Familienkapitän auf der Schiffsbrücke sah gleichsam seine Frau auf dem Vordeck ihre extravaganten Modeentwürfe vorführen und dafür durchaus von anderen Männern Komplimente einheimsen. Zur Eifersucht hatte er keinen Grund. Aber welchen Grund brauchen Kapitäne, um den Kurs zu wechseln? Es genügt, daß sie spüren, das Klima könnte sich ändern. Thomas beschloß, seine Familie in ein neues Lebensumfeld zu steuern.

In einer Interpretation der Eichendorff-Novelle *Aus dem Leben eines Taugenichts* heißt es von der Titelfigur: »Alles Zweideutige, Intrigierende, Berechnende oder Gemeine liegt gänzlich außerhalb seines Wesens.«[131] Denselben Satz können alle, die Thomas

Autogrammkarte »Na sowas!«, 1983

Erste »Wetten, daß..?«-Sendung am 26.9.1987 in Hof

Erstes Open-Air »Wetten, daß..?« am 29.6.1991 in Xanten

Open-Air »Wetten, daß..?« am 17.7.1999 auf Mallorca

»Wetten, daß..?« am 25.1.2003 in Böblingen

Mit Günther Jauch, 1985

Günther Jauch bei »Wetten, daß..?« am 17. 2. 2001 in Göttingen

© Dirk Hourticolon

Mit Reinhold Messner auf dem Ortler, Juli 1989

© ZDF/Carmen Sauerbrei

Antonio Geissler bei »Wetten, daß..?« am 6. 12. 2003 in Freiburg

© Thomas Gottschalk

Mit Arnold Schwarzenegger, 1993

Manfred Krug
bei »Wetten, daß..?«
am 9.12.2000
in Basel

Tony und Jill Curtis
bei »Wetten, daß..?«
am 17.2.2001
in Göttingen

Die drei Tenöre
bei »Wetten, daß..?«
am 9.12.2000
in Basel

Peter Maffay
bei »Wetten, daß..?«
am 17. 2. 2001
in Göttingen

Mit Hans-Dietrich
Genscher und
Bob Ewing
bei der Spendengala
»Ein Herz für Kinder«
am 14. 12. 2002
in Berlin

David Copperfield
bei »Wetten, daß..?«
am 17. 2. 2001
in Göttingen

Peter Falk (Columbo) bei »Wetten, daß..?« am 22.2.2003 in Berlin

Hugh Grant bei »Wetten, daß..?« am 25.1.2003 in Böblingen

Leonardo DiCaprio, Tom Hanks und Steven Spielberg bei »Wetten, daß..?« am 25.1.2003 in Böblingen

»Wetten, daß..?«-Pressekonferenz am 8.11.2002 in Düsseldorf

Mit einer Pappfigur Hans Joachim Kuhlenkampffs, 1987

Mit Mutter Rutila, 1996

Mit Bruder Christoph in München, 1988

Gegenüberliegende Seite: *Am 80. Geburtstag Mutter Rutilas mit den Geschwistern Christoph und Raphaela, 2001*

Beide Fotos: © Michael Fiala

In England, 1984

Das Haus der Gottschalks in Malibu, Kalifornien

Fotos dieser Seite: © Michael Fiala

Thea in ihrer Boutique Camouflage, München 1988

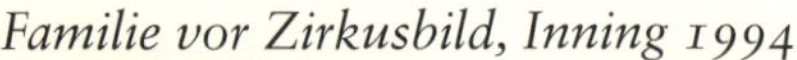

Familie vor Zirkusbild, Inning 1994

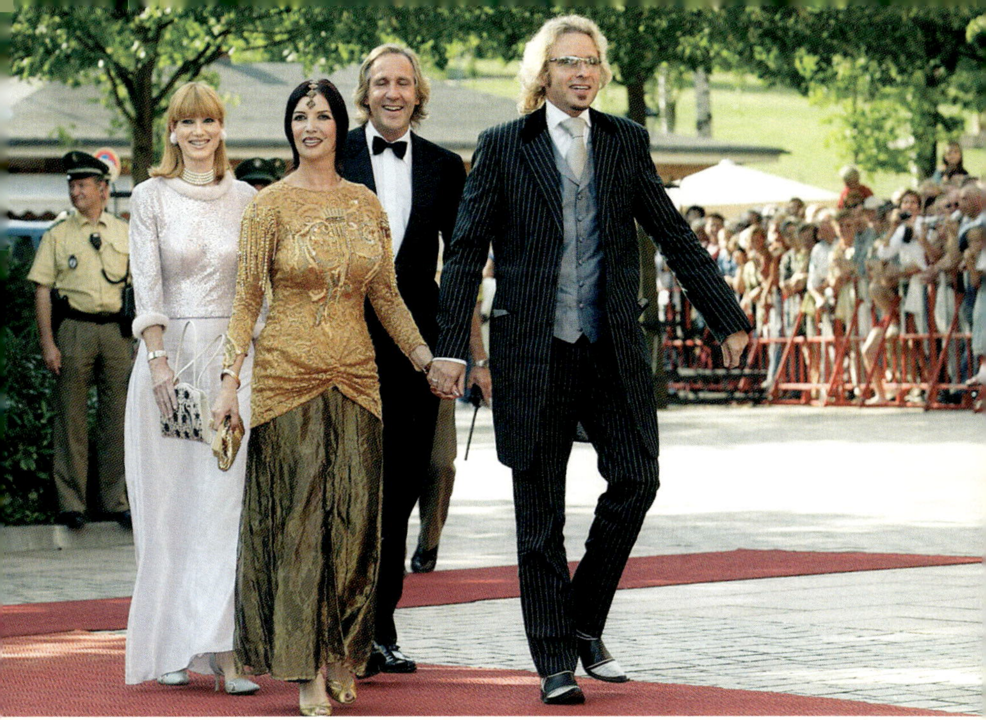

© People Picture

Mit Frau Thea, Bruder Christoph und Schwägerin Regina bei der Eröffnung der Bayreuther Festspiele am 25.7.2003

© Greg Gorman/Icon International

© Michael Fiala

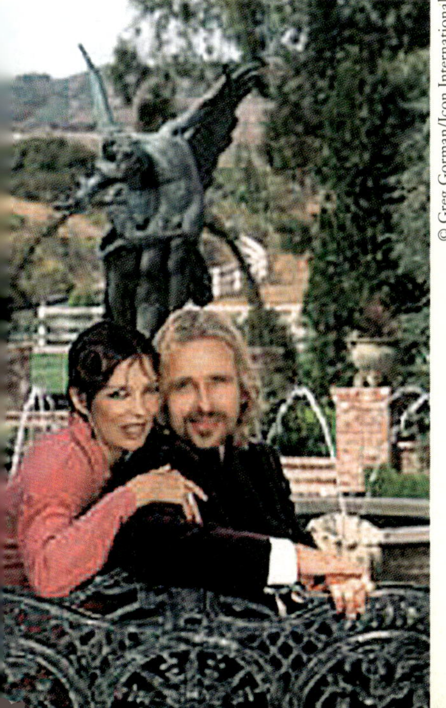

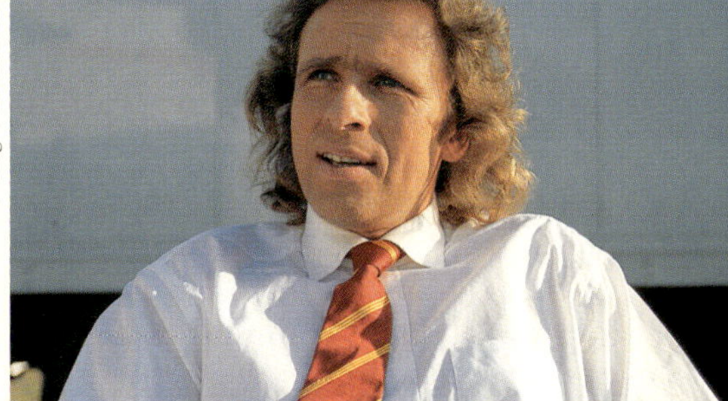

München, 1987

Links:
Mit Frau Thea, Malibu 2002

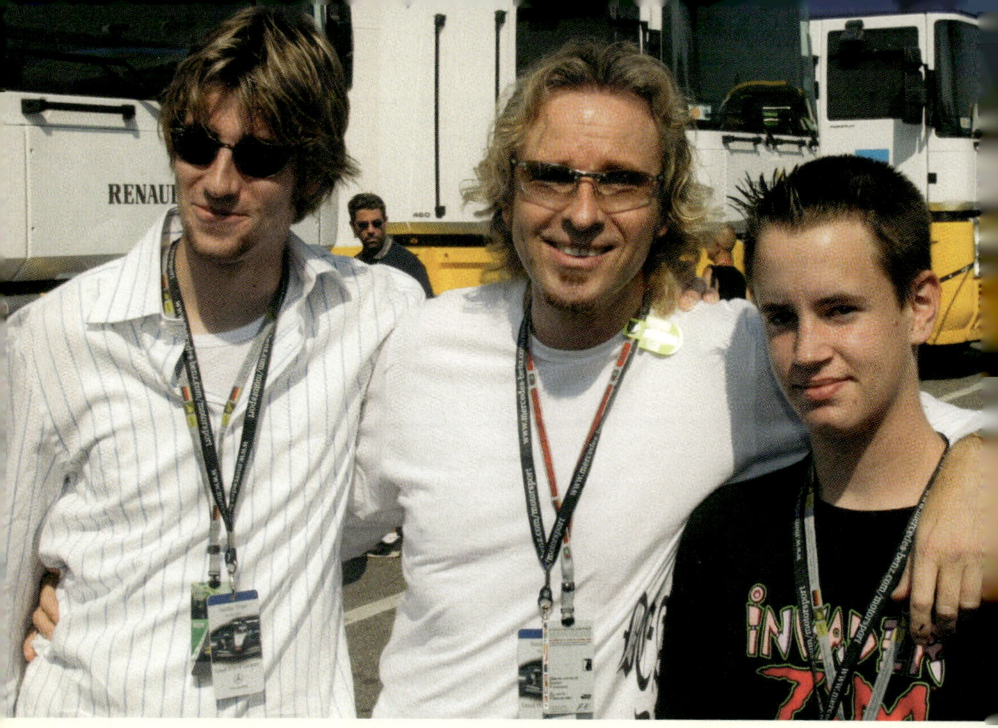

© Marcus Brandt/ddp

Mit den Söhnen Roman (l.) und Tristan (r.) am 3.8.2003 beim Formel 1 Grand Prix von Deutschland auf dem Hockenheimring

© Michael Fiala

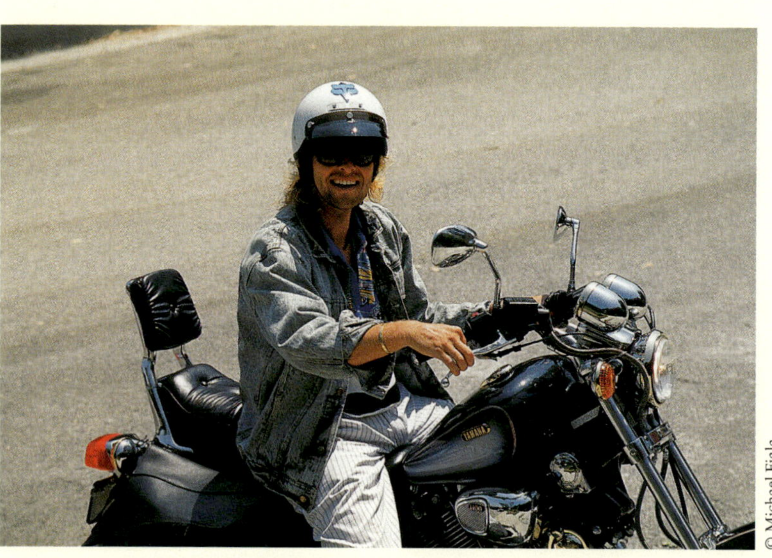

Auf dem Motorrad, Malibu 2000

etwas besser kennen, auf ihn anwenden. Es war keine listige Berechnung, sondern eine mehr intuitive Entscheidung, sich mit seiner Familie einen zweiten Lebensort in Los Angeles aufzubauen.

Vorerst stellt dort der Filmproduzent und bekannte Kunstsammler Horst Wendlandt ihm sein Haus zur Verfügung. So lange, bis das erste kleine eigene Haus an der Larmar Road in den Bergen von Hollywood beziehbar ist. Es bildet den Anfang einer ganzen Reihe von Immobilien, die Gottschalk in den USA erwirbt und wieder verkauft. Er sammelt, tauscht und handelt gern. Wie mit Autos und – sein zweites Faible – Uhren, so mit Häusern. Das Glück bleibt ihm treu, an keiner Stelle macht er Verlust. Auch in LA beherzigt er die Regel seines Anwalts, die einzige, einigermaßen sichere Anlage seien Grundstücke und Häuser. Nun ja, gäbe es nicht die kalifornische Erdbebengefahr und die Waldbrände. Doch davon später.

1987 erst beginnt im Grunde die Karriere, für die Thomas geradezu sprichwörtlich steht. Mit »Wetten, daß..?« hat er die Spitze der Medienwirksamkeit erklommen, und von nun an wird jeder seiner Schritte öffentlich daran gemessen, ob er diese Spitzenposition hält oder nicht, ob er sie rechtfertigt oder nicht, ob er Liebling bleibt oder nicht, ob er ein anständiges Leben führt oder nicht und wieviel Geld er verdient. Es ist die Lebensstrecke, über die er später sagen wird: »Zum Teil bin ich eine Ware geworden. Ein Stück Glotze.«[132] Zugleich erfüllt sich nun die Geschichte eines in der deutschen Fernsehunterhaltung beispiellosen Erfolges.

Zeit, einem Zeugen das Wort zu erteilen, der Thomas aus gemeinsamer Medienarbeit besser kennt als alle anderen, einem, der – durch ihn gedrängt und mit ihm aufsteigend – schließlich zur eigenen, gleichfalls herausragenden Fernsehkarriere gelangte und über ihn schrieb: »Thomas ist ein Radiokulturrevolutionär, der diesen Quantensprung in Richtung moderner, witziger Moderation später auch noch auf das Fernsehen übertragen konnte. –

Ich könnte mich im Notfall immer auf ihn verlassen. Er ist ein echter und einer der wenigen Freunde fürs Leben.«[133] Günther Jauch.

Auch er ein Magier des Mediums, dessen RTL-Show »Wer wird Millionär?« regelmäßig rund zehn Millionen Zuschauer fasziniert. Kein Meister der Heiterkeit wie Thomas, aber ein Moderator, dessen journalistische und menschliche Zuverlässigkeit ihm starke Publikumssympathie einträgt, ob er nun als Quizmaster, Sportreporter oder Magazinmoderator in Erscheinung tritt.

Er sitzt am 6. März 2004 an seinem langen Eßtisch im Potsdamer Haus[134], denkt zurück und spricht über seinen Lebensfreund.

16 Intermezzo: *Jauch erzählt*

Thomas habe ich schon in den 70er Jahren kennengelernt. Vorher war ich beim RIAS in Berlin. Habe da in den Schulferien als Bote und Praktikant beim Sport ein bißchen ausgeholfen. Es folgte ein lustloses Semester Jura an der FU in Berlin, ehe ich im November 1976 nach München ging, weil ich die Aufnahmeprüfung an der Deutschen Journalistenschule geschafft hatte. Nach meiner Ausbildung habe ich mich aus einem Praktikum beim Bayerischen Rundfunk heraus als Redakteur in der Sportredaktion fest anstellen lassen.

Bis dahin hatte ich Thomas als akustische Kulturrevolution für mich erlebt, wenn ich seine Sendung »Pop nach acht« hörte. Ich war immer ein Radiokind. Habe als Jugendlicher unheimlich viel Radio gehört, oft nachts unter der Bettdecke. Radio war immer mein Traum. Aber ich hatte noch nie einen Menschen mit diesem Medium so umgehen hören wie ihn. Ich hatte ja am Anfang kein Bild von ihm, sondern hörte nur die Stimme und stellte an mir auf einmal seltsame Gewohnheiten fest: daß ich irgendwelche Autofahrten möglichst zwischen zwanzig und einundzwanzig Uhr erledigte, weil ich ihn dann im Radio hören konnte, und wenn ich irgendwo um halb neun fertig war und in Schwabing einen Parkplatz gefunden hatte, blieb ich noch die letzte halbe Stunde sitzen, um nicht irgend etwas auf dem Weg in die Wohnung zu verpassen. Ich merkte, daß mich diese Art, Radio zu machen und mit Leuten zu sprechen, mit diesem Medium jenseits der sonst überall praktizierten papiernen Verlautbarkeitsrituale umzugehen, von Anfang an fasziniert hat.

Dann sah ich ihn natürlich irgendwann auch mal im Funkhaus und stellte fest, daß der Körper zu der Stimme ganz gut paßte.

Das war keine Enttäuschung wie so oft bei schönen Stimmen, die dann zu einem müden, vom täglichen Kantinenrotwein aufgedunsenen Gesicht gehören.

Ich fand vor allem seine Schnelligkeit, seine Assoziationsfähigkeit absolut faszinierend. Ich hatte das Gefühl: Der muß ein Raster im Kopf haben. Wenn er irgend etwas hört oder sieht, geht er dieses Raster durch und bleibt an der richtigen Pointe hängen, filtert sie noch mal in einer Hundertstelsekunde, ob das noch rundfunkratstauglich oder zu sehr unter der Gürtellinie ist – oder ob, was fast das Wichtigste ist, die Leute es möglicherweise nicht verstehen. Dann bringt er es formal in die richtige Reihenfolge, und raus damit. Das Ganze ging bei ihm alles innerhalb einer Zehntelsekunde ab. Das habe ich immer sehr bewundert.

Das ist auch heute noch weitgehend so. Harald Schmidt verfügt ebenfalls, allerdings auf eine etwas andere Art, über diese Schnelligkeit und Präzision.

Später habe ich Thomas auch durchaus streitlustig erlebt, wenn er mit den Hierarchen beim BR in den Clinch gegangen ist, bis hin zu seinem legendären öffentlichen Bekenntnis: »Der Rundfunkrat ist für mich eine Mischung aus Zentralkomitee und Elferrat.« Also, er traute sich auch was. Er war zwar grundsätzlich immer wahnsinnig harmoniebedürftig, aber wenn ihm insbesondere ewige Reichsbedenkenträger zu dumm kamen, ist er Auseinandersetzungen nicht aus dem Weg gegangen.

Es war mein großes Ziel, mal als kleines Licht irgendwie in dieses »Pop nach acht« reinzukommen. Ich bin dann ohne Auftrag mit einem Tonbandgerät in den Circus Krone gegangen, ausverkauft, fünf- bis sechstausend Zuschauer, und da traten die Teens auf. Das war eine Band von zwölf- bis vierzehnjährigen Jungs, die damals in der *Bravo*-Welt angesagt waren.

Ich machte eine Originaltoncollage, wie es bei diesem Konzert zuging. Wie Eltern, die die Welt nicht mehr verstanden, ihre neunjährigen Kinder suchten, die wiederum aufgelöst irgendwelche

Fan-Parolen skandierten. Ich hatte das zu einem kleinen Beitrag verarbeitet, sprach ihn an und meinte, ich sei dort gewesen und hätte da ein paar ganz witzige Sachen aufgeschnappt. Da machte er das, was ihn auszeichnete und was mich später in der Zusammenarbeit manchmal wahnsinnig gemacht hat: »Ach so, ja, gut, ja, mir fehlt heute abend noch was, ja, klar, machen wir, um kurz nach halb neun einfach vorbeikommen und das Band mitbringen.« Ohne viel zu wissen, holte er mich in die Sendung, und dann merkte er, daß wir irgendwie auf einer Linie lagen. Daß unsere Vorstellungen, wie witziges oder spannendes oder kurzweiliges Radio zu sein hatte, ähnlich waren.

Wir verabredeten sofort das nächste Thema. Ich sagte, daß mich die Türsteher vor Discos und Bars ärgerten, die diese Selektion betrieben, indem sie Menschen von oben bis unten abschätzig mustern und in Herrenmenschmanier entscheiden: Du darfst hier rein, du nicht. Begründung: keine. Das stößt mir bis heute übel auf. »Klar«, sagte er, »Disco rein, Disco raus, das machen wir.« Ich bin das Ganze sehr sozialkritisch angegangen und auch mit etwas Bitterkeit. Er wiederum machte die entsprechenden Witze darüber, und so waren wir auch wieder auf einer gemeinsamen informativ-unterhaltenden Linie.

So haben wir uns dann aus der Ferne gegenseitig sehr gemocht, wobei er mir, so glaube ich, mehr bedeutet hat als ich ihm.

Ende der Siebziger wechselte ich dann von der Sportredaktion in den Zeitfunk. Das hat mich zwar politisch sehr interessiert, aber natürlich war das, was Thomas gemacht hat, eine ganz andere Welt.

Für kurze Zeit gab es mal eine absurde Situation: Da war er noch fest angestellt und wurde, weil seine Kollegen zu faul waren, zum Plattenauflegen für das »Morgenmagazin«, das ich moderierte, eingeteilt. Um sechs Uhr früh! Ich moderierte also im Studio, und draußen mußte Thomas mit übermüdeten Schweinsäuglein eine Platte auflegen und noch eine und dann noch 25. Damit war er praktisch zu meinem Redaktionsassistenten degeneriert. Das war für mich eine ebenso verrückte wie unangenehme Situation. Ging auch nicht allzu lange. Da stand mein Radio-Idol vor der Studioscheibe, ich schaute raus, und jeder Blick von ihm signalisierte mir: Na, den Gag hätte ich anders angelegt. Ich wußte, daß er fast alles zehnmal besser gekonnt hätte. Fatal...

Und dann war ich als Hauptstadtkorrespondent in Bonn. Da haben wir uns ein bißchen aus den Augen verloren. Zwei Jahre später, 1985, kamen die Privatsender nach München. Da rief mich Thomas in Bonn an und sagte: »Paß auf, der BR hat Probleme, ich habe eine Idee, aber ich mache es nur mit dir zusammen.«

Mir blutete das Herz, weil ich mich in Bonn wohl fühlte. Ich war sehr gerne politischer Korrespondent. Eigentlich war mir die Korrespondentenstelle in London versprochen worden, was mein großer Traum war. Aber plötzlich ging der Hauptabteilungsleiter Aktuelles selber hin. Ich war sehr enttäuscht. Da haben sie gesagt: Ersatzweise bieten wir dir Bonn an. Das fand ich interessant und war darauf in Bonn so glücklich, daß ich gar nicht wieder wegwollte. Außerdem hätte ich in München auch deutlich weniger verdient.

Gleichzeitig schien es für den BR kommerziell wichtig zu sein, daß wir beide diese Sendung, wir nannten sie »B3 Radio Show«, machten. Weil die Bayerische Rundfunkwerbung zum ersten Mal Werbezeiten verkaufen statt verteilen mußte. Das kannten die bisher gar nicht.

Die Aussicht, mit Thomas Radio zu machen, reizte mich sehr. Trotzdem sagte ich nur unter einer Bedingung zu: Ich mache das zwei Jahre lang mit Thomas zusammen und steige jeden Tag in die Bütt gegen das Versprechen, danach sofort nach London zu dürfen. Das wurde mir vom Programmdirektor versprochen – wie ich mittlerweile weiß, ohne daß er es eigentlich hätte zusagen können.

Ich wurde Redaktionsleiter und war auch für den Bereich von Thomas zuständig. Mußte ihm also redaktionell irgendwelche Hupfdohlen einkaufen und den Unterhaltungsbereich mitplanen.

Das war manchmal etwas schwierig, weil er mit meiner Mischung – hier haben wir etwas sehr Leichtes, da müßten wir nun aber auch wieder ein bißchen Anspruch in die Sendung bringen – nicht allzuviel anfangen konnte. Er wäre auch nie auf die Idee gekommen, so wie ich, morgens um neun Uhr im Funkhaus zu sitzen, um eine Sendung vorzubereiten, die um vierzehn Uhr begann. Das war und ist bis heute nicht seine Welt.

Er war dann einer der ersten Menschen, die ich kannte, die ein Autotelefon ihr eigen nannten. Aber eigentlich war es ihm auch zu viel, daß man ihn zwischendurch darauf anrief und erklärte, was man für ein Programm hatte. Es mußte reichen, wenn er um halb zwei reinrumpelte und man von ihm für zwei Minuten ein halbes Ohr bekam. Zwischen Tür und Angel und drei wuselnden Fotografen, die mit ihm vor dem Plattenregal die neue *Bravo*-Strecke aufnahmen. Dazwischen irgendwelche Plattenfuzzis, die ihm ihre mediokren Neuerscheinungen anzudienen versuchten – halbwegs vernünftiger Journalismus war da gar nicht zu vermitteln.

So kam es, daß er die Themen, die man ihm liebevoll vorbereitet hatte, zuweilen komplett versemmelte. Ihn zu disziplinieren und in eine eher preußisch anmutende Arbeitsatmosphäre einzubinden war vergebliche Liebesmüh.

Auf der anderen Seite stellten wir als halbwegs verzweifelte Redaktion fest, wenn wir dann um vierzehn Uhr das Radio andrehten, daß er – statt unseren gutgemeinten Vorschlägen und Meldungen, die wir ihm hingelegt hatten, zu folgen – eine beliebige Verkehrsmeldung aufgriff, die zehn Sekunden vorher gelaufen war, oder irgend etwas, was er in den Nachrichten gehört hatte. Das war dann letztlich so witzig und so gut, daß wir im Haus die Reaktion hören konnten: Die Redaktionstüren zum Gang standen offen, und noch fünf Zimmer weiter bekamen die Leute einen Lachanfall.

Da saßen wir nun und sagten uns: Bitte, was wollen wir, was telefonieren wir herum, was bereiten wir hier vor? So, wie er es macht, muß es doch eigentlich sein. Das kann er ja bis heute, dieses Undisziplinierte, dieses oft nur halbe Zuhören und gleichzeitig derart In-sich-selbst-Ruhen: ich schaff das schon, ich krieg das hin und danke, daß ihr euch so bemüht. Er nahm auch unsere Zettel immer brav mit ins Studio.

Aber als das Rotlicht anging, interessierte ihn das eigentlich alles nicht mehr. Außer, er sah durch Zufall irgendwas, was ihn begeisterte, dann konnte er durchaus etwas damit anfangen, dann hat er das auch entsprechend veredelt. Aber im Prinzip warfen wir redaktionelle Perlen vor eine Radiorampensau, der die Hörer zu Füßen lagen.

Mitte der achtziger Jahre war Thomas wieder freier Mitarbeiter; nur zwischenzeitlich war er mal fest angestellt gewesen. In der Gehaltsgruppe zehn, in der ich auch begonnen hatte: 2273 Mark brutto, 1415 Mark netto. Altersversorgung und Kantinenmarken inklusive. Ich hatte mich zu dem Zeitpunkt zu einem leitenden Redakteur hochgearbeitet und verdiente am Ende, als das Ganze in die Luft flog, etwa sechstausend Mark brutto, netto blieb mir gut die Hälfte.

Thomas hingegen hatte irgendwann gekündigt, und ich sah von außen, wie er für meine Begriffe unglaublich viel Geld zu verdienen schien. Da fuhr er im schneeweißen MG in die Tiefgarage. Noch bitterer: Er hatte sehr früh einen eigenen Tiefgaragenplatz, den ich mir erst mühsam ersitzen mußte! Bald darauf chauffierte er einen Jaguar Daimler Double Six, Kennzeichen STA für Starnberg und dann PN8 für »Pop nach acht«. Drei Wochen später gesellte sich ein kupfermetallicbraunes 280er Mercedes-Coupé hinzu. Das hat mich alles nicht unbeeindruckt gelassen, denn ich verfügte lediglich über einen ausgemusterten Dienstwagen des BR. Ein weißer 200er Benziner. Ein echtes Metzgerauto. Da drifteten wir also schon ziemlich auseinander. Ich war auf dem Weg zu einem Funkbeamten, nicht im Kopf, aber vom Status her; und er war freischwebender Künstler im gelegentlich paillettenbesetzten Gehrock.

Damals habe ich ihn weniger um seinen offensichtlichen Wohlstand als vielmehr um seine Unabhängigkeit beneidet. Daß er nicht jeden Tag in sein Amt kommen mußte, außer, er hatte Sendung, aber dann reichte es ja, wenn er zehn Minuten vorher da war, und wenn er zwanzig Minuten nach der Sendung schon wieder weg war, dann war er halt weg. Ich war aber schon morgens um neun da und ging im Grunde nicht vor abends sieben Uhr.

Unser Leben verlief unterschiedlich. Uns einte noch die gleiche Begeisterung fürs Medium. Wir hatten in den Sendungen Spaß miteinander, aber zu der Zeit hatte er ja dann schon das Haus in Weßling. Das habe ich zwar nie gesehen, aber das klang schon ziemlich gut, mit dem See vor der Tür... Dauernd war er am Kaufen und Verkaufen und Tauschen, und ich merkte, daß er immer sehr stark mit privaten Dingen beschäftigt war, ganz gleich, was im Sender passierte.

Da konnten in Europa die wichtigsten Bündnisregierungen plötzlich demissionieren, und wir mußten das Programm umstellen. Was tat er? Er diskutierte mit Thea, daß der Müllcontainer klemmt und wie sie die Blätter aus dem Swimmingpool fischen könnte. Das war dann wichtiger.

Mich hat das natürlich manchmal zur Weißglut gebracht, und ich versuchte, ihm klarzumachen, daß jetzt doch beispielsweise Glasnost und Perestroika wichtigere Dinge seien als die heimische Gartenbewässerung. Überdies müßten wir dringend den Schewardnadse-Besuch aufgreifen und politisch ein bißchen einordnen.

Er stimmte zu. Dann laufen die Nachrichten, voll von Gorbatschow und Schewardnadse. Anschließend beginnt seine Sendung mit der Themamusik, und er meldet sich einfach nur mit der Frage: »Sagen Sie mal ehrlich: möchten Sie Sche-ward-nad-se heißen?« Dann wieder Musik. Ich habe bloß die Hände vors Gesicht geschlagen, aber damit war das Thema für die ersten zwei Stunden, also für seinen Teil der Show, erledigt. Das ist bis heute eine Art, für die ich ihn abwechselnd liebe und verfluche.

Er war kein großer Bruder für mich. Weil wir dieses brüderliche Verhältnis, was ja auch eine Privatheit und gemeinsame Freizeit implizierte, eigentlich niemals hatten. Wir waren Brüder im Geiste, aber nicht im wirklichen Leben. Das ist heute immer noch so.

Die Leute hatten die Vorstellung, daß wir morgens händchenhaltend zum Bäcker gingen und gemeinsam die Croissants aussuchten. Dabei sind wir uns privat gar nicht so oft begegnet. Aber wir wußten, daß wir uns aufeinander verlassen konnten, wenn's drauf ankam, und daß wir ähnlich tickten. Daß uns, wenn wir einen Menschen hörten, wenn wir eine Fernsehsendung sahen, wenn wir einen Artikel lasen, eine ähnliche Begeisterung oder Abneigung verband; mit dem grundsätzlichen Unterschied, daß er eine starke Affinität zu Hollywood, Film, Musik hatte, die ich so nicht teilen konnte. Für mich waren eher Politik, Sport und allgemeines Zeitgeschehen wichtig.

Diese Ambivalenz – hier der Unterhaltungshansl und dort der Hilfskorrespondent – haben wir immer stark bedient.

Eins hat Thomas bei mir letztlich verhindert: eine ordentliche, in erster Linie wahrscheinlich im politischen Bereich des Radios verlaufende Karriere. Ich hätte wahrscheinlich mal einen soliden Zeitfunkchef abgegeben, vorausgesetzt, ich hätte den Neujahrsempfang des Ministerpräsidenten irgendwann zu meiner jährlichen dienstlichen Pflichtübung erhoben. Das hat er dadurch zu verhindern gewußt, daß er mich nach dem Radio auch beim Fernsehen in die Unterhaltung reingequatscht hat.

Eines Tages kam er und meinte: »Ich muß dir jetzt mal was erzählen, aber du mußt die Klappe halten!« Er vertraute mir an, daß Frank Elstner mit »Wetten, daß..?« aufhören und er die Show übernehmen würde. Damals war das schon ein Knaller, und ich erzählte es auch nur meinen zwanzig wichtigsten Freunden. Dann sagte er noch: »Und paß auf, ich sehe dich als meinen Nachfolger bei ›Na sowas!‹« Bei dieser ziemlich erfolgreichen Gemischtwaren-Unterhaltungssendung also.

Das kam für mich völlig überraschend. Ich sah mich in diesem Bereich gar nicht. Ich machte zwar schon für den BR »Live aus dem Alabama«, aber das hatte ja einen anderen Ansatz. Das war ein Zweistundendiskurs über die Aidspolitik der bayerischen Staatsregierung oder »Wie wir Behinderte besser integrieren können«, während »Na sowas!« im Grunde ja die erste Dschungel-Show war, bloß ohne Sex und Kakerlaken. Ein Kuriositätenkabinett, aber ein familienverträgliches.

Trotz Bedenken sagte ich zu und profitierte davon, daß die Einschaltquoten beim ZDF immer erst mit einer Woche Verspätung kamen. Und sie spielten gar keine Rolle. Da sagte niemand, die Quoten seien gut oder die Quoten seien schlecht. Mitte der achtziger Jahre war das egal. Aus »Na sowas!« wurde dann »Na siehste«.

Das war ursprünglich der Titel einer gemeinsamen Show, die wir regelmäßig während der Funkausstellungen moderierten. Von 1985 bis 1989. Sie war immer ein großer Erfolg, obwohl wir im Grunde nur einen verfilmten Kindergeburtstag präsentierten. Da wurde ich einmal acht Tage um die Welt geschickt, dann kam der Dalai Lama zu Besuch, und am Ende mußten wir zusammen Lambada tanzen. Eine wüste Mischung. Aber da bekamen die ZDF-Verantwortlichen den Verdacht, daß es mit mir als Unterhaltungsmensch vielleicht doch gehen könnte. Ich wiederum fühlte mich Thomas – und das bis heute – in dem Bereich hoffnungslos unterlegen.

Ich habe noch immer Manschetten, wenn ich da alle zwei Jahre auf der »Wetten, daß..?«-Bank sitze und den Grüßonkel mache. Ende März sind wieder zwei Jahre um. In Basel ist seine hundertste Sendung. Schon wieder weiß ich nicht, was ich da genau soll und ob ich alles richtig mache. Mir ist diese Art von Unterhaltung bis heute insoweit etwas fremd geblieben, als ich sie nicht ansatzweise so beherrsche wie er. Das ist einfach so.

Was ich übrigens schon beim Bayerischen Rundfunk festgestellt habe, war die Attitüde, die im Hauptabteilungsleiterbereich, aber auch bei den ganzen Eminenzen des öffentlich-rechtlichen Establishments, vorherrschte: Der Gottschalk ist Angestellter der leichten Musik, ein freundlicher Narr an der Grenze zum nützlichen Idioten. Der soll sich mal um Unterhaltung kümmern, aber ansonsten die Klappe halten.

Ich bekam diese Arroganz deswegen mit, weil ich als Festangestellter an den Redaktionskonferenzen teilnahm, bei denen er ja nie zugegen war. Da ereiferte man sich, wenn er irgendeine Bemerkung gemacht hatte oder Verkehrsdurchsagen nicht ernst nahm. Ich merkte schnell, daß sie ihn gnadenlos unterschätzten. Sie hielten ihn für ein Unterhaltungsdummerchen und realisierten nicht, daß sich der Mann, was die deutsche Sprache angeht, fünfmal elaborierter auszudrücken vermochte als diese ganzen, in ihre bayerischen Bärte nuschelnden Bedenkenträger, daß er mit diesem Medium so perfekt umgehen konnte wie keiner sonst, daß der Mann der freien Rede mächtig war und daß er in der Lage war und bis heute ist, Stimmungen, Atmosphären, diffuse Zeitgeistströmungen in einer Art und Weise zu pointieren, zu kommentieren oder überhaupt erst mal zu artikulieren, die weit über die Fähigkeiten der Radio- und Fernsehbeamten hinausging. Die erhoben sich nichtsdestotrotz über ihn. Mich hat geärgert, daß er oft unterschätzt wurde.

Ich bin sogar überzeugt, Thomas hätte auch einen guten Allroundkorrespondenten abgegeben. Wir haben das gemerkt, wenn er irgendwo im Ausland war. Bei allen möglichen Ereignissen haben wir ihn angerufen und gesagt: »Es wäre toll, wenn du dich da mal sachkundig machen könntest, du bist am nächsten dran.« Und dann machte er seine dreieinhalb Minuten und spielte den Korrespondenten. Das machte er ernsthaft und sogar im klassischen Reportersinne perfekt.

Ich habe ihn im Grunde nur einmal – und das ist für ihn vielleicht symptomatisch – ziemlich hilflos und verunsichert gesehen. Das war 1986, als der Reaktor von Tschernobyl in die Luft flog. Da berichteten wir natürlich dauernd. Er konnte die tatsächliche Gefahr, wie viele andere auch, nicht richtig einschätzen. Es war eine Bedrohung, die für ihn offensichtlich doch gar nicht da war, von der ihm aber Fachleute vermeldeten: Das kann deine Frau und deinen Sohn betreffen.

Er sagte mir mal vor Beginn einer Sendung in dieser Zeit: »Also ich habe heute meine Schuhe abgewaschen und vor dem Haus stehen lassen. Dann ist doch alles okay, oder?« Damit sollte seine heile Welt gesichert sein. Da merkte ich, daß das eine Sache war, die ihn überforderte. Da stieß er an seine Grenzen. Er war da auf eine fast rührende Art besorgt, indem er eine neue Bürste kaufte und die Schuhe jeden Tag abwusch, um seinen Seelenfrieden wiederherzustellen.

Ich habe hingegen die Becquerelwerte verglichen und allen verfügbaren Experten gelauscht. Das war ihm dann zu viel. Er wollte, daß die Welt entweder aus den Fugen geraten oder jetzt doch bitte endlich wieder heil war, aber, wenn's geht, mit einem Federstrich und ohne komplizierte oder gar widersprüchliche Expertenmeinungen. Ich glaube, daß er dieses grundsätzliche Bedürfnis bis heute hat.

Thomas taugt nicht zum Grübeln oder Problematisieren. Er hat zum Beispiel über Jahre für die Kinderkrebsstation einer Münchener Klinik Geld gesammelt und gespendet, bis der Leiter der Station eines Tages sagte: »Nun müssen Sie aber auch mal sehen, was wir hier alles damit gemacht haben!« Sie haben ihn dann über diese Kinderkrebsstation geführt. Jeder weiß, das ist schrecklich. Aber er hatte wohl diese Bullerbü-Vorstellung, wie eine Kindheit auszusehen habe, und nun kam er auf diese Station. Er war davon seelisch derart mitgenommen, daß er am Ende des Rundgangs zu dem Professor sagte: »Ich freue mich sehr, daß ich bei Ihrer Arbeit helfen konnte. Ich will Sie auch gern weiter unterstützen. Aber tun Sie mir einen Gefallen und ersparen Sie mir für den Rest meines Lebens, hier noch einmal durchlaufen zu müssen.« Worauf der Professor gütig erwiderte: »Aber das gehört doch auch dazu!« Thomas darauf: »Ich habe aber die Befürchtung, daß, wenn ich mich darauf näher einließe, wenn ich das Grauen, das mich hier umfängt, und den Schrecken, der mich erfaßt, in meiner Seele zuließe, daß das dazu führen könnte, daß ich zu meiner eigentlichen Arbeit nicht mehr in der Lage wäre. Verstehen Sie: Ich würde damit möglicherweise arbeitsunfähig werden.« Wahrscheinlich stimmte das auch. Und deswegen muß er diesen Fluchtreflex vor Konflikten und unangenehmen Situationen behalten.

Auf der anderen Seite ist er mir immer eine Orientierung gewesen, auch deshalb, weil ich über eine seiner Gaben nur in sehr eingeschränktem Maß verfüge: das Leben im Prinzip so zu nehmen, wie es kommt, und in jedem Moment immer eine große Lebenszuversicht zu behalten und niemals zu verzweifeln. Wenn ich verzweifle, werde ich tiefgründig oder beginne zu fluchen, oder ich habe tagelang schlechte Laune und jammere vor mich hin. Bei ihm dauert das maximal dreißig Sekunden, dann vergißt er es entweder oder er dreht es irgendwie ins Komische. Da kann er ein echter Verdrängungskünstler sein.

Innerhalb kürzester Zeit hat er seine Grundfröhlichkeit und seine Lebenszuversicht zurück, hadert nie mit seinem Schicksal und belastet andere Menschen nicht mit seinen möglicherweise ja auch existierenden Problemen.

Ohne ihn wäre mein Leben vermutlich völlig anders verlaufen. Letztlich habe ich durch ihn den Mut gehabt, ein paar Monate vor der endgültigen Pensionsberechtigung, also nach neun Jahren und sieben Monaten, im BR meine lebenslange Festanstellung zu kündigen. Und er hat mich auf ein Gleis geschoben, das ich vorher nicht als das meinige entdeckt hatte, ein Gleis, auf dem ich immer noch etwas skeptisch schaue, wenn die Züge vorbeirattern. Aber ich habe dank Thomas mit dem Fernsehen nicht nur meinen Frieden gemacht, sondern letztlich mein Glück gefunden, weil ich so vielseitig arbeiten kann.

Die Tatsache, daß das zu finanzieller Unabhängigkeit geführt hat, mag insgesamt weniger wichtig sein. Aber sie ermöglicht mir ein angenehmes Leben mit Familie und relativ vielen Kindern. Das ist nicht das ganze Glück. Aber diese Unabhängigkeit schafft eine große innere Zufriedenheit und Souveränität.

Interessanterweise war es viele Jahre so, daß ich in ihm jemanden gesehen habe, der über diese Unabhängigkeit in überreichem Maß verfügt, während ich natürlich ganz von unten kam und mich erst mit Verspätung als Medienfigur entwickelt habe. Auch, weil mein Lebensstandard immer deutlich niedriger lag als seiner, hat mir das nie etwas ausgemacht.

Mittlerweile habe ich den Eindruck, daß ich ruhiger und unabhängiger geworden bin und daß er es jetzt noch mal wissen will. Daß er schon mal so halbwegs in den Vorruhestand abgedriftet war und jetzt wieder zurückrudert. Aber auch da hat er schon eine Leistung vollbracht, die ich ihm so nicht zugetraut hätte. Ich hatte befürchtet, daß er in Kalifornien in ein tiefes Loch fällt: O Gott, was tu ich bloß, mir ist so langweilig!

Aber wenn man ihn in Amerika trifft, erlebt man eine Überraschung: Der Mann ist ja zum Privatisieren jenseits des Fernsehens durchaus in der Lage! Er kann auf eine sehr charmante Weise den Tag füllen und ist ein hochgeachteter Bürger einer Gesellschaft, die von seiner Fernsehbedeutung in Deutschland nicht die blasseste Ahnung hat.

Was ich bis heute nicht richtig verstanden habe: Warum seine Sendungen außerhalb von »Wetten, daß..?« nicht gleichermaßen funktionieren. Wenn wir sagen – und das stimmt ja –, daß er im Weltall »Wetten, daß..?« die Sonne darstellt, ohne die im Grunde kein Leben auf diesem Sendungsplaneten möglich ist, dann frage ich mich, warum diese Sonne, wenn man sie in anderen Formaten aufgehen läßt, nicht genauso strahlt. Vielleicht braucht er das Fluidum dieser großen Live-Show.

Ohne dieses Fluidum waren wir auch zusammen nicht immer gut. Zum Beispiel, als er seine »Late Night« bei RTL hatte und ich mittwochs mit »Stern TV« unmittelbar vor ihm lief. Ich von 22 bis 23.15 Uhr, und dann kam er. Wir machten da unsere Übergänge wie damals in der Radio-Show. Das Blöde im Gegensatz zum Radio war nur, seine »Late Night« wurde am frühen Abend aufgezeichnet, »Stern TV« um 22 Uhr war aber live. Das hieß, ich mußte mich vorher in mein noch leeres Studio stellen und so tun, als ob meine Sendung gerade zu Ende wäre, und er simulierte, daß seine gerade beginnen würde. Tatsächlich hatte er aber sein Programm schon fertig, und meins hatte noch gar nicht begonnen. In dieser künstlichen Als-ob-Live-Situation haben wir dann vier, fünf Minuten einen Dialog aufgenommen, der sich aus dem Moment heraus entwickeln sollte, ohne jedes Überlegen. Das war sehr oft schlecht und relativ witzlos. Da haben einfach die Verhältnisse dazu beigetragen, daß das nicht vernünftig funktionieren konnte. Aber vor allem war das der Tatsache geschuldet, daß es eben nicht live war.

Was live in ihm steckt und was er angesichts eines großen Publikums kann, wenn man ihn auf einmal reizt oder seine Harmoniebedürftigkeit stört, das hat sich für mich beispielhaft manifestiert, als Götz George in »Wetten, daß..?« auf ihn losgegangen ist.

Der ist ihm ja so in die Parade gefahren, daß er fast die ganze Sendung versaut hat. Er fühlte sich ihm überlegen und versuchte in dem Moment, diese vermeintliche Überlegenheit auszuspielen. Thomas neigt ja dann immer zum Glätten. Aber da hat er gemerkt: George hatte den Rubikon überschritten und gefährdete jetzt ihn in seiner Existenz als König der großen Unterhaltung. Er beging die Todsünde, die gute Laune des Abends zu stören.

In diesem Augenblick hat Thomas, wie eine Katze bei einem deutlich größeren Hund, ganz kurz die Krallen gezeigt und ist dem George mal eben über die Nase geschrubbt, so daß das Publikum sofort mit tosendem Applaus hinter ihm stand.

Da sah ich wieder, auch wenn er träge zu dösen scheint, ist er immer in der Lage, die Pranke rauszufahren. Dabei imponiert mir, daß er seine Opfer immer überleben läßt. Er nimmt sie meist sachte und hält sie am Schlafittchen über den Abgrund. Da dürfen sie dann mal kurz runtergucken. Aber er läßt sie nie fallen, sondern setzt sie, wie King-Kong die weiße Frau, ganz sanft wieder auf den Boden. Das zeugt von Charakter. Es wäre für ihn viel leichter, Störenfrieden einfach einen Schubs zu geben und sie so zumindest für die Dauer der Sendung zu eliminieren.

Mir ist aufgefallen, daß die Biographien von Harald Schmidt, Thomas und mir einige Parallelen aufweisen: dreimal ein eher kleinbürgerliches Elternhaus, dreimal eine katholische Karriere als Ministrant beziehungsweise Organist, dreimal humanistisches Gymnasium, alle haben also mit Latein angefangen, dreimal ein Musikinstrument erlernt. Anscheinend doch eine sehr ähnliche Jugend zwischen Taufe, Erstkommunion, Firmung, Pfadfinder, Jugendgruppe, Kolpinghaus und Pfarrgemeinderat, durchaus vergleichbare Biotope. Alle drei im richtigen Leben eher wertkonservativ gepolt, jeder mit einer öffentlich-rechtlichen Vergangenheit. Das alles kann ein Zufall sein, ist aber doch auffällig.

Vielleicht haben wir unsere Arbeit dem glücklichen Umstand zu verdanken, daß wir zur richtigen Zeit in eine Lücke gestoßen sind. Für uns hat sich da in den letzten zwanzig Jahren ein Fenster aufgetan, das sich möglicherweise schon bald wieder hinter uns geschlossen hat.

Noch etwas haben wir drei gemeinsam: Wir moderieren angstfrei. Uns sind Teleprompter ein Graus. Wir kommen vom Radio beziehungsweise vom Kabarett. Und so bilde ich mir – in aller Demut – ein, daß wir in der Lage sind, mit der deutschen Sprache zumindest einigermaßen unfallfrei umzugehen.

Thomas las, auch schon zu Radio-Show-Zeiten, immer den *Spiegel*. Er griff zur *Bildzeitung* und las die *AZ* und die *TZ*, aber er hatte auch immer seinen *Spiegel* dabei. Er sagte mir mal: »Da gefällt mir die Sprache so gut.« Auch als der sprachliche Duktus des *Spiegel* irgendwann fast zum Manierismus verkommen war, hatte er in Thomas einen ebenso begeisterten wie treuen Leser.

Das sehr feine Gefühl für Sprache hat Thomas bis heute nicht verlassen.

Er kann auch gut schreiben. Das unterscheidet ihn von mir. Ich kann es nicht. Diese Begabung ist durch meine ausschließliche Konzentration auf die elektronischen Medien, also Radio und Fernsehen, völlig verkümmert. Da ist Thomas besser. Selbst eine hingerotzte *Bunte*-Kolumne verfügt über schöne Bilder und eine schlüssige Dramaturgie. Er konnte immer gut und schnell schreiben. Eine *AZ*-Kolumne in einer Viertelstunde war kein Problem. Die war dann witzig und flüssig geschrieben. Da wurde ein Gedanke durchgezogen und zu Ende geführt. Das kann er hervorragend. Schmidt in seiner *Focus*-Kolumne übrigens auch.

Auf einen Unterschied zwischen Thomas und mir bilde ich mir allerdings sogar etwas ein. Seine Filmkarriere wird ihn über das Grab hinaus verfolgen; dabei ist da nicht viel zu retten. Ich hingegen habe filmisch erst in diesem Jahr eine Karriere gestartet und wohl gleichzeitig auch nachhaltig beendet. Ich habe einen Menschen mit einer Froschmaske erschossen. Ansonsten gibt es mich cineastisch nur in Gerhard Polts Film *Man spricht deutsch*. Als er da am Strand von Terracina im Transistorradio die Verkehrsmeldungen von Bayern 3 abhört: Diese Stimme aus dem kleinen Radio, das war ich. Und dafür wird sich keiner meiner Enkel einst schämen müssen.

17

Didi und Dume Drive

Wer den blonden Wonnekerl sah, zweifelte keine Sekunde daran, daß Thomas der Vater war. Das gleiche sonnige Lächeln, der Schalk in den Augen, die bei der Geburt noch einen deutlichen Silberblick auswiesen. Und überhaupt schien der ganze kleine Bursche das Temperament des Vaters geerbt zu haben. Tristan Gottschalk, damals noch Didi genannt, war offensichtlich ganz der Vater. Für ein adoptiertes Kind erstaunlich. Oder hatte man den Jungen nach Ähnlichkeitsmerkmalen ausgesucht? Nein, Tristan wurde gemäß dem üblichen Verfahren von einer jungen Mutter, die der Weggabe ihres Kindes bereits vor der Niederkunft zugestimmt hatte, gleich nach seiner Geburt an einem heißen Spätsommertag 1989 adoptiert.

Eine lang überlegte Entscheidung und der öffentlichen Neugier wegen kein leichter Weg für Thea und Thomas, die einerseits ihren Sohn Roman nicht als Einzelkind aufwachsen lassen wollten, andererseits aber nach ärztlicher Weisung keine weitere Schwangerschaft bei Thea zulassen durften.

Seinerzeit waren Prominente eher benachteiligt bei der Anwartschaft auf Adoptionen. Einige bekannte Paare, bei denen die Jugendämter auf ein besonders gut gesichertes und frohes Aufwachsen ihrer vermittelten Kinder gehofft hatten, waren inzwischen geschieden. Darum waren die Ämter vorsichtig geworden, wenn reiche Showgrößen Kinderwünsche äußerten.

Hier war es nun, nach fünf Jahren auf der Warteliste, gelungen. Und Didi wurde ein richtiger Gottschalk. Bis heute glaubt man ihm, ohne zu zögern, daß er Papas Sohn ist. Dieselbe schnelle Zunge, der unwiderstehliche Charme, dieses Fünfe-auch-malgerade-sein-Lassen. Und auch dieselbe Wendigkeit, wenn es darum geht, Klippen zu umschiffen und unangenehmen Situationen auszuweichen.

Roman, damals knapp sieben Jahre alt, war überglücklich gewesen, als er erfahren hatte, er werde einen Bruder bekommen. In der Zeit, die verstrich, bis die Adoption alle gesetzlichen Hürden genommen hatte, konnte er das Geheimnis kaum für sich behalten. Er platzte vor Stolz und hätte es gern überall erzählt. Aber er hielt dicht, und als das Brüderchen im Haus war, freute er sich fast noch mehr als die Eltern. Thea hatte ihren Traum von der eigenen Haute Couture zugunsten des Familienzuwachses aufgegeben. Das Haus roch nach Baby, Mutter und Vater waren übermüdet – alles, wie es sein soll, wenn ein Kind angekommen ist.

Wie bei Prominenten üblich, machte die Angelegenheit ein paar Monate später Schlagzeilen in der Boulevardpresse. Ein sogenannter Adoptionsvermittler versuchte, mit einer ganz eigenen Darstellung Kapital aus dem Vorgang zu schlagen – was freilich mißlang, weil das Jugendamt bestätigte: Das Verfahren war regulär und in der rechtlich vorgeschriebenen Weise abgelaufen.

Allerdings dauerte es nur ein knappes Jahr, bis das Baby Tristan erneut in die Schlagzeilen geriet – und seine Eltern rätseln bis heute, wie das zuging. Um dem Presserummel zu entgehen, hatten sie sich entschieden, Tristan nicht in Deutschland, sondern in einer kalifornischen Kirche taufen zu lassen. Nur die engste Familie und die Taufpaten nahmen teil.

Zwei Wochen später prangten Fotos der glücklichen Eltern mit dem Baby in weißen Spitzen vor der St. Mary's Cathedral auf der Titelseite einer deutschen Boulevardpostille. Irgendein Paparazzo hatte die Bilder mit langer Linse unbemerkt von der anderen Straßenseite geschossen. Woher der Einschleicher von der Taufe wußte, kam nie ans Licht. Aber Thomas war über die Begaffung erbost: »Wenn das so weit geht, daß die Kinder oder die Familie darunter zu leiden haben, dann pfeif ich auf meine ganze TV-Karriere. Dann verscheure ich mein ganzes Zeug, nehm meine McDonald's-Millionen und haue ab – irgendwohin ins Ausland, wo ich in Ruhe angeln kann.«[135]

Abgesehen davon, daß er noch nie angeln konnte, hat diese Erfahrung mit der öffentlichen Neugier nicht unwesentlich zur Orientierung nach Kalifornien beigetragen.

Ein Deutschland, in dem Reporter Gottschalks Mülltonnen durchwühlten, um der Nation mitzuteilen, was der Star verzehrte und welche Verpackung er nicht korrekt sortierte, noch dazu in seiner Abwesenheit – als die Gazette *Tempo* mit der Müllschnüffelei Auflage machen wollte, wohnten Freunde im Haus –, war nicht mehr die Heimat, in der er seine Familie geborgen wußte.

Sein Erfolg mit »Wetten, daß..?« rief Bewunderer, Neider und Spekulanten gleichermaßen auf den Plan. *Die Bunte* hatte sich bereits 1987 auf seine Spur gesetzt und nun, ein Jahr später, eine sogenannte Reportage veröffentlicht, die ein journalistisches Machwerk sondergleichen war.

Aus Unterstellungen, Teilwahrheiten, Falschmeldungen, anonymen Vermutungen, Gerüchten und der Scheinlogik vorgeblicher Recherchen klitterte der Schreiberling der Titelgeschichte einen Roman amouröser Abenteuer, die Thomas einen ganz neuen Status, den eines Frauenhelden, verleihen sollten. Um dem Gewebe den Anschein von Wahrhaftigkeit zu geben, titelte die *Bunte* nicht etwa »Ist Gottschalks Ehe kaputt?«, sondern »Wie kaputt ist Gottschalks Ehe?«, unterstellte also, daß die Zerrüttung gar nicht in Frage stehe, sondern nur der Grad ihres Zerfalls noch zu bestimmen sei.

Das Ganze war mit hechelnder Zunge und tropfenden Lefzen geschrieben und kulminierte in geheucheltem Mitleid für Thea, die einsam »das Haus hütet«. Der Artikel weist so etwa alle journalistischen Untugenden zugleich auf und flüstert dem Leser, vornehmlich der Leserin ein, Thomas Gottschalk falle von einem Damenbett ins andere, und wenn gerade kein Bett greifbar sei, vergnüge er sich auf der Flugzeugtoilette, beispielsweise mit dem femininen Markenprodukt Brigitte Nielsen.

Noch konterte Thomas aus Kalifornien witzig: »Ich war nie mit Brigitte Nielsen auf irgendeiner Toilette, wohl aber mit einer *Bunten.*«[136] Dann aber entschied er sich, dem Verlag des Blattes die Geschmacklosigkeit mit geeigneter Münze zurückzuzahlen. Ganz offenbar hatten *Bunte*-Verleger Hubert Burda und sein Chefredakteur Hans-Hermann Tiedje geradezu amateurhaft unterschätzt, welche Aufmerksamkeit Gottschalk mobilisieren konnte. Als bekannt wurde, daß er seine 1983, 1984 und 1987 von Senator Burda verliehenen Bambis öffentlich an den Verleger zurückreichen werde, mußte der sich von seinem Golfpartner Willy Bogner sagen lassen: »Da habt ihr euch übernommen, mit dem Gottschalk anlegen, das packt ihr nicht.«

Aus dem Abstand der Jahre sagt Thomas, er habe damals zum ersten Mal gespürt, daß er Medienmacht hatte, und hätte er dies seinerzeit so genau gewußt wie heute, hätte er noch sehr viel schärfer reagiert, vor allem, weil das Haus Burda während der letzten Bambi-Verleihung offenbar bereits die Ehezerrüttungsstory über den Preisträger in Arbeit gehabt haben mußte.[137]

Man hob ihn hoch, um das Ziel besser treffen zu können, und vergoldete die Kugel, bevor man schoß.

»Meine Bambis, sehr geehrter Herr Burda, sende ich Ihnen hiermit zurück. Und falls eines Tages jeder von uns so reagiert, wenn Ihr ihm sein Privatleben kaputtschreiben wollt, dann sitzt Ihr bald schön einsam rum und könnt Euch Eure Trophäen selbst überreichen. Viel Spaß damit!«[138]

Das war deutlich genug, und zum Vollzug der Drohung bewährte sich eine alte Freundschaft. Der Retro-Preisträger kam aus den USA nach Mainz in eine Ausgabe der ZDF-Show »Na siehste!« und überreichte dem Moderator Günther Jauch die *Bunte*-Bambis mit der Bitte um Weitergabe an Burda – vor schätzungsweise zehn Millionen Zuschauern.

Ein höchst bemerkenswerter Vorgang, zumindest ein Präzedenzfall: das ZDF stellt sich als Plattform für die Auseinandersetzung eines ihrer Mitarbeiter mit einem Printmedium zur Verfügung, das nur einen Bruchteil des Fernsehpublikums erreicht. Entsprechend ängstlich war Intendant Dieter Stolte, der Gottschalk telefonisch bat, den Sender nicht als Kampfplatz persönlicher Auseinandersetzungen zu mißbrauchen. Ein zahmes Flehen. Stolte muß gewußt haben, daß seine Mahnung für seine beiden besten Pferde im Stall, Jauch und Gottschalk, nicht verbindlich sein würde.

Der Druck von außen ließ nicht auf sich warten. Das Haus Burda hat – jedenfalls berichtete die Presse so, und nach der *Bunte*-Methode wollen wir hier einmal die Summe der Gerüchte für wahr ausgeben – bis hoch in die Intendanz des ZDF mit Zuckerbrot und Peitsche versucht, den Auftritt Gottschalks in »Na siehste!« zu verhindern.

Daß dies nicht gelang, lag an Günther Jauch. Er ließ Thomas fünfzehn Minuten über seinen Ärger und sein Privatleben plaudern, der wie üblich davon nicht mehr preisgab, als bereits bekannt war, und die öffentliche Reaktion war weitgehend einheitlich: Die Leute im Rampenlicht nebst solchen, die dahindrängten, stimmten Thomas heftig zu; die Printmedien – im Zwiespalt zwischen journalistischer Solidarität und Verachtung für Burdas Produkt – erklärten sich letztlich mit der Methode einverstanden, die Gottschalk gewählt hatte.

Die *Stern*-Redaktion, seinerzeit selbst stark auf Boulevardkurs, hatte es allerdings abgelehnt, die Gegendarstellung von Thomas zu drucken. Sensationskrähen hacken einander nicht gern die Augen aus. Immerhin schob sie ein Interview aus Kalifornien nach, an dessen Ende Thomas die deftige Wahrheit verkündete: »Ärsche bleiben Ärsche, ob sie bei der Zeitung arbeiten oder beim Fernsehen.« Worauf die Reporterin wissen wollte: »Kann ein aufrechter deutscher Mann, ob Franke, Bayer oder Niedersachse, eigentlich ein intimes Date mit Brigitte Nielsen überleben?« Endlich fand der Befragte, der angesichts der öffentlichen Verdächtigungen seinen Humor verloren hatte, denselben wieder: »Keine Ahnung. Ich bin Oberschlesier.«[139]

Auch wenn es seit jeher zum »Showbiz« gehört, daß alle Bewegungen, jede Neigung, jede Äußerung der Lieblinge in Besitz der Öffentlichkeit übergehen, bleibt mysteriös, warum eigentlich die Neugier sich auf Intimität und Unvollkommenheit einengt.

Dabei geht es nicht um Wahrheit. Ob Thomas Gottschalk vielleicht Affären hatte oder vielleicht nicht, ob er da oder dort mit dieser oder jener oder vielleicht diesem oder jenem – oder ob er Masochist, Sadist, Sodomist oder überhaupt gar nicht irgendwie ist –, das alles bildet nur die öffentliche Oberfläche des Interesses. Interessant ist eigentlich, ob und wie er den Vorstellungen seiner Bewunderer und vor allem der Bewunderinnen entspricht.

Die Medienwelt ist eine höfische Gesellschaft und funktioniert nicht anders als die Adelswelt zur Zeit des Absolutismus: Unauflöslich sind Hochachtung und Intrige, Liebedienerei und Mißgunst, Nepotismus und Kabale miteinander verquickt, und der zentrale Ort der Neugier ist nicht der Thron, sondern das Bett. In den Jubel des Volkes mischt sich die Lust an den Schwächen des Kaisers, an seinen neuen Kleidern. Dieses Bedürfnis wird bedient von der Boulevardpresse, die ihre Lieblinge nach Laune streichelt oder schlägt, hätschelt oder jagt. So weit, so gut.

Aber welchen Gewinn haben die Leser davon? Wer vom Eindruck eines Stars überwältigt ist, empfindet neben der Begeisterung auch die eigene Wehrlosigkeit. Er ist als Fan fasziniert und zugleich Opfer der Faszination. Er genießt, will sich aber sein Überwältigtsein nicht gern eingestehen. Zumal, wenn der, der die Gefühle auslöst, ein Eulenspiegel ist und die ihm entgegengebrachte Liebe nicht erwidert.

Stellvertretend umschleicht die Presse mißtrauisch den Schalk, um seine Achillesferse zu finden. Die Leser prüfen anhand der Sensationsgeschichten, ob ihr Star die Emotionen wert ist, die sie ihm schenken; ob er zu dem Bild paßt, das sie von ihm lieben. Wehe, er fällt aus diesem Rahmen! Ist es aber nicht auch wunderbar, ihn aus dem Rahmen fallen zu sehen und damit die eigene Unabhängigkeit vom vergötterten Star zurückzugewinnen? Die Boulevardpresse profitiert auf beiden Wegen – bei der Installierung und bei der Demontierung der Lieblinge. Es ist nicht leicht, ein Halbgott zu sein, zumal nicht, wenn man ins Visier der Friseurillustrierten geraten ist.

Gottschalks Liebesleben, wie bewegt auch immer es sein soll, überlassen wir getrost den Verkaufsträumen dieser Gazetten und der erotischen Phantasie seiner Verehrerinnen, von denen es angeblich Abertausende gibt, die sich ihn mit all ihrer Vorstellungskraft als illusionären Liebhaber ins Heim holen. Allen sorgfältig erhobenen Befunden zufolge ist Thomas so skandalscheu, daß man ihn entweder für extrem raffiniert oder aber für absolut treu halten muß. Jedenfalls ist ein Teil der Boulevardpresse, die sonst vorwiegend von Seitensprüngen und Scheidungen lebt, bei ihm dazu übergegangen, die Festigkeit der Ehe zur Schlagzeile zu erheben. Sehr ungewöhnlich, aber vor allem Ausdruck journalistischer Hilflosigkeit.

Entscheidend dabei ist, was er selbst zu der Sucht einer bestimmten Journaille beiträgt, ihn um nahezu jeden Preis von seiner Ehefrau wegzuschreiben und mit anderen Schönheiten paarweise zu montieren. Und das ist nicht wenig. Denn der Gatte gibt sich gern als Charmeur.

Jünglingsgeständnisse lassen sich bereits 1979 lesen, in einem Fortsetzungsroman unter dem versprechenden Titel »Der Sprung ins lila Himmelbett«, den Gottschalk für die Jugendillustrierte *Bravo* verfaßt hat. Kaum verhüllt, findet da Autobiographie zwischen Kulmbach und München, zwischen Abitur und Rundfunk, nicht zuletzt zwischen einer Jugendliebe und einer erotisch reifen, freilich verheirateten Frau statt. Letztere führt den Neunzehnjährigen in die Geheimnisse der Lust ein, erstere aber obsiegt am Ende, weil sie nicht nur begehrens-, sondern liebenswert und zudem treu ist. Eine vielfach bearbeitete Konstellation: Lehrjahre eines jungen Mannes unter besonderer Berücksichtigung seiner Libido.

Thomas schreibt die Geschichte in der Münchener Wohnung Knöbelstraße 12 zumeist vor dem Frühstück im Bett, verwechselt zuweilen die Personen und fragt die sichtlich beeindruckte Gattin gelegentlich: »Weißt du, wie's weitergeht?«

Der Text – übrigens bemerkenswert unangestrengt, flüssig und mit nur seltenen stilistischen Entgleisungen geschrieben – zeigt den neunundzwanzigjährigen Ich-Erzähler als ungefestigten Provinzbuben, der in die Großstadt aufbricht, sich als höchst anfällig für weibliche Reize erweist und am Ende lernt, was Liebe ist. Dramaturgisch folgt der Roman wiederum dem Muster der *Taugenichts*-Novelle von Eichendorff. Wie dort das enge Dorf und die väterliche Mühle der unbegrenzten Weite und der Welterfahrung im Schloß gegenübergestellt sind, so hier das heimatliche Provinzstädtchen der Großstadt München. »Der Sprung ins lila Himmelbett« – der Titel stammte nicht vom Verfasser, sondern von der *Bravo*-Redaktion – ist ein trivialer Entwicklungsroman im kleinen, hinreichend von Erfahrung gesättigt, um den jungen Lesern zu gefallen, und nicht so miserabel, wie der Autor ihn später macht.

Wer von da freilich auf eine generelle Wehrlosigkeit des Urhebers gegenüber den Künsten weiblicher Verführung schließt, irrt. Wer Thomas einigermaßen kennt, der weiß, mit welch verblüffend unverbindlicher Freundlichkeit er junge und reife Damen auf Distanz halten kann, ohne deren Sympathie zu riskieren. Fühlt er sich bedrängt oder zu sehr begehrt, kann er sich in ein lächelndes Neutrum verwandeln. Er schaltet dann sekundenschnell von Mann auf Kind und erwirbt sich gleichsam »Welpenschutz«.

Andererseits spekuliert er darauf, daß man ihn für einen Schwerenöter hält. Auch öffentlich linst er gerne mal ins Dekolleté, läßt sich bei Filmaufnahmen zu einem weiteren Kintopp-Klamauk, *Zärtliche Chaoten II*, mit dem hübschen Dallas-Biest Deborah Shelton in Schmusepose fotografieren; legt schon mal seine Männerhand aufs weibliche Gastknie, liebt anzügliche Bemerkungen gegenüber Damen auf der »Wetten, daß..?«-Couch und provozierte bereits in seiner zweiten Sendung mit zwei äußerst sparsam bekleideten Schönheiten einen handfesten Skandal.

Die Sängerin Cher und das Model Brigitte Nielsen traten in der Ostseehalle zu Kiel so aufreizend in Straps, schwarzem Leder und hauchseidenem Blüschen vor die Kamera, daß von Mutter Rutila in Kulmbach bis in die Redaktionen der Fernsehillustrierten ein Aufschrei durchs Land ging. Von »Peep-Show« sprach die dafür zuständige *Bunte.*[140] 19,4 Millionen Zuschauer hatten die Sendung gesehen, darunter angeblich 4,4 Millionen Kinder im Alter zwischen sechs und dreizehn Jahren.

Nun war er auch noch ein Jugendverderber. Dabei hatte Cher auf Anweisung der Redaktion sichtlich mehr um die Hüften als bei der Probe: statt eines minimalistischen schwarzen Triangels nun eine Art Lendenschurz, den man immerhin als Röckchen mißverstehen konnte.

Zum bösen Buben erklärt, schwenkte der angeblich Fleischgierige sofort um und präsentierte in seiner nächsten Sendung aus Saarbrücken nicht ohne Ironie einen Kindergartenchor nebst deutschem Gesang von Volker Lechtenbrink, was ihm von einer begriffsstutzigen Medienkritik sofort als »müder Versuch der Rehabilitation«[141] angekreidet wurde.

Es dauerte, bis er einsah, daß er es dem Millionenpublikum nicht hundertprozentig recht machen konnte. Den Medien schon gar nicht.

Das, worin er immer am besten war, Mainstream zu sein, mußte in dem Augenblick mißlingen, in dem der Strom zu breit wurde, das Publikum zu groß; es zerfiel dann wieder in gewichtige Schichten und Altersklassen, in Männlein und Weiblein, in unterschiedliche Moralvorstellungen, in politische Lager. Manche sahen gern, wovon andere empört waren. Die Urteile »Brillant!« und »Obszön!« lagen dicht beieinander. Was die einen erheiterte, entsetzte die andern.

Sein Freund Jauch hatte ihm die Lage, in die er geraten war, am Beispiel der Kleidung längst öffentlich erklärt: »Um Gottes willen kein Affenjäckchen! Und nur ja keine Schweinehosen aus schwarzem Wildleder! Dann mit Krawatte? Nein, das bist du doch gar nicht! In Turnschuhen? Eine Todsünde! Der Schlangenledergürtel? Denk an die Tierschützer! Im Anzug wie Elstner? Gerade nicht! Wie früher bei ›Na sowas!‹? Erst recht nicht, du hast dich doch entwickelt, oder?«[142]

In den ersten zwei Jahren seiner »Wetten, daß..?«-Show wurde Gottschalk nach jeder Sendung öffentlich neu bewertet. Die eine Zeitung meldete ihn in der Gunst der Zuschauer vor Frank Elstner, die andere behauptete, mehr als die Hälfte der Zuschauer wollten Elstner wiederhaben.

Die Boulevardpresse hat bis etwa 1989 – das Jahr, in dem Didi die Familie erweiterte – offenbar kaum ein aufregenderes Medienthema als Thomas Gottschalk. Irgendwelcher Dreck mußte an dem Stecken des Goldbuben doch zu finden sein.

Schon 1987 war er in einer Umfrage, die von der *Bild*-Zeitung in Auftrag gegeben worden war, zum beliebtesten Showmaster der Republik gekürt worden, einem unumstößlichen Denkmal, beliebter noch als Altmeister Hans-Joachim Kuhlenkampff, der sich in der gleichen Zeit nach seinem letzten EWG-Auftritt vom Glamour der Fernsehshows zurückgezogen hatte. Kuhlenkampff war stets Gottschalks großes Vorbild gewesen, und in der Tatsache, daß der Junge aufstieg, während der Senior sich nach zweiundzwanzig Jahren als Showmaster von »Einer Wird Gewinnen« verabschiedete, sahen nicht wenige eine Zeitenwende im Vergnügungsfernsehen.

Von Kuhlenkampff hat Thomas sich einiges abgeschaut – nicht nur, daß ein Fernsehstar unbeschadet Werbung machen kann. Nach Peter Frankenfeld, der seinerzeit noch vergleichsweise unauffällig einem Rasierwasser diente, war Kuhlenkampff über lange Zeit als Pfeifenraucher für eine Tabakmarke in Erscheinung getreten. Selbstverständlich war in seinen Jahren undenkbar, daß er denselben Tabak etwa in seiner Show »EWG – Einer Wird Gewinnen« rauchen oder anpreisen würde. Product placement, gekoppelt mit Sponsoring, wie es heutzutage üblich ist und in »Wetten, daß..?« aufdringlich betrieben wird, kannte das Fernsehen seinerzeit allenfalls in Kochkurssendungen.

Ein Gegenstand war frühzeitig bei Kuhlenkampff Bestandteil der Show, der nun in »Wetten, daß..?« unvermeidlich zu sein scheint: der Traktor. In seiner Show »Sieben auf einen Streich«, in der Prominente gegeneinander antraten und Zuschauer den Sieger voraussagen sollten, ließ Kuli zum ersten Mal Autorennfahrer in Traktoren um die Wette fahren. Seither scheint das Symbol bäuerlicher Kraft einen festen Platz in der deutschen Fernsehunterhaltung zu behaupten.

Auch eine gewisse Neigung zu politisch unkorrekten Bemerkungen hat Gottschalk mit dem Altmeister Kuhlenkampff gemein. Der sprach im Fernsehen schon von »DDR«, als die im Westen beim Bürgertum noch »Zone« hieß, schimpfte bis zur Beleidigungsgrenze über Bonner Politiker und verabschiedete sich 1987 von seinem Publikum mit der philosophischen Anmerkung: »Das größte Vergnügen der Menschen ist das Denken. Denken Sie nach und seien Sie gegrüßt.«[143]

Schließlich ist beiden, dem Vorbild und dem Jungstar, der Hang zum Spielfilm gemeinsam – wobei Kuhlenkampff als Schauspieler vor der Kamera wie auch auf der Theaterbühne im leichten Fach sichtlich talentierter war.

Als die ständigen Bewertungen und Ratschläge, die gleichzeitige Mäkelei und Lobhudelei für »Wetten, daß..?«, die Kritik am Showkonzept, das ihn angeblich zu sehr einengte, auf die Nerven gehen, greift Thomas in eigener Sache zur Feder:

> Erinnern Sie sich noch? ›Gottschalk macht Wetten, daß..? kaputt‹, hieß es vor knapp einem Jahr. Plötzlich, ich glaub', ich hör' nicht recht, macht auf einmal ›Wetten, daß..?‹ Gott-

schalk kaputt. Langweilige Wetten, immer das gleiche. Danke der Fürsorge. (...) Ihr meßt ›Wetten, daß..?‹ mit der falschen Elle. Da glotzen alle nach Seoul, aber bei Olympia hüpfen da Leute seit 2000 Jahren weit, lang und springen hoch. (...) Solange ich ›Wetten, daß..?‹ moderiere, wird es keine Sprünge vom Kirchturm in den Schuhkarton geben. (...) Solange bei dieser Sendung nicht nur laut gelacht, sondern auch leise geschmunzelt wird, ist die Welt für mich in Ordnung. Und für zwanzig Millionen andere Menschen offenbar auch. Ich denke, das muß reichen.[144]

So äußert er sich 1988. Ein Jahr später wird kaum einer mehr nach dem Konzept der Sendung fragen: Gottschalk ist Medienstar Nummer 1 in Europa, geküßt und geschlagen, und wie um seine Höhe symbolisch zu beweisen, steigt er in den Ostalpen mit dem Bergextremisten Reinhold Messner auf den 3905 Meter hohen Ortler, um dort den Müll von Bergsteigern einzusammeln. »Geschafft ... Fix und fertig«, keucht er.[145] Natürlich handelt es sich, wie in der Folgezeit bei so vielen merkwürdigen Abenteuern des Entertainers, um die Einlösung einer verlorenen Wette.

Er kämpft sich 1989 nicht nur auf den Gipfel. Er kämpft an mehreren Fronten: um seinen zweiten Sohn Tristan und gegen Anwürfe einer Pressesprecherin der Grünen, die ihn seit seiner McDonald's-Werbung im Visier haben.

Sein Privatleben wird weiterhin öffentlich begafft und beredet, Unterstellungen und Gerüchte finden in ihm eine Projektionsfläche, deren Erwähnung sich für Boulevardgazetten immer auszahlt. Bei der *Bild*-Zeitung gilt er redaktionsintern als einer von drei »Titanen«. Das heißt: sein Name verspricht maximale Auflagensteigerung. Eine zwiespältige Ehre, immerhin aber eine Spitzenposition. Das hilft nicht über zudringlichen Journalismus hinweg: Man kann ihm noch so oft bestätigen, daß er die Nase vorn hat, bald hat er sie einfach voll.

Da verschafft ihm ein überraschender Vorgang etwas Freiheit

von öffentlicher Beäugung, der die Presse der Welt beschäftigt: In Berlin öffnet sich die Mauer – der Anfang vom Ende der DDR. Die Vereinigung der beiden deutschen Staaten ist in Sicht: eine Verschiebung der Gewichte in Europa, die viele Deutsche freut, nicht wenigen Nachbarn angst macht.

Thomas empfindet das Ereignis als Entlastung: Boulevardzeitungen arbeiten nun mit Trabbi-Stories und stürzen sich auf die Wiederbegegnung deutscher Familien. Für eine Weile verschwindet er aus dem Zentrum des Interesses und genießt die Ruhe. Zeit für grundsätzliche Überlegungen, wie das Leben im Rampenlicht weitergehen, wie Privates vor öffentlichem Einblick bewahrt werden kann.

Vermutlich hat im Jahr 1989 die Vorstellung, auf Dauer außerhalb Deutschlands, in den USA, leben zu können, bei Thea und ihm zum erstenmal Gestalt angenommen. Bis dahin war Kalifornien ein Ferienland, und das kleine Haus an der Larmar Road in den Hollywood Hills genügte für einen Urlaub.

Jetzt aber wird das Domizil verkauft und ein neues Haus erworben, nicht mehr in Hollywood, sondern in Malibu. Nicht weit vom Pacific Coast Highway, P.C.H. 6949 Dume Drive, und wie der Name der Straße besagt, liegt das langgestreckte Anwesen hoch am Point Dume, mit einem überwältigenden Weitblick zum Pazifischen Ozean. Rechts der Einfahrt gibt es einen Tennis-Hartplatz. Das Haus selbst ist zu ebener Erde und im ersten Stock reichlich mit Zimmern versehen, eine anheimelnde Holzkonstruktion, die nach Westen hin in einen Patio übergeht. An dessen Glasfront schließt sich draußen ein Swimmingpool an. Danach fällt das Grundstück ab und geht in einen Hang voller Dornengestrüpp über. Über dem Pool kreisen manchmal Seeadler, im Patio ziehen sich Ameisenstraßen über den Klinkerboden.

Es ist nicht nur das erste größere Haus der Gottschalks in den USA, es ist vielleicht auch das liebenswerteste, mit seinen überschaubaren Proportionen und seiner herrlichen Lage über dem

Meer. Hier ist die Familie ungestört – nicht ganz: einmal quält sich eine Reporterin, die vor Schlangen offenbar keine Angst hat, durchs Unterholz den Hang hinauf fast bis zum Swimmingpool, wird aber von den Kindern und deren Freunden entdeckt und vertrieben. Thomas fühlte sich im Haus am Dume Drive von Anfang an ganz in Harmonie mit sich selbst und den Seinen: Das ist es! dachte er.

Thea wußte schon, daß dies nicht die letzte Adresse in LA bleiben würde. Nur drei Jahre später wird das Nest verkauft werden an einen Arzt, der ausgezeichnet Deutsch spricht und es besonders interessant findet, in seiner Heimat ein Haus von Deutschen zu erwerben.

18 *Kasperletheater spätnachts*

Wenn er geahnt hätte, was auf ihn zukam, er hätte sich vielleicht nicht so sorglos entschieden, mit dem österreichischen Radio-Luxemburg-König Dr. Helmut Thoma gemeinsam ein deutsch-amerikanisches Experiment zu wagen. Das multikulturelle Unternehmen begann als Hoffnung, entwickelte sich zum Alptraum, und der Ausgang war ungewiß. Kein deutsches Fernsehprogramm wurde je so penibel von der Öffentlichkeit verfolgt.

Die Late-Night-Show, ein in den USA erprobtes Format, hatte Helden hervorgebracht und goldene Quoten erobert. Der legendäre Altmeister Johnny Carson, in seinen Fußstapfen David Letterman, ein Multitalent aus Clown, Zyniker und Spontan-Essayist, und die erfolgreiche Riege von Jay Leno bis Arsenio Hall verlockten dazu, in Deutschland ein ähnliches Nachtformat zu versuchen. Da die Mehrheit der vereinigten Bürger nach den »Tagesthemen« der ARD die Bettdecke über Augen und Ohren zog, konnte nur einer sie nach 23 Uhr daran hindern und zum Blick in die Glotze bewegen: Thomas Gottschalk.

Er glaubte selbst daran. Von diesem Glauben bis zu der Beschuldigung durch Helmut Thoma, Gottschalk habe sich wie ein Parasit verhalten, zieht sich eine Lebensstrecke des Medienhelden, die schwierig zu nennen eine grobe Untertreibung wäre. Dabei fing alles vergleichsweise harmlos an.

Mit einer Personality-Show unter dem Titel »Gottschalk«, jeweils mittwochs zur Prime time, 20.30 Uhr, startete Thomas seinen Auftritt im Privatfernsehen. Am 19. September 1990 lief die erste von insgesamt 26 vorgesehenen Folgen, live produziert in Geiselgasteig, auf dem Bavariagelände im Süden Münchens. Zu Gast waren der charmante James Bond Roger Moore und der kratzbürstige Schimanski Götz George. Die Mischung stimmte, ein eingespieltes Team aus »Wetten, daß..?«-Urhölzern stand Thomas zur Seite: Holm Dressler und Regisseur Sascha Arnz. Knapp vier Millionen Zuschauer sahen zu. RTL Plus hatte sich für die Honorarsumme von rund zwei Millionen Mark für die Sendestaffel mehr erwartet, war jedoch mit dem Marktanteil von elf Prozent fürs erste zufrieden.

Weniger zufrieden war die Kritik, und zwar nicht nur, weil Thomas präventiv ein paar Bemerkungen über seine Kritiker einstreute, die weder nötig noch witzig waren – sondern weil die Auftaktsendung von »Gottschalk« noch mit Mängeln im Ablauf behaftet war, die für eine Premiere typisch sind.

Das Publikum wollte in der nur auf ihn zugeschnittenen Show den Thomas der frühen Jahre, den frechen Komödianten des Rundfunks, den Ironiker und Pointensprudler wiederfinden, nicht den ins Privatfernsehen übergesetzten Entertainer aus »Na sowas!«. Das redaktionelle Konzept der Show war auf quotenbringende Sensationen, Stars und Schlüpfrigkeiten ausgerichtet und berücksichtigte nicht, daß hier ein Showmaster im Mittelpunkt stand, der selbst sensationell sein mußte – wollte er nicht seinen Glanz verlieren.

Was er konnte, zeigte er nach seiner zweiten Show, die nur noch eine Zuschauerbeteiligung von acht Prozent hatte. Am Mittwoch darauf, dem Vorabend der deutschen Vereinigung, zog er, begleitet von einem Kameramann, durch Berlin, machte die Nacht durch und befragte von sieben Uhr abends bis sieben Uhr früh jeden, der ihm vors Mikrophon kam. Keiner, der sich verweigert hätte – Willy Brandt und Rita Süssmuth plauderten ebenso mit ihm wie Kanzler Kohl, dessen schief sitzende Krawatte Thomas zu hilfreicher Korrektur veranlaßte. Nach der Sonderausgabe seiner Show zum Tag der deutschen Einheit erhebt der Berliner *Tagesspiegel* ihn zum »Kulturphänomen«.[146] Daß die Zuordnung nicht zu hoch gegriffen ist, zeigt sich freilich weniger an der RTL-Show. Noch immer erreicht er die größte Zustimmung in öffentlich-rechtlichen Medien.

Als das ZDF gemeinsam mit dem DDR-Fernsehen am 6. Mai 1990 in Ostberlin die Live-Show »Guten Abend, Deutschland« veranstaltet, in der Künstler aus den beiden deutschen Staaten unter der Moderation von Frank Elstner auftreten, gehört auch Thomas dazu – freilich nicht wie die übrigen im Friedrichstadtpalast, sondern gleichsam als Außenwette unter freiem Himmel auf dem Alexanderplatz – und in ganz ungewohnter Rolle. Als *Zauberflöten*-Papageno kostümiert, gibt er sich die Ehre.

Fünftausend Zuschauer umstellen die Freilichtbühne. Thomas begrüßt sie mit Flapsereien wie »Der Gottschalk im DDR-Fernsehen: das ist die Rache für die Übersiedler!« Dann aber hebt er an zur Vogelfänger-Arie, und Mozart findet sich bei Thomas stimmlich durchaus anständig aufgehoben. Gerade weil man keine Operntauglichkeit bei ihm erwartet hatte, schwillt die Begeisterung derart an, daß der Star, von zehn Volkspolizisten umringt, sich danach nur unter Mühen zu seinem Wohnwagen durchkämpfen kann, wo Antonio Geissler ihn aus der Menge über die Schwelle hoch und durch die Tür ins Innere zieht.

Der Wagen, von mehreren hundert Fans umlagert, gerät ins Schwanken; ein paar unheilbar Gottschalk-Süchtige versuchen, das Gefährt von den Achsen zu schaukeln, und müssen von Vopos daran gehindert werden, den Liebling im Federkostüm aus seinem Nest zu schütteln. Thomas wird tatsächlich etwas mulmig. Nach Mitternacht erst bringt ihn eine Polizeieskorte ins Hotel.[147]

Unter solch beängstigenden Erfolgen zeichnet sich noch kaum merklich der Anfang einer Krise ab. Bis 1994 markiert sie die erneuten und bitteren Lehrjahre eines Stars, der eigentlich alle Medienerfahrung schon gemacht haben mußte. Noch 1991 in einer repräsentativen Umfrage der Zeitschrift *TV Spielfilm*[148] mit großem Abstand zur Nummer eins des Showgewerbes gekürt –

Note 1,4; Harald Schmidt mit 2,6 auf Platz sechs –, scheint er sich vor allem durch seine Night-Show bei RTL Plus die Sympathien geradezu planmäßig zu verscherzen.

Die Zuschauerzahlen pendeln sich bei über einer Million ein, doch die Presse kann sich nicht abfällig genug äußern. Von der »Gottschalkisierung der Öffentlichkeit«[149] wird geschrieben, die Schlagzeilen stimmen sich ab, von »Wirklich furchtbar« bis »Brechmittel«. Er bringt die Kinderschützer gegen sich auf, als er einen Kandidaten in der Waschmaschine durchdrehen läßt und den Brutalo-Darsteller Jean-Claude van Damme einlädt; der Tierschutzverein tritt gegen ihn an, weil einer seiner Gäste Goldfische schluckt und aus dem Magen zwar lebend, doch gesäuert wieder hervorwürgt. Er muß sich bei der bayerischen SPD-Vorsitzenden Renate Schmidt entschuldigen, weil er ihr Dekolleté zu einer minderen Pointe mißbrauchte. »Ausgepowert«, »ausgebrannt« sind noch die sanftesten Attribute, die der einstige Held der Fernsehseiten auf sich zieht, bevor er sich verabschiedet.

Im Mai 1992, als er »Gottschalk« beendet, ist die Häme unüberhörbar. Daß er inzwischen der katholischen Kirche mit seinem Austritt gedroht hat, falls die Ecclesia seinen Gast Eugen Drewermann exkommunizieren sollte, nimmt ihm keiner mehr so recht ab. »Wenn man Ihnen das Priesteramt nimmt, trete ich aus der Kirche aus!«[150] Nun ja. »Der Abschied fällt leicht«, schreibt die *Nürnberger Zeitung* und meint gleich das Ende der ganzen Show-Staffel.[151]

Doch wer glaubte, Thomas werde sich auf die sichere Bastion »Wetten, daß..?« zurückziehen, war im Irrtum. Der Taugenichts wählte erneut den Aufbruch ins Unbekannte. Er setzte alles auf eine Karte.

Was war dem großen Unterhaltungsschlachtschiff »Wetten, daß..?« nicht alles vorgeworfen worden: auch hier Tierquälerei natürlich, ein Vorwurf, dessen Wirkung hierzulande weit vor der Mißachtung von Menschen rangiert. Dann hatte Herr Schwarzenegger als Show-Gast österreichischen Wahlkampf betrieben. »Was ist bloß mit Gottschalk los?« fragte die *Bild*-Zeitung, fand ihn »unkonzentriert, blaß, fahrig, gereizt«. Und das in kapitalen Lettern auf der Titelseite, als handle es sich um eine nationale Notlage.[152]

Drei Tage darauf bewies er, nun kurz vor seinem vierzigsten Geburtstag, daß er im Doppelpack immer noch die Spitze der Fernsehbeliebtheit verkörperte: 17,5 Millionen sahen »Wetten, daß..?« und 3,5 Millionen »Gottschalk«. Niemand außer ihm konnte die 20-Millionen-Grenze im deutschen Fernsehen überschreiten.

Dennoch gab er die Samstagabendshow ab. Viel spricht dafür, daß er sich schlicht übernommen hatte. Neben seinen Fernsehgeschäften und Werbespots hatte er sich wieder seinem Lieblingsmedium zugewandt, dem Radio. Als Programmdirektor versuchte er, den Privatsender Radio Xanadu mit eigenem Mikrophoneinsatz von sieben Stunden pro Woche zum Erfolg zu führen. Eine Hoffnung, die er nicht einlösen konnte. Daneben floppte der Film *Trabbi goes to Hollywood* und brachte dem Protagonisten Beschimpfungen von Ostalgikern ein. Die Zeichen standen auf Götterdämmerung.

Finanziell immerhin war das Jahr 1991 ein Erfolg: Zu den Fernseh- und Rundfunkeinkünften gesellte sich ein neuer Werbevertrag. Der international führende Süßwarenkonzern der Bonner Brüder Hans und Paul Riegel, der in seinen weltweiten Produktionsstätten täglich allein achtzig Millionen Weingummibärchen ausstößt, verpflichtete den deutschen Medienliebling für die Haribo-Werbung – wobei Thomas zufrieden feststellen konnte, daß sich sein Marktwert seit 1988, als er Fast food anzupreisen begann, vervierfacht hatte.

Nicht zuletzt deshalb rührte die Regenbogenpresse ihre am besten erprobte Leserlockspeise an: den Neid. Ein Mann, der von Journalisten, ohne daß Beweise vorlagen, auf ein Jahreseinkommen von sechs Millionen Mark geschätzt wurde, mußte schon mehr als gut sein, um noch geliebt zu werden. Aber war er noch gut genug?

Bei allen Klatschreportagen über das Leben der High-Society spielt die Frage mit, ob die augenscheinliche Prosperität dieser Kreise verdientermaßen genossen wird. Oder wenigstens durch persönliches Mißgeschick ausgleichende Gerechtigkeit erfährt. Nichts ist tröstlicher als unglückliche Millionäre. An dieses uralte Spiel sind die Objekte der Regenbogenpresse ebenso gewöhnt wie deren Leser. Aber glückliche, lächelnde Millionäre, das erfordert doch eingehende Betrachtung.

Wenn eine auflagenstarke Boulevardzeitung die abendliche »Wetten, daß..?«-Sendung morgens mit einem Artikel ankündigt, der sich überhaupt nicht mehr mit den Qualitäten des Entertainers oder denen seiner Gäste, sondern ausschließlich mit seinem Einkommen befaßt, dann ist es höchste Zeit, der Journaille den selbstgemachten Wind aus den Segeln zu nehmen.[153]

Mit zwei gleichzeitig vorgebrachten Ankündigungen überraschte Thomas seine Fans. Schluß mit »Wetten, daß..?«, dafür künftig bei RTL jede werktägliche Nacht »Gottschalk«, und zwar als Late-Night-Show nach 23 Uhr.

In der Illustrierten *Stern TV* brachte sein Freund Günther Jauch ihm eine Art Nachruf dar – Titel: »Erlöster Dinosaurier« –, der genau besehen ein Aufruf zu neuem Leben war.[154] Jauch erinnerte an Highlights der »Wetten, daß..?«-Geschichte wie den Auftritt Gottschalks als sterbender Schwan oder den Betrug des *Titanic*-Redakteurs, der am 3. September 1988 angeblich Buntstifte am Geschmack erkennen konnte, dabei aber zwischen Brillenrand und Nasenrücken durchgelinst hatte, um für sein Satireblatt eine nette Geschichte zu ergattern.

»Wenn Thomas läuft, vergißt halb Deutschland für zwei Stunden seine Probleme.« Jauch verband das Lob mit einer zielsicher formulierten Beobachtung: »Am Ende glaubte ich ihm manchmal die Lästigkeit anzusehen, die ihn bei der Moderation dieses Fernsehdinosauriers befiel.«

Das Wort »Dinosaurier« läßt immer seine Geschichte mitklingen: Größe, Masse, Unbeweglichkeit und eben Aussterben. Vom Untergang des ZDF war damals auch Thomas überzeugt. »Wir stehen vor einer völlig neuen Fernsehentwicklung«, sagte er. »Da wollte ich nicht in der alten Betulichkeit von ›Wetten, daß..?‹ klebenbleiben und sagen: Ich bleibe der Samstagabend-August, während um mich herum das alte Fernsehen zusammenbricht. (...) Große Tanker sind eben nicht mehr gefragt. Da steige ich doch lieber auf eine schlanke Yacht um und sage mir, wenn du damit untergehst, sinkst du mit Glanz und Gloria, aber wenigstens gehst du nicht mit dem alten Kahn baden.«[155]

Seinen korpulenten neuen Dienstherrn Helmut Thoma mit einer schlanken Yacht zu assoziieren, war schon ein Wagnis. Was die Manövrierfähigkeit des ZDF anging, war Thomas, um im Bild zu bleiben, völlig auf dem falschen Dampfer. Erstaunlich und für das Jahr 1992 kennzeichnend aber war der Titelsatz des Interviews: »Ich will nicht auf der Strecke bleiben.«

Hatte er es nötig, noch einmal ein Experiment zu wagen? War es am Ende gar nicht ironisch gemeint, als er sein Lebensziel folgendermaßen formulierte: »Erst wenn ich eines Tages von allen gelobt werde, bin ich zufrieden. Weil ich aber nie von allen gelobt und geliebt werde, mache ich weiter.«[156]

Warum beschied er sich nicht damit, auf seiner Harley-Davidson unter strahlender Sonne den P.C.H. von Malibu nach Los Angeles entlangzudonnern und sich am Sunset Boulevard über das Riesenplakat von *Trabbi goes to Hollywood* zu freuen, auf dem sein Name prangte?

Konnte er nicht in Ruhe aufs Meer sehen, vor seinem neuen Haus, 33014 Pacific Coast Highway, dessen Garten mit einem dramatisch in den Himmel greifenden Baum nur durch eine überblickbare Mauer vom Strand und vom Pazifik getrennt war? Manchmal nahm er sich abends Zeit, saß auf der Gartenbank, rauchte eine seiner überdimensionalen kubanischen Zigarren, unterhielt sich mit einem Freund und ließ den Blick hinausgleiten auf die vom Sonnenuntergang aufgeglühte Meeresfläche.

Nun gut, für ein kalifornisches Rentnerdasein war er wirklich zu jung. Auch die Frührentneroase Las Vegas lockte ihn nicht. Doch wenn er von Malibu zurückblickte auf den kleinen Kulmbacher Jungen in der Sutte 11, dann war der Weg doch eigentlich steil und weit genug; dann hätte er durchaus sagen können: viel erreicht, mehr muß nicht sein. Längst war er ein Markenbegriff für Unterhaltung geworden, und sogar Menschen, die kein Fernsehen hatten, verbanden seinen Namen mit Frohsinn. Er schmückte jedes festliche Ereignis, von Bayreuths Premieren bis zum Wiener Opernball, und galt, anders als die meisten seiner Kollegen, auch bei Intellektuellen als Glücksfall seines Metiers.

Der Maître der Literaturkritik, Marcel Reich-Ranicki, war nicht nur als Gast in »Wetten, daß..?« aufgetreten, sondern hatte – als Einlösung einer Wettschuld – eine höchst schmeichelhafte Kritik unter dem trügerischen Titel »Geschmacklosigkeit kennt er nicht« verfaßt und Thomas im Untertitel – man muß sich das auf der Zunge zergehen lassen – als »Wunder zwischen Nathan, Faust, Hans Albers und Escamillo«[157] charakterisiert. Abgesehen davon, daß Thomas sich durchaus dann und wann in Geschmacklosigkeit verirrt hat, äußerte sich Reich-Ranicki höchst treffend: »Er ist ein unaufdringlicher, sogar etwas schüchterner Draufgänger.«

Jetzt auch noch mit den höheren Weihen des *F.A.Z.*-Feuilletons gesegnet, hätte Thomas gleichsam vom öffentlichen Thron steigen und privatisieren können. Ein finanzielles Problem jedenfalls hätte er sich damit kaum eingehandelt. Lebte er doch seit geraumer Zeit nach der Devise von George Bernard Shaw: Geld ist nichts. Viel Geld ist etwas anderes.

Nein, hinter all der lockeren Lässigkeit, mit der er über sich selbst Auskunft zu geben pflegt, lauert etwas, das seine Lehrer rundweg abgestritten hätten: Leistungsehrgeiz. Aus allen Interviews der Jahre läßt sich unbezweifelbar ablesen, daß Gottschalk das Format der Late-Night-Show in Deutschland einführen und sich selbst als Meister in dieser Disziplin etablieren wollte, vielleicht nicht ein David Letterman – das wäre eher die Begabung von Harald Schmidt gewesen –, aber ein Jay Leno oder Arsenio Hall für die Deutschen: »Ich will zur Gewohnheit werden.«[158]

Am 28. September 1992, 23.15 Uhr, startet die tägliche Late-Night-Show »Gottschalk« im RTL-Fernsehen. Zu Gast sind, damit der Abschied von ZDF und »Wetten, daß..?« deutlich markiert wird, der dortige Vorgänger Frank Elstner und der Nachfolger Wolfgang Lippert. Produziert wird »Gottschalk« zum Festpreis von 300000 Mark pro Show von der Firma Brot und Spiele. Sie war 1991 mit einem Stammkapital von einhunderttausend Mark gegründet worden und hatte drei gleichrangige Gesellschafter: Antonio Geissler, Holm Dressler und Thomas Gottschalk.

Die Kritiken nach der Premiere sind zurückhaltend bis abwartend freundlich. Nach einer Woche und fünf Sendungen jubeln nur noch die Schweizer. Die *Weltwoche* in Zürich nennt Thomas »Tele-Picasso« und erhebt ihn damit in Ränge jenseits des Zweifels. Insgesamt fünf Millionen Menschen haben die Sendefolgen der ersten Woche gesehen, nach drei Wochen wird sich die abendliche Quote durchschnittlich bei 1,1 Millionen einpendeln.

Die Vorschußlorbeeren halten nicht lange. Schon im November schlägt die Kritik zu: »In seiner Show hat auch die größte Hohlheit einen berechtigten Anspruch darauf, ernst genommen zu werden. (...) Die Auswahl der Gäste wird immer korrupter. (...) Bei ›Gottschalk‹ wäre es ungerecht, Prostitution zu nennen, was wie Prostitution aussieht. Es würde Gottschalk unterstellen, nicht Gottschalk zu sein.«[159] Nicht alle schreiben so gehässig, aber es ist nicht zu übersehen: Soll die *Bild*-Schlagzeile »Thommys Stern sinkt und sinkt« nicht wahr werden, muß die Show deutlich an Format gewinnen.[160]

Das gelingt, indem die Redaktion Thomas bessere Gesprächspartner zuführt. Etwas mehr Politik und Kultur. Marcel Reich-

Ranicki darf Buchempfehlungen abgeben, der Showspringer Hellmuth Karasek – von dem der Satz stammt: »Weniger Abgrund als Gottschalk ist nicht vorstellbar« – plaudert über Filme. »Eine Flucht ins Niveau« nennt *Die Zeit* den Wandel des Konzepts und begrüßt ihn.[161]

Dann passiert die Katastrophe. Angesichts brennender Unterkünfte für Asylbewerber meint Thomas, sich den Vorsitzenden der rechts außen angesiedelten Republikaner, Franz Schönhuber, einladen zu müssen, um mit dem Verkünder der Anheizparole »Deutschland den Deutschen« ein kritisches Interview zu führen.

Vielleicht glaubte er, den Waffen-SS-Veteranen, der sich mit seinem trotzigen Bekennerbuch *Ich war dabei* um seinen Posten als Chefredakteur des Bayerischen Fernsehens geschrieben hatte, auf den Pfad demokratischer Tugend zurückreden zu können. Schlecht vorbereitet auf den ausgebufften Platitüden-Profi Schönhuber, »versackte der lärmige Solist Gottschalk, der kürzlich noch öffentlich gegen Fremdenhaß protestiert hatte, sprachlos in der Demagogenjauche«. So jedenfalls sah es der *Spiegel*.[162]

Zwei Tage nach der Sendung rollte ein Mediendonner durch den Blätterwald, wie Thomas ihn noch nicht erlebt hatte. Politiker nahmen Stellung, Kollegen übten Schelte, sein Chef sprach öffentlich von einem »Fehler«, der Weltreisende Hardy Krüger setzte sich an die Spitze der Absetzbewegung und gab seine Zusage, in »Gottschalk« aufzutreten, medienwirksam zurück.

Dafür ließ Hellmuth Karasek sich zur kritischen Erörterung des Vorgangs bewegen und sprach in der Show über die Show und mit dem Showmaster über den Showmaster bedeutende Sätze. Thomas habe das tapfere Schneiderlein spielen wollen und sei dabei »in die Scheiße getreten«.

Am erstaunlichsten an der Aufregung war, daß niemand mit diesem veritablen Untergang gegenüber Schönhuber gerechnet zu haben schien. Den rechtsrandigen Schwafler auf seine Gesinnung und seine Äußerungen festlegen zu wollen, gleicht dem Versuch, eine Qualle zu erwürgen. Und Thomas, dem unter all seinen Talenten das eine fehlt, Konflikte anzunehmen und, wenn es sein muß, auch polemisch auszutragen, war denkbar ungeeignet für diesen Gegner. Jedermann – wenn schon nicht er selbst – hätte dies wissen können.

Solides Briefing, gründliche journalistische Präparierung, steht bei ihm in Verdacht, ein Korsett zu sein, das ihn hindert, seine Moderation spontan und leichtfüßig vorzutragen. Lieber greift er auf seine Lebenserfahrung, seine Kenntnisse und Ahnungen zurück und verlässt sich darauf, von allem genug zu verstehen; tatsächlich reicht sein kaleidoskopisches Wissen für den größten Teil der Fernsehunterhaltung. Wie weit es reicht, weiß er selbst: »Diese Vielfältigkeit hat natürlich den Nachteil, daß es nach einer Viertelstunde in allen Bereichen dünn wird.«[163]

Für das Konzept, neben der Unterhaltung auch anspruchsvollere Gespräche, neben dem Glamour auch Politik und Kultur zu bieten, mangelt es den Redakteuren der Sendung an der notwendigen Qualifikation. Trotz stabiler Quoten mäkelt RTL-Chef Thoma an den Shows herum, nimmt Anfang 1993 den Montagstermin aus dem Senderaster heraus, und Thomas versteht die Welt nicht mehr. Seine Witze werden als schal oder peinlich empfunden, Schlagzeilen wie »Strahlemann im Sturzflug«, »Gottschalk voll daneben« oder »Letzte Chance für Gottschalk« gehen ihm auf die Nerven. Allmählich trübt sein sonniges Gemüt sich ein. Das Gefühl, Prügel von allen Seiten zu bekommen, und das Etikett, erfolglos zu sein, machen ihn ratlos: »Fünfzehn Jahre lang habe ich nicht so auf die Fresse gekriegt wie heute.«[164]

Dabei gäbe es Grund, ihn zu loben. Seit dem 30. November 1992 existiert nämlich eine Thomas-Gottschalk-Stiftung für in Not geratene Kinder, in die er die Hälfte seines Nettoverdienstes durch Werbung einbringt. Das Stiftungskapital von einer halben Million dient dazu, Kindern gezielt zu helfen, und zwar gerade dort, wo große Organisationen zumeist nicht eintreten: individuelle Notfälle, begrenzte Hilfsprojekte. Im Stiftungsvorstand sitzen Exaußenminister Hans-Dietrich Genscher, Bertelsmann-

Chef Frank Wössner, der Journalist Dagobert Lindlau. Bis Ende 1997, als Gottschalk wegen seines Umzugs nach Amerika die Stiftung auflöst und das Restvermögen dem Kinderschutzbund überweist, hat sie nachweislich in vielen Fällen segensreich gewirkt. Aber das ist kein Thema für die Sensationspresse. Damit kann man den Star nicht niederschreiben, der nun allmählich das Gefühl hat, er müsse um sein Image kämpfen.

Wieder mal wird für den nun 42jährigen ein neues Konzept erdacht, Holm Dressler muß gehen, RTL schickt Redakteure der Hans-Meiser-Show nach München. Das Ergebnis: »Stunde der Peinlichkeit«, schreibt der *Spiegel*, »Spruchpilot im Sturzflug« titelt *Die Woche*. Das Meiser-Team senkt das Niveau der Show radikal ab. Die Quoten steigen deswegen nicht. Die veröffentlichte Meinung gibt ihn verloren. »Freier Fall in Zeitlupe!«, »Spontantalker auf der Intensivstation!«, »Kentertainer!« Das Ritual wird grausam, die Themen werden lächerlich.

In höchster Not läßt RTL einen erprobten, wenn auch nicht sonderlich beliebten Feuerwehrmann einfliegen: Hans-Hermann Tiedje, von 1988 an Chefredakteur der *Bunten*, danach, bis Mai 1992, in derselben Position bei *Bild*. Ein Mann, für den Erfolg alles ist und keine Ausrede zählt, im Umgang autoritär, ein Patriarch und hochkompetent auf seinem Gebiet: Boulevard. Da gilt er als »journalistische Dampfwalze«.

Wie denn? Derselbe Tiedje, der die geklitterte Seitensprung-Story über Thomas in der *Bunten* zu verantworten hatte, wegen der Gottschalk seine drei Bambi-Trophäen an den *Bunte*-Verleger Burda zurückgab, soll ihm jetzt aus dem Publikumstief helfen? Und der vom Wechsel der Konzepte ohnehin zermürbte Showstar soll ausgerechnet mit diesem Mann kollegial zusammenarbeiten?

Wieder zeigt sich eine Stärke, die Thomas eigen ist und ihm das Leben erleichtert: Er kann nicht nachtragend sein. Der Artikel von damals ist nicht vergessen, aber abgehakt. Heute ist heute. Am 28. September 1993 startet die neue Staffel der Late-Night-Show, von Dienstag bis Donnerstag wird um 20.30 Uhr aufgezeichnet, um 23.15 Uhr in der Nacht gesendet.

Die Sendung verteuert sich mit dem Tiedje-Konzept vor allem durch die aufgeblähte Redaktion und die Stargäste enorm: pro Folge werden bis zu 600000 Mark fällig. Die Quote wird im 5-Minuten-Takt ermittelt, so daß für jeden Gast das Zuschauerinteresse gemessen werden kann. Ein brutales und in all seiner Perfektion dummes Verfahren, weil es die Neugier des Publikums als Wert an sich ausgibt.

Auch das neue Konzept hält nicht ganz, was Tiedje versprochen hatte. Immerhin gibt es Sendungen mit über drei Millionen Zuschauern, durchschnittlicher Marktanteil: 18,4 Prozent. Dennoch ist die halbe Werbeminute auf RTL bei »Gottschalk« im Vergleich am billigsten zu haben, für 14200 Mark. Bei »Columbo« kostet sie 80000, bei »Traumhochzeit« 120000. Das sagt nichts aus über die Qualität einer Sendung. Aber für »Gottschalk« bedeutet es: RTL kommt nicht auf seine Kosten.

Ende des Jahres 1993, als das Verhältnis zwischen Thomas und Thoma merklich abkühlt, läuft alles auf eine grundsätzliche Entscheidung hinaus. Will RTL die Late-Show »Gottschalk« halten oder trotz der stabilisierten Zuschauerquote auslaufen lassen? Einiges spricht dafür, Thomas im Programm zu belassen, vor allem daß er in einem anderen Sender von Januar 1994 an vermutlich wieder Spitzenwerte erzielen wird, die sich dann auch auf RTL günstig auswirken müssen.

Im August 1993 war nämlich bekanntgeworden, daß der neue Unterhaltungschef des ZDF, Gottschalks Freund aus Rundfunktagen, Fred Kogel, den Entertainer in sein altes Format zurückgelockt hatte: »Wetten, daß..?«, seit 1992 durch Wolfgang Lippert von Sendung zu Sendung sicherer moderiert, setzte wieder auf Gottschalk als Garanten für zweistellige Zuschauermillionen.

ZDF-Intendant Dieter Stolte hatte sich mit Thomas in der eigenen Mainzer Wohnung getroffen. Konspirativ wie in einem Spionagefilm der siebziger Jahre vermieden beide jeden Hinweis auf die Begegnung. Stolte bekannte im nachhinein, daß er noch nie derart diskret einen Vertrag vorbereitet hatte wie für diesen Doppelauftritt von Gottschalk bei RTL und ZDF.[165] Seinerzeit verachtete das öffentlich-rechtliche Fernsehen jeden, der sich mit den Privaten einließ. Der Pragmatiker Stolte durchbrach die Etikette. Bald darauf machte die Nachricht vom doppelten Gottschalk im Berliner Hotel Interconti, auf der Internationalen Funkausstellung Berlin, IFA, Mediengeschichte: Thomas war der erste, der auf einem Fuß bei einem öffentlich-rechtlichen Sender, auf dem anderen beim Privatfernsehen tanzte.

RTL nahm die Rückkehr ihres Late-Night-Entertainers in den ZDF-Samstagabend als willkommene Werbemaßnahme für den Namen Gottschalk dankend an. Sein streckenweise unübersehbares Formtief war von einem früheren ZDF-Unterhaltungschef, Wolfgang Penk, ohnehin als vorübergehende Erscheinung diagnostiziert worden: »Der Spaßvogel ist in der Mauser. Da sieht kein Vogel gut aus.«[166]

19 *Phönix aus der Asche*

Was da am Rand des Canyons steht, ist kein Haus. Es ist ein Abenteuer. Welcher Verrückte hat diese Ansammlung europäischer Baustile zwischen Neugotik, Romantik und Jugendstil hierhergeschafft – eine Windmühle, ein Haupthaus mit Nebenhäusern, ein Turm, ein kleiner See?

Nein, das ist doch zu absonderlich. Oder vielleicht gerade toll? Eine schöne Herausforderung?

Und die Lage! Wunderbar abgeschottet. Trotzdem kann man in einer Viertelstunde ans Meer hinunterlaufen.

Mag ja sein, aber es ist zu groß und zu kompliziert. Da ist schon vor uns einer beim Versuch gescheitert, das Ganze stilgerecht zu renovieren. Noch so eine Rattenburg wie in Inning! Nein, niemals, das hängen wir uns nicht an!

Aber es wirkt schon großartig, findest du nicht? Allein das Glasdach über der Empfangshalle und die Art-déco-Fenster! Sehr schön. Und hast du das Bad gesehen? Weißer und schwarzer Marmor! Soll von Coco Chanel sein aus Paris! Und die Intarsienholzpaneele im Schlafzimmer haben angeblich Sarah Bernhardt gehört! Die Türen an der Bar unten aus dem Orientexpreß!

Noch kein Haus hatte Thea und Thomas derart in widerstreitende Gefühle versetzt wie dieses Anwesen, das er im Jahr 1993 auf einer Fahrt durch die Canyons von Malibu entdeckte. Ausgerechnet in dem Jahr, in dem es in Deutschland so aussah, als wollte keiner mehr auf Thomas setzen.

Hier in den Bergen vor Los Angeles aber lag der unbewohnte Bau wie ein verwunschenes Schloß bereit, das auf Prinz und Prinzessin zu warten schien. Daß es Theas Geschmack traf, wußte

Thomas sofort. Es war ein Haus von Europäern für Europäer, für Menschen, die Grimms Märchen kannten, nichts für Kalifornier. Zu versponnen, zu echt, nicht praktisch genug. Eigentlich überhaupt nicht praktisch, zu groß, doch so herrlich geheimnisvoll, wie Häuser in der Kindheit waren. Im rundum verwilderten Garten hatten sich Kaninchen mit ihren Großfamilien angesiedelt. Nachts stimmten die Kojoten in den Canyons ihr Geheul an. Man konnte sich ja mal ganz unverbindlich erkundigen.

Ja, das Objekt stand zum Verkauf. Wegen des heruntergekommenen Zustands erwies es sich als verhältnismäßig günstig. Der gesamte Besitz war unter Verwaltung der amerikanischen Steuerbehörde, JRS; im Preis war folglich kein großer Verhandlungsspielraum.

Ein Anwesen wie dieses konnte nicht mehr als Feriendomizil gelten. Das war kein Haus zum Kaufen und Verkaufen, das war ein Wohnsitz, und wer es kaufte und beziehbar machte, würde zugleich entscheiden, hier auf Dauer zu Hause zu sein. Keine schlechte Gegend. Barbra Streisand, Pierce Brosnan in der weiteren Nachbarschaft. Man hat Grund hier, hält Abstand.

Eine weitreichende Entscheidung stand an. War es nicht langfristig angenehmer, unter der kalifornischen Sonne zu leben als in diesem Deutschland, wo der Quotenkampf zwischen RTL und SAT.1 immer mehr unter die Gürtellinie sackte und auch passable Zuschauerzahlen zu mitternächtlicher Stunde hartnäckig als blamabel ausgegeben wurden?

Für die Kinder war es gut, hier zu sein. Sie fühlten sich wohl in Malibu. Roman war elf Jahre alt, innerhalb der nächsten zwei Jahre konnte er noch leicht von der Internationalen Schule in München ins amerikanische System wechseln. Tristan war vier, noch vor der Einschulung. Das hieß: Wenn überhaupt Übersiedlung in die USA, dann mußte die Entscheidung jetzt fallen, mußten die Vorbereitungen jetzt beginnen. Unter Ausschluß der Öffentlichkeit. Im März 1993 wurde der Kaufvertrag für »The

Mill« unterzeichnet, im Mai ein angrenzendes Grundstück hinzuerworben.

Fast genau drei Jahre später siedelt die Familie in die USA um – für ein Jahr, wie es in der Presse heißt.

Bereits vier Monate nach dem Kauf zeigt der Privatsender und schärfste RTL-Konkurrent, SAT.1, Hubschrauberaufnahmen von der Mühle. Ein vorgeblich kritisches Fernsehmagazin mit Namen »akut« wartet zu diesen Bildern mit einer sensationellen Enthüllung auf. Die Moderatorin kündigt sie mit dräuender Stimme an: »Er ist der Großverdiener der Medienbranche, sein Lächeln und seinen Lausbubencharme läßt er sich von der Werbung vergolden. Doch all denen, die auf ihn gesetzt haben, dürfte das Lächeln vergehen. – Thomas Gottschalk und seine Verbindungen zur Psycho-Sekte Scientology.«

Der Beitrag, der folgt, ist kaum beschreibbar. Von solider Recherche für die ungeheure Behauptung keine Spur. Ein Bubenstück, das Dilettantismus als investigativen Journalismus ausgibt.

Dennoch oder deswegen steigt die *Bild*-Zeitung sofort ein und titelt: »Hörig, Opfer oder Verleumdung? Gottschalk – Der Sekten-Skandal«.

Tags darauf spinnt das Blatt die verkaufsträchtige Sensation weiter und greift zu einem sattsam bekannten Mittel: Man weckt den Neid. »Gottschalk und die Sekte. Sein neues Schloß in Malibu – wie kam er dran? Warum ist er so reich?« Scheinlogisch werden Zusammenhänge suggeriert. Schließlich befinde sich die Zentrale der Sekte in Los Angeles, und in dem Gebäude in München, in dem Gottschalks Firmen »Soll und Haben« und »Brot und Spiele« zu Hause sind, sei auch Scientology Mieter. Da Thomas zu dreißig Prozent Miteigner des Bürohauses ist, textet Bild: »Der TV-Liebling verdient seit fünf Jahren an der Sekte.«

Schnell findet sich auch eine Vorverurteilerin: Die Sektenbeauftragte des Hamburger Senats wirft Thomas öffentlich vor, er habe scientologisches Gedankengut propagiert, indem er als Gäste in seiner Late-Night-Show die Maler Gottfried Helnwein und Pablo

Röhrich sowie den Sänger Al Jarreau begrüßt habe, die »immer wieder mit der Sekte in Verbindung gebracht würden«. Auch Freunde in Los Angeles müssen für die Sensation herhalten: Der Schauspieler Jürgen Prochnow und seine Frau seien angeblich mit Scientology im Bunde. Isabel Prochnow beauftragt sofort einen Münchner Anwalt mit einer Klage.

Gut paßt auch ins Konzept der Schmutzkampagne, daß Thomas in dem Film *Kuck mal, wer da spricht!* die Stimme des Babys Mikey synchronisiert hat und dieser Film von bekennenden Scientologen gemacht worden sein soll.

Am dritten Tag verdient *Bild* weiter an der Geschichte, mit einem scheinheiligen Anruf bei Mutter Rutila Gottschalk: »Ein Mutterherz schreit auf!«[167] Schließlich sei ihr Junge strenggläubiger Katholik.

Nur wer den ersten Artikel ganz bis zum Ende gelesen hatte, wußte: »Die Scientology-Kirche Hamburg gestern: ›Thomas Gottschalk ist nicht der deutsche TV-Star, sondern ein Lehrer aus der Schweiz.‹« Dennoch war der Fernsehliebling schneller, als er begreifen konnte, öffentlich vom Katholiken zum Scientologen konvertiert worden.

Was steckte hinter der Kampagne, in der die *Bild*-Zeitung und SAT.1 so auffällig gut koordiniert waren? Zum einen die Tatsache, daß *Bild* keine Gelegenheit ausließ, um SAT.1 zu loben und RTL zu kritisieren. Zum andern darf vermutet werden, daß die Namensverwechslung mit einem Hauptschullehrer in Thun – nicht groß wie Thomas, sondern klein, nicht blond wie Thomas, sondern braun, nicht dreiundvierzig, sondern fünfunddreißig – bereits bekannt war, als SAT.1 den Magazinbeitrag ausstrahlte. Zuschauerfang um jeden Preis.

Im Sender hatte es einen Wechsel in der Chefetage gegeben, und der Produzent des Scientology-Verdachts trug am Abend der Sendung seine Kündigung in der Tasche. Vielleicht wollte er dem neuen Herrn ein Kuckucksei hinterlassen, vielleicht auch war der

Beitrag wirklich nur eine miese journalistische Gaunerei, schlichte Schlamperei sicherlich nicht.

Der neue SAT.1-Chef, Heinz-Klaus Mertes, entschuldigte sich sofort. Er hatte für seinen Wechsel an die Spitze von SAT.1 den Posten als Chefredakteur des Bayerischen Fernsehens verlassen, und erleichterte Nachrufe dort besagten, daß seine journalistische Begabung von seinem Bedürfnis nach Selbstdarstellung weit übertroffen wurde. Nun mußte er, gleichsam als erste Amtshandlung, zu Kreuze kriechen. Sein öffentliches *maxima nostra culpa* begleitete ein Scheck für die Thomas-Gottschalk-Stiftung, kam also in Not geratenen Kindern zugute. Über die Höhe der »bedeutenden Spende« wurde Vertraulichkeit vereinbart.[168]

In Not geraten war aber der Star selbst. Er wußte zu gut, daß auch nach beweiskräftigen Dementis, gemäß der lateinischen Lebensweisheit *semper aliquid haeret,* immer etwas hängenbleibt. Vielleicht ahnte er nicht, daß er zum Spielball im Machtpoker zwischen RTL auf der einen und SAT.1 und *Bild* auf der anderen Seite geworden war. Ein Taugenichts kann eben nicht gut mit List, Kabale und Intrige umgehen.

Aber seine Wut war gewaltig. Um so mehr, als der Verdacht vollkommen aus der Luft gegriffen war. Thomas kam aus Malibu, wo er entspannt Urlaub machen wollte, nach Deutschland und äußerte sich deftig: »Die Säcke sollen bluten.«[169] Der *Stern* und – ausgerechnet – die *Bunte*, die wohl eine Chance zur Wiedergutmachung sah, baten ihn zum Interview. Dort zog er vom Leder: »Das Ganze ist 'ne Riesensauerei. Mein Name wird in den Dreck gezogen. Ich hab' ja schon viel über mich ergehen lassen und war manchmal auch nicht ganz unschuldig. Aber so unschuldig wie diesmal war ich noch nie. – Was mich wirklich nervt, ist das Vorgehen von *Bild*, das für mich Methode hat. Zuerst bin ich die Sekten-Sau, dann das reiche Schwein. Da fahren sie die Verleumdungsnummer, die Neidnummer, und dann belästigen sie auch noch meine Mutter und machen so ein verlogenes Entschuldigungsstück.«[170]

Noch im Jahr 1994 drängen sich in der Folge des Gerüchts Leute ins Rampenlicht, die angeblich neue Informationen und Hintergrundkenntnisse in der Sache haben. Einige finden in der Presse Gehör. Immer wieder taucht der Name Gottschalk in Büchern über die Sekte auf, mit der Behauptung, Thomas habe nie eine ernsthafte Distanzierung von Scientology geäußert. Der Vorwurf klebt wie Pech und ist gefährlich. Nicht allein der persönliche Ruf Gottschalks, auch der der Gottschalk-Stiftung für Kinder wird beschädigt. Wer zahlt schon gern für eine karitative Einrichtung, wenn er den Verdacht hat, das Geld lande bei einer Sekte? Sogar die Firma Haribo erhält Anfragen, ob sie sich einen Mann wie Gottschalk nach all dem noch als Werbeträger leisten könne.

Zum erstenmal hatte Thomas erfahren, wie es ist, in der Mediengesellschaft, die ihn zu dem gemacht hatte, was er war, als Chimäre gehandelt zu werden, als einer, der er nicht war und der dennoch keine Chance hatte, sich vollkommen reinzuwaschen. Jedes Dementi, jedes Interview nährte die Chimäre. Schließlich konnte er nur darauf hoffen, daß das aufgeblähte Trugbild irgendwann in sich zusammenfallen würde, wenn er sich nicht mehr dazu äußerte. Dennoch taucht bis heute da und dort nach der Devise »Wo Rauch ist, ist auch Feuer« zumindest ein Verweis auf die Medienkampagne auf, die der Profi »einfach nicht fassen konnte.«[171]

Auch diese Erfahrung bekräftigte die Entscheidung, endgültig den Wohnort zu verlegen.

Vielleicht war der Schock auch heilsam. Von 1994 an steigt Gottschalks Stern erneut auf. Hier erst – er ist nun 44 Jahre alt – beginnt der Teil seiner Karriere, der ihn als unbestrittenen Meister der Gameshow etabliert, und zwar nicht nur für die Zeit seiner Auftritte, sondern als feste Größe in der Geschichte des deutschen Fernsehens.

In den folgenden zehn Jahren wird ihm diesen Rang mancher bestreiten, aber keiner nehmen. Natürlich wird er außer Bewunderung auch deutlicher Kritik begegnen, doch so hart wie in den Jahren 1992 und 1993 wird es nicht mehr kommen.

Am 15. Januar 1994 hat der schon als »Quotennutte«[172] Abgeschriebene, für ausgebrannt Erklärte mit seiner ersten »Wetten, daß..?«-Sendung seit zwei Jahren ein glänzendes Comeback. Aus dem Stand erreicht er nahezu die alte Einschaltquote.

Dann zähmt sich die Kritik, verzichtet in den drei Jahren bis 1997 weitgehend auf die Häme, die 1993 den Ton angegeben hatte. Die Feuilletons der großen Zeitungen entdecken Thomas geradezu als ihren Star. Möglicherweise mit einer gewissen Koketterie. Aber es tut ihm gut: Er fühlt sich ernst genommen und vom Boulevard-Blickwinkel befreit.

Die Magazinbeilagen der *Frankfurter Allgemeinen Zeitung* und der *Süddeutschen Zeitung* widmen ihm mehrseitige Artikel und bitten ihn um ausführliche Interviews. Sogar der *Spiegel,* früher immer voll mokanter Überheblichkeit, wenn es um Gottschalk ging, berichtet nun umfänglich und räumt ihm sogar Platz für einen eigenen Text ein: Gottschalk als *Spiegel*-Autor.

Rückblickend lassen sich zwei wesentliche Gründe für den Wandel ausmachen. Zum einen hatten öffentlich-rechtliche wie private Fernsehanstalten einen derart verbissenen Kampf um Marktanteile gegeneinander aufgenommen, daß die Printmedien mit neugierigem Vergnügen zusehen, ihn kommentieren, gelegentlich auch anheizen konnten. Bei diesem Kampf ging es um Quotenbringer. Unter denen stand Gottschalk an der Spitze. Der Phönix flog wieder.

Viele Medienbeobachter zeigten sich davon überrascht, wie leicht es ihm gelang, mit »Wetten, daß..?« an seinen früheren Erfolg anzuknüpfen. Die Presse fing wieder an, ihn zu lieben. Seine Fähigkeit, sich an den eigenen Locken aus dem Sumpf zu ziehen, hatte diese überraschende und ihn erleichternde Metamorphose der veröffentlichten Meinung bewirkt.

Für Wolfgang Lippert, der nach hervorragenden Einschaltquoten in seinen neun Sendungen auf Fortsetzung hoffen durfte, muß die Begeisterung für den Heimgekehrten – der aufgenommen wurde wie der verlorene Sohn – eine bittere Pille gewesen sein. Zumal er dadurch seinen ersten Werbevertrag – eigener Auskunft zufolge über eine Million Mark – verlor, während Thomas zugleich seinen Vertrag bei RTL für dreihundert weitere Folgen seiner Late-Night-Show verlängerte.

Helmut Thoma zeigte sich mit den Zahlen von »Gottschalk« zufrieden, die sich Ende 1993 bei rund 1,9 Millionen pro Auftritt eingependelt hatten. Natürlich spekulierte RTL auf einen Synergieeffekt: Der Glanz von »Wetten, daß..?« im ZDF würde auch die Late-Night-Show in besserem Licht erscheinen lassen und so indirekt für »Gottschalk« werben.

Thomas erntete nun die Früchte seines früheren Einsatzes. Man hatte nicht vergessen, in welchen Größenordnungen er in der öffentlich-rechtlichen Samstagabendunterhaltung Zuschauer fesseln konnte. Am 28. September 1987 war er mit 20,84 Millionen gestartet, am 20. Dezember 1987 hatte er 21,31 Millionen Menschen erreicht.

Freilich waren das Zeiten, in denen das Privatfernsehen noch nicht die gleichen Marktanteile erobert hatte wie Mitte der Neunziger; doch auch dann lagen seine Zuschauerzahlen regelmäßig zwischen zwölf und fünfzehn Millionen. Im Mai 1994 ließ das ZDF eine repräsentative Umfrage bei 2500 Bundesbürgern durchführen. Das Ergebnis: 89 Prozent aller Deutschen kannten die Show; 86 Prozent hatten sie bereits gesehen, und 46 Prozent schalteten sie öfter ein.[173]

Fernsehmacher rechnen mit dem Langzeitgedächtnis der Zuschauer. Zwar wurde »Wetten, daß..?« in der Altersgruppe zwischen dreißig und vierzig Jahren am besten angenommen; doch eine Sendung, vor der die Achtjährigen ebenso sitzen wie die Achtzigjährigen, schreibt sich selbst fort, sie erzeugt gleichsam einen Generationenvertrag.

Thomas war seinem Ziel, zur »Gewohnheit zu werden«, sehr nahe gekommen, und er schien seine Lebenszeit mit dieser Sendung zu verplanen – obwohl folgende Feststellung für einen römisch-katholischen Gläubigen doch zu römisch-heidnisch klingt, um ernst gemeint zu sein: »Ich habe mit ›Wetten, daß..?‹ meinen Topf gefunden, darauf sitze ich jetzt, und auf ihm werde ich in den Orkus fahren.«[174]

Je mehr »Wetten, daß..?« zu einer uneinnehmbaren Festung ausgebaut wurde, um so heftiger versuchten ARD und SAT.1, der Sendung das Wasser abzugraben. Große Spielfilme wurden zur selben Zeit ausgestrahlt, SAT.1 setzte mit Fußballübertragungen dagegen. Es half nicht. Keine Lotto-Show der ARD, kein James-Bond-Film schafften es. Sahen den Agenten drei Millionen, hatte Thomas sechzehn. 1995 und in den Folgejahren erwarb »Wetten, daß..?« im Jahresdurchschnitt 43 Prozent Marktanteil – mehr als je eine vergleichbare Sendung in Europa.

Hinter dem Zahlengestrüpp verbergen sich Wohl und Wehe ganzer Sender. Die Karrieren in den Spitzenpositionen des Fernsehens hängen, anders als in der Wirtschaft, tatsächlich noch vom Erfolg ab; bei Nichtgelingen sind die Abfindungen vergleichsweise gering. Dennoch weiß jeder vernünftige Mensch sowohl in den öffentlich-rechtlichen wie in den privaten Sendern, daß die argumentative Anbindung der Rundfunkgebühren und der Werbeeinnahmen an die Quote kulturell ein Irrsinn ist. Die Fixierung auf die Quote ist das Selbstmordattentat der westlichen Medienkultur.

Thomas drückte das als Erfahrung im Privatfernsehen so aus: »Womit ich nicht gerechnet habe, war die Charakterlosigkeit der Gesamtsituation. Man beginnt als großer, hehrer, edler Charakter, und man endet, wenn man nicht aufpaßt, im Grunde als Nutte, Quotennutte.«[175] Diese Beschwerde wiederholte er mehrfach in der Zeit von Ende 1993 bis Mitte 1996. Es war ihm ernst damit.

Entziehen freilich kann er sich diesem System nicht; solange er sich selbst als öffentliche Gestalt versteht und seinen Beruf ausübt, ist er Teil des Systems. Es ernährt ihn, er läßt es glänzen.

Im öffentlich-rechtlichen ZDF geht es ihm damit immerhin besser als im Privatfernsehen. Sein Erfolg wird da nicht ausschließlich an den Preisen für die Werbeminute bewertet. Darum ist er, laut Beschreibung seines »Wetten, daß..?«-Regisseurs Sascha Arnz, in diesem Format »ein glückliches frei laufendes Huhn«.[176]

Als am 30. März 1996 die hundertste »Wetten, daß..?«-Ausgabe lief – es war die 52. von Thomas –, kaufte SAT.1 zur selben Zeit die Übertragung des Spitzenduells Bayern München gegen Borussia Dortmund fürs Programm ein – eine offene Kampfansage. Und eine schmähliche Niederlage: Thomas zog fast vier Millionen mehr Zuschauer an als das Schlagerspiel der Bundesliga.

Er hatte allerdings mit dem letzten Auftritt der Teenie-Band Take That zur eigenen Überraschung raffiniert gekontert. Die Hysterie der Take-That-Fans in Düsseldorf grenzte an die Saalschlachten der Rock-'n'-Roll-Halbstarken in den Fünfzigern und die reihenweisen psychischen Blackouts bei den Beatles- und Stones-Konzerten der sechziger Jahre. Das Gekreisch war ohrenbetäubend, der Meister des flotten Wortes in der Brandung sprachlos. Die heulenden Kinder taten ihm leid. Er sah im juvenilen Gekreisch wie ein ratloser Vater, nicht wie ein umjubelter Fernsehstar aus.

Ihm zur Seite standen der jüngere Mann, der zwei Jahre lang der Moderator gewesen war, Wolfgang Lippert, und der Erfinder der Show, Frank Elstner. Der hatte den Unterhaltungstanker mit dem klug anspannenden Titel angeblich im Traum erfunden und durch den Verkauf des Formats ins Ausland kräftig daran verdient.

Über die Jahre war das Schiff durch Thomas mit so viel Prominenz besetzt worden, daß die Auswahl allmählich weltweit dünn wurde. Wer an einem Abend Steven Spielberg, Tom Hanks und Leonardo DiCaprio nebeneinander auf dem Sofa sitzen hat, muß irgendwann vom Showbiz in die Politik ausweichen und Größen vor die Kamera holen, die glauben, im Fernsehen näher beim Volk zu sein, von Gorbatschow bis Schröder.

Maler, Bildhauer, Komponisten und Schriftsteller spielen hier keine Rolle. Sie sind live im Fernsehen oft langweilige Gestalten und ziehen das Rampenlicht nicht im nötigen Maß auf sich. Es geht nicht um die klassische Kultur, es geht um hochwertigen Zeitvertreib. Die geprüften Könner in dieser Disziplin sind, global gesehen, nur begrenzt verfügbar.

Wer von Liza Minnelli, Tom Jones und Cliff Richards bis zu Elton John, Robbie Williams und Michael Jackson alle singen ließ, die in den Weltcharts stehen, der wird, wohl oder übel, Reprisen spielen müssen. So wiederholen sich Personenauftritte in variierenden Gästekombinationen. Die Statistik weist aus, daß schon bis 1998 vor allem deutsche Gäste mehrfach auftraten. Peter Maffay achtmal, Herbert Grönemeyer und Udo Jürgens sechsmal; Harald Juhnke hatte sich fünfmal eingestellt, ebensooft kamen Chris de Burgh, Howard Carpendale, Elton John und Rod Stewart. Nicht eben die Jüngsten, aber Berühmtheit setzt häufig noch immer eine gewisse Leistung voraus, und die wiederum kostete Lebenszeit.

Auch Thomas ist mit »Wetten, daß..?« gealtert. Es ist ein Stück seines Lebens geworden, und in manchen Momenten hat man den Eindruck, daß er die Sendung, in deren Zentrum er steht, mehr betrachtet als vorantreibt. Immer wieder muß er sich davor hüten, von dem großen Ding aufgefressen zu werden, der Symbiose Gottschalk=»Wetten, daß..?« zu entkommen. Aber längst ist die Sendung durch ihn ebenso definiert wie er durch die Sendung; sie bestimmt sogar seinen Marktwert als Gummibärchenverzehrer. Er ist der Kaiser über die Reiche der Wettkönige, und deren mäßig witzige Bürger treten im Restaurant an seinen Tisch mit der Frage: »Wetten, daß du dich nicht für ein Foto an unseren Tisch rübersetzt?«

Seine Ausflüge ins Privatfernsehen haben im Rückblick den Charme von jugendlichen Fluchten, wie ein Junge, der zu Hause ausreißt, aber nie richtig weit kommt und, wieder eingefangen, zuletzt doch froh ist, daß das Abenteuer im heimischen Bett endet. So war es auch Mitte der neunziger Jahre. Neben der Geschichte von »Wetten, daß..?« entwickelte sich eine parallel laufende andere Geschichte: Fred Kogel, der Freund aus jungen Tagen, dem es gelungen war, Thomas zur Unterhaltung beim ZDF zurückzuholen, hatte inzwischen bei Herrn Kirch und SAT.1 angeheuert.

Auf dieser Position mußte er den Kurs neu bestimmen und holte für viel Geld frische Steuerleute: den manisch-euphorischen Melancholiker Harald Schmidt – vielleicht der einzige deutschsprachige Unterhalter, der noch die satirische Tradition von Georg Christoph Lichtenberg bis Karl Kraus verkörpert – und den Verkünder der Freundlichkeit, Thomas Gottschalk, für SAT.1 ein Mischwesen aus Papageno, Eulenspiegel und Taugenichts.

Sein Abschied von RTL kann ihm nicht schwergefallen sein. Im Rückblick sagt er: »Das erste Jahr habe ich durchlitten, das zweite hab' ich durchstanden, und im dritten hab' ich mich wohl gefühlt, weil ich ungefähr dort war, wo ich nach drei Wochen sein wollte. Aber da war ich schon leicht genervt, weil mich das alles schon zu viel Kraft gekostet hatte.«[177]

Daß es richtig war, das Handtuch zu werfen, wird er vier Jahre später bezweifeln. Nicht nur weil seine Gäste zur *Crème de la crème* gehörten wie Sophia Loren oder Marcello Mastroianni, auch, weil er nachträglich erfuhr, daß er von Größen des Business positiv wahrgenommen worden war: Bei einer Zwischenlandung in London sitzt er 1999 zufällig neben George Harrison an der Bar der British Airways Lounge. Der Beatle spricht ihn an, deutsch: »Wie geht's, Thomas?« Der Angesprochene erfährt, daß Harrison seine Late-Night-Show gern und regelmäßig gesehen hat.

»Ich Idiot gebe etwas auf, weil es dem Nachwuchsredakteur irgendeiner Regensburger Fuzzi-Zeitung nicht gefällt, und das Idol meines Lebens, George Harrison, wartet abends auf meine Sendung!«[178]

Damals, 1995, jedoch hatte er die Lage anders gesehen: »Für den Programmdirektor von RTL war ich nichts als ein Investitionsobjekt. Und so wurde ich auch behandelt.«[179]

Kaum waren sein für Ende April 1995 geplanter Abschied von RTL und sein vom folgenden Jahr an gültiger Vertrag mit Fred Kogel öffentlich bekanntgeworden, klebte der gekränkte Helmut Thoma ihm – mit weit hallendem Echo im Blätterwald – ein häßliches Etikett an: »Parasit.«

Thomas habe, bei einem Honorar von vierzigtausend Mark, bei jeder Sendung fünfzigtausend Verlust gemacht, er sei unter dem Ziel von siebzehn Prozent Marktanteil geblieben und habe, als er sah, daß es so nicht weitergehen konnte, wie ein Parasit blitzartig den Wirt gewechselt.[180]

Gemeint war offensichtlich: Gottschalk ist eine Laus im Pelz. Der Mensch als Ungeziefer: sollte Helmut Thoma wirklich nicht wissen, aus welcher düsteren deutschen Zeit diese Redeweise stammt?

Und was tut Thomas? Was er immer tut: Er nimmt einfach nicht übel.

20 *Zweite Heimat*

Lieber Helmut Thoma,
wer sich vor aller Augen umarmt hat, darf sich nicht heimlich trennen. Zornbebend hast Du öffentlich den »Parasit« fahrenlassen, und alle lechzten nach Blut, außer mir. Man hat mich schon zum Sektenbruder, Schönhuber-Fanclub-Vorsitzenden und notorischen Frauenbeleidiger gemacht. Ich hab' es überlebt. Und im Ton hab' ich mich noch allemal öfter vergriffen als Du. Abgehakt!
Richtig geärgert hast Du mich mit der Behauptung, ich hätte Dich wegen Unsummen verlassen, die SAT.1 mir angeblich bieten würde. Behaupte von jemandem, er schlage seine Frau, und Du schadest ihm bei vielen. Behaupte, er verdiene 50 Millionen im Jahr, und Du schadest ihm bei allen. Natürlich weißt Du, daß ich bei SAT.1 weniger verdienen werde als bei Euch, genauso wie ich weiß, daß Ihr Harald Schmidt mehr geboten habt, als er bei SAT.1 bekommt. Wir sind nicht billig, und deswegen können wir es uns leisten, nicht käuflich zu sein. Ich weiß nicht, wie viele Hofnarren einst ihren Kopf deswegen verloren haben, weil sie ihre Späße einem anderen Herrscher andienen wollten. Die Zeiten sind vorbei. Ich habe auch keinen Fahneneid auf die RTL-Flagge geleistet. (...) Mit der »Late Night« hast Du mir eine Riesenchance gegeben. Das Ding hat uns beide Nerven und Euch auch noch Geld gekostet. That's Business! Jetzt ist die Suppe so weit angerichtet, daß sie auch von anderen angerichtet werden kann. Das Rezept ist kein Geheimnis mehr: Man nehme Loriot mit einer Prise Yehudi Menuhin, und einige Feinschmecker verneigen sich still. Man

würze mit Teresa Orlowski plus Bud Spencer, und der Laden brummt. Da schmeißt jeder sensible Koch irgendwann den Löffel hin. Von der unglücklichen Servierzeit mal ganz zu schweigen.[181]

Der sensible Koch fand freilich bei SAT.1 keine bessere Küche und auch kein anderes Publikum vor, obwohl er nicht mehr spät in der Nacht servieren mußte. Nach 382 Late-Night-Shows bei RTL verabschiedete er sich Ende April 1995, fuhr zur Kur nach Badgastein und dann nach Kalifornien in die Ferien.

Im Winter startete er mit dem Satz »Ich fange wieder bei Null an« auf SAT.1 »Gottschalks Hausparty«. Auf die erste Sendung am 16. Dezember 1995 gab es im Tenor sehr unterschiedliche, meist aber zurückhaltend wohlwollende Kritiken.

Sechs Millionen hatten bei der eineinhalbstündigen Live-Show zugesehen. Nach dem Muster des BBC-Formats »Noel's House-Party« empfing Thomas, in Hausjacke und Schlurfpantoffeln eher ein biedermeierlicher Krähwinkelpapi als ein Showstar der Gegenwart, mit der von ihm gewohnten Nettigkeit seine Gäste, schaltete zu überraschten Menschen nach Hause, ließ ein kleines Gewinnspiel ablaufen, bei dem die Saalkandidaten riskierten, mit grünem Schleim überschüttet zu werden. Das war als Überschreitung der Ekelgrenze gedacht; die Überschütteten sahen, zur Schadenfreude des Publikums, wie Aliens aus. Nicht wirklich lustig.

Daß Gottschalk – auch er selbst wurde eingeschleimt – mit seiner guten Laune und seinen frechen Sprüchen den Abend in einen überwiegend vergnüglichen Ablauf zwang, konnte nicht verdecken, daß das Konzept nicht stimmte. Es war nicht seine Show, sondern ein Nummernreigen, der nur deswegen zusammenhielt, weil Thomas ihn mit gewohnter Leichtigkeit präsentierte.

War er vom Regen in die Schleimtraufe geraten? Mußte er wieder dazu herhalten, ein fragwürdiges Konzept durch seine Person und seine Erfahrung halbwegs zu retten? Warum eigentlich ließ die Redaktion ihn in einem derart spießigen Butzenscheibenambiente agieren, daß man glaubte, jeden Augenblick das Naabtal-Duo durchs Fenster drohen zu hören?

Auch die Schaltung zu Harald Schmidt, der im Programmablauf folgte und sich auf seine Sendung vorbereitete, war ein Aufguß jenes Übergaberituals mit Günther Jauch, das bei RTL oft witzig verlaufen war. Die Zuschauerzahlen freilich waren deutlich besser als bei RTL, was nicht zuletzt der früheren Sendezeit zu verdanken war. Dennoch engte die Dramaturgie der Show den Moderator auf feststehende Elemente ein, ließ ihm wenig Raum für das, was er am besten kann: Improvisation. Mehr und mehr empfand er die »Hausparty als kleinkariert« und äußerte schließlich offen, daß es eben keine »Quote bringe, jemandem Schleim über den Kopf zu kippen«.

Wieder erwies sich, daß er sich nicht einfach in Konzepte einfügen ließ, die andere entworfen oder übernommen hatten. Er brauchte mehr Raum für sich und seine eigentlichen Fähigkeiten. »Erst erklärt man mir, wie Gottschalk in der Sendung auszusehen hat, und am Ende sieht die Sendung aus wie Gottschalk. Je enger das Format, desto öfter renn' ich mir den Schädel ein. Da kann nichts bei rauskommen.«[182]

Kaum jemand erinnert sich in jenen Monaten daran, daß Gottschalk bei RTL das Fernsehformat der Late-Night-Show, nach Alfred Bioleks seriösen Talkrunden, in Deutschland überhaupt erst durchgesetzt hatte, und zwar mit viel persönlichem Ehrgeiz, sogar mit dem Risiko, von der Presse abgeschrieben zu werden. Dann sprangen andere ins gemachte Bett. Fast jeder Sender kreierte seine Late-Night-Show; man jagte jetzt einander auch nach elf Uhr nachts noch die Zuschauer ab.

RTL versuchte es nach Thomas mit dem etwas zu anpassungsfähigen Thomas Koschwitz, SAT.1 setzte Harald Schmidt dagegen, der zwar die Millionengrenze selten überschritt, dafür aber seine kabarettistischen Erfahrungen nutzte und sich Kultstatus erwarb. Im öffentlich-rechtlichen Fernsehen konnten sich Johannes B. Kerner, der seine Show 1997 startet, und Reinhold Beckmann von 1999 an als Quotenbringer etablieren. Sie und andere profitierten davon, daß Gottschalk den Deutschen jahrelang den Schlaf geraubt hatte.

Als er am 23. Dezember 1997 zum letzten Mal seine »Hausparty« moderiert – nicht live, die Folge war schon am 11. November aufgezeichnet worden –, haben sich seine Einschaltquoten weiter stark differenziert: bei SAT.1, das mit seiner »Hausparty« immerhin Gewinn macht, liegt er im Schnitt bei rund vier Millionen und vierzehn Prozent Marktanteil; die nahezu gleichzeitige »Wetten, daß..?«-Sendung vom 8. November 1997 lockt für das ZDF fast die dreifache Zuschauermenge vor das Fernsehgerät.

Man will ihn offenbar im ZDF sehen. Dort hat er seine beständige Fangemeinde, und mit »Wetten, daß..?«, diesem »letzten Lagerfeuer der Nation«[183], kann er jede Delle im Privatfernsehen überwinden. Hatte er in einer repräsentativen Umfrage vom Januar 1995, die nach dem beliebtesten deutschen Fernsehmoderator forschte, sich noch weit abgeschlagen hinter Günther Jauch und anderen mit einem mittleren Rang zufriedengeben müssen, liegt er 1998, ein Jahr nach seinem Abschied von SAT.1 und etlichen stark bejubelten »Wetten, daß..?«-Shows, wieder mit großem Abstand auf Platz eins.

Es ist übrigens das Jahr, in dem er unter Vermittlung des Kölner Kardinals Meisner den Vatikan besucht und dem Papst die Hand schüttelt. Der hat sein zwanzigstes Dienstjubiläum, und Thomas tritt gemeinsam mit dem ehemaligen BR-Programmdirektor Udo Reiter einer vatikanischen Gesellschaft bei – als ritterliche Botschafter zur Rettung der Kulturgüter des Heiligen Stuhls. Die Visitenkarten für die Sponsoren sind üppig dekoriert, und Thomas erwähnt, daß der Geburtsort seiner Mutter, Oppeln, inzwischen in der päpstlichen Heimat Polen liegt. Der Vater der katholischen Christenheit ist vermutlich gerührt.

Seit 1998 ist Gottschalks Ruf als erfolgreichster Entertainer Europas unangefochten. Er hat alle, die ihm in den frühen neunziger Jahren das Ende der Karriere vorausgesagt haben, Lügen gestraft und schätzt seinen Ruhm zutreffend, aber in der für ihn typischen Weise ein: »Ich kann an jeder deutschen Haustür klingeln und fragen, ob ich mal die Toilette benutzen darf – und die Menschen glauben, sie hätten mich im Preisausschreiben gewonnen.«[184]

Seine Beliebtheit erreicht eine Höhe, die es seit den frühen Jahren der Republik nicht mehr gegeben hat. Er zieht gleichauf mit Idolen wie Fritz Walter oder Bubi Scholz. Obwohl er inzwischen dem Land seiner Fans den Rücken gekehrt hat.

Thomas verließ Deutschland in einem Augenblick, als die Fernsehmehrheit in diesem Land ihn fest ins Herz geschlossen hatte. Zu fest vielleicht. War er zuvor schon als Pendler zwischen der kalifornischen und der mitteleuropäischen Welt zu einem *global player* der Unterhaltung geworden, so entschied er sich 1996, das Haus in Inning am Ammersee vor den Toren Münchens mit Sack und Pack zu verlassen und samt Familie in die USA zu übersiedeln. Obwohl es offiziell nur um ein Jahr ging, war der Entschluß eigentlich, wenn nicht auf Lebenszeit, so doch auf Jahre angelegt.

Nun kann ein Mensch, der in der Mediengesellschaft zum Besitz der Öffentlichkeit geworden ist, sich nicht einfach aus dem Staub machen. Es wird nach Gründen gefragt, Mutmaßungen breiten sich aus, nebenher gemachte Bemerkungen blähen sich zu Analysen auf.

Im Landkreis Starnberg, zu dem Gottschalks Heimatgemeinde Inning gehört, informiert die Regionalbeilage der *Süddeutschen Zeitung* ihre Leser in einer Glosse, Thomas habe geklagt, er könne in seinem Wohnort kaum zum Metzger gehen, ohne um Autogramme angebettelt zu werden. Die Gemeinde dürfe nun aufgrund einer Auskunftssperre nicht mitteilen, ob er schon abgemeldet und ausgesiedelt sei. Der Text unter dem Titel »Zum Metzger in Kalifornien« schließt:

»Aber vielleicht überlegt er es sich ja alles noch mal: Liebe Leserinnen und Leser, wenn Sie Gottschalk beim Metzger treffen, bitte nicht anreden! Er bleibt dann vielleicht weiter unser Nachbar.«[185]

Der Bewitzelte richtet folgenden Brief[186] an die Redaktion:

Was haben Sie mich enttäuscht! (...) Können Sie sich den Zwiespalt meiner Gefühle vorstellen? Die »Süddeutsche«! Endlich die intellektuelle Zuwendung, die mir Schirrmacher[187] bislang versagt hat, einmal in meinem Leben würde ich in einem Atemzug mit dem Santa-Monica-Exilanten Thomas Mann genannt werden. Zum anderen aber der üble Vorwurf, ich würde Hausfrauen in Wurstgeschäften Autogramme auf dem Bierschinken verweigern. Eine Tournee durch bayerische Metzgereien war bereits ins Auge gefaßt, um dieser Rufschädigung entgegenzuwirken. Und nun habe ich Ihr trauriges Gesetzlein in den »Starnberger Nachrichten« gelesen. Nichts war's mit Größe. (...) Wie Sie sicher aus anderen Glossen wissen, lebe ich fast ausschließlich von Gummibärchen, weswegen ich Metzgereien eher selten betrete. Aber freundliche Zuwendungen meiner Mitmenschen sind, wo auch immer, nie ein Problem für mich gewesen. Wer mich stört, sind Figuren wie Sie, die in Krankenhausaufnahmen und Gemeindekanzleien rumnerven, um den Gesundheitszustand meiner Mutter oder meine Karteieinträge bei der Gemeinde in die Welt zu tröten. Da sind Sie leider einer von zu vielen. Aber Sie können sich noch steigern. Die »Aktuelle« hat gerade die blendende Idee gehabt, die Hitparade potentieller Entführungsopfer in Deutschland zu veröffentlichen. Da liege ich mit meiner Familie in den Top 10. Das macht mehr Spaß als eine Autogrammstunde beim Metzger.

Der Tonfall zeigt den Meister – nicht der Zeitungsjournalist, sondern Thomas siegt im Wettstreit der Ironie. Es ist eben nicht leicht, ihm mit einer Glosse beizukommen. Er glossiert besser. Und doch schreibt hier auch einer, der sich getroffen fühlt und wehrt. Er hat es satt, sich rechtfertigen zu sollen für etwas, das jedem Büger der Republik zugestanden wird: ein unbehelligtes Privatleben.

Kalifornien empfing den Einwanderer mit einigen Pflichtstunden Verkehrsunterricht wegen Überschreitung des Tempolimits in seinem blauen Dodge Viper, weil der Wagen mit seinen sechs Gängen und einer Spitzengeschwindigkeit von 230 Stundenkilometern eben nur sehr mühsam im Rahmen der vorgeschriebenen siebzig Stundenkilometer zu halten war.

Thomas revanchierte sich für die Verurteilung zur *traffic school* mit einem süffisant geschriebenen Feuilleton über Kalifornien im deutschen *Spiegel.*

»Wo liegt der Sinn kalifornischen Daseins? Wahrscheinlich im Unsinn. Wenn die Römer spinnen, ist das hier eine geschlossene Anstalt. Fast nichts ist vernünftig, nicht das Wetter, nicht die Menschen, nicht die Autos.«[188]

Es ist exakt diese Art Unvernunft, die Thomas gefällt. Eine Leichtigkeit des Seins, die er erträglich findet und die zu seiner Lebenssicht paßt – wenn er dann und wann nach Europa kommen kann. Denn ein eingefleischter Kalifornier wie seine beiden Söhne wird der Taugenichts wohl nie werden. Dazu liegt ihm zu viel an europäischer Kultur und ihrer Bildungstradition. Die ist auch emotional in ihm verankert.

Aber er hat, wie er sagt, »mit dem Umzug den Stein der Weisen« gefunden. Endlich werden seine Kinder nicht mehr als Gottschalksöhne angestarrt, sondern in der Schule einfach als Klassenkameraden akzeptiert. Endlich kann Thea einkaufen gehen, ohne sich maskieren zu müssen. Endlich ist er, wenn er den Flughafen von LA verlassen hat, nur einer von Millionen. Nun kann er seinen Ruhm gleichsam an- und abschalten. Und beide Zustände genießen.

Stein der Weisen? Auf die Frage, ob dieses Malibu zur Heimat geworden ist, wird er sieben Jahre nach dem Umzug zögerlich, fast ausweichend antworten. Ja, er fühle sich zu Hause in Malibu.

Aber »irgendwie« gebe es noch eine starke Bindung an Kulmbach. Und Thea, die zunächst sagt: »Das Haus ist doch Heimat!«, wird gleich darauf nachdenklich: Im Zweifelsfall sei ihr Europa doch lieber. Wie von fernher kommt es unvermittelt patriotisch aus ihr heraus: »Mein Deutschland.«[189]

Im Jahr 1997 hat die Übersiedlung noch viel von Abenteuer und noch mehr von Erleichterung; zumal ein amerikanischer Arbeitgeber neue Aussichten bietet. Michael Eisner, Chef des Disney-Konzerns, schließt mit dem Entertainer einen Generalvertrag, dessen konkrete Bestandteile vage formuliert sind, der aber zweifelsfrei Thomas Gottschalk zum Produkt des Konzerns und der Produktionsfirma Buena Vista erklärt. Man spricht von Kinofilmen, von einem internationalen Show-Format, das weltweit von jeweils landeseigenen Moderatoren, für die deutschsprachigen Länder von Thomas, präsentiert werden soll.

Einen ähnlichen Vertrag mit einem US-Konzern hat vor Gottschalk noch nie ein deutscher Entertainer unterzeichnen können. Als Unterhaltungsexport in die USA steht er nun in einer Reihe mit Marlene Dietrich und Hildegard Knef.

Schon 1992 trug er einen Disney-Vertrag in der Tasche, damals hatte Eisner ihn für die Disney-Filmparade auf RTL und eine Fernsehgala aus dem Euro-Disneyland vor Paris eingekauft und ihm Filmrollen in Hollywood zugesagt. Jetzt ging es nicht mehr um einzelne Aufträge: Thomas wurde gleichsam mit Haut und Haar Exklusivangesteller des Unterhaltungskonzerns – der sich ja schon immer aus Europa bediente und die europäische Märchen- und Sagenwelt ebenso bedenkenlos ausgebeutet hat wie die europäische Literatur; mit dem Unterschied, daß er diesmal zahlen mußte.

Eisner war hoch zufrieden: »Wir freuen uns, daß Thomas wieder für Disney arbeitet. Ich hatte Gelegenheit, ihn in den letzten Jahren näher kennenzulernen, und sein großes Engagement, vor allem aber seine Leidenschaft für Familienunterhaltung im Fernsehen, hat mir sehr imponiert.«[190]

Fred Kogel, der SAT.1-Chef, war von Anbeginn über die Disney-Verhandlungen informiert, hatte Thomas sogar zur Unterzeichnung geraten. Das würdelose Spektakel beim Abschied von RTL wiederholte sich also nicht.

Und Thomas jubelte: »Bei Disney kann ich immer davon ausgehen: Es hat Niveau, es hat Qualität, und ich muß niemals um der Quote willen polnische Pornoqueens verkaufen, wie bei ›Late Night‹ geschehen. Disney wird mir allenfalls ein paar überdrehte Großmütter bringen – oder Hexen auf Besen, aber nichts, was meiner katholischen Seele schadet.«[191]

Wie groß waren die Pläne! Familienshows für die ganze Welt, in den USA vielleicht von Don Johnson oder Melanie Griffith präsentiert, in Deutschland von Thomas Gottschalk! Markenshows, Mickymaus-Jubiläen! Film-Shows, so wie die jährlichen Kulmbacher Filmnächte, die er auf SAT.1 – übrigens werbungsfrei – moderierte, jetzt für Disney-Filme! Schauspielverträge für Hollywood!

Doch aus dem Vertrag, der mit großem Tamtam in der deutschen Presse angekündigt worden war, kamen kaum fertige Produktionen heraus. Ob es daran lag, daß die von Disney verlangten Summen die Möglichkeiten deutscher Fernsehsender überstiegen; ob daran, daß Michael Eisner den europäischen Fernsehmarkt ebenso falsch eingeschätzt hatte wie die Vergnügungssucht der Franzosen, die den Spaßpark Euro-Disney einfach nicht in ausreichendem Maß besuchten, um ihn rentabel zu machen – ohne große öffentliche Aufmerksamkeit verklang der Trommelwirbel, und kaum einer fragte: Was ist eigentlich mit dem Disney-Vertrag?

Es gab Wichtigeres: Mit einem singenden Nußeckenliebhaber erreichte 1998 der deutsche Schlager einen neuen Gipfel, der auch nur eine Untiefe war, und am 27. September desselben Jahres wurde Helmut Kohl nach sechzehn Jahren Regierungszeit abgewählt. Er geht als erster Kanzler in die deutsche Geschichte ein, dem ein ungeahndeter Gesetzesbruch anhängt.

In Malibu hatte Thomas inzwischen ein paar Immobilienkäufe und -verkäufe getätigt. Das Haus am Pacific Coast Highway, an dessen Terrassenmauer bei Seewind der Ozean schwappte, war 1997 an Nicolas Cage veräußert worden, und die Gottschalks hatten – nach einer Zwischenstation am Zumirez Drive – in der berühmten Malibu-Colony gewohnt, wo dicht an dicht die Villen der Hollywoodstars am Meeresstrand stehen, rückseitig gut abgeschirmt und sorgfältig bewacht, doch so nah nebeneinandergebaut, daß die Größen des Filmgeschäfts einander auf die Balkone und Terrassen sehen können. Nach vorn hat man immerhin Seeblick und einen Streifen eigenen Strand. Warum das die teuerste Lage in Malibu ist, bleibt Außenstehenden ein Rätsel.

Für Thomas und Thea, Roman und Tristan war es ein Erlebnis, bei dem sie sich nicht sonderlich wohl fühlten, ein vorübergehender Aufenthalt, bis die Mühle endlich so weit umgebaut und renoviert war, daß sie einziehen konnten. Planung und Ausgestaltung überließ Thomas den bewährten Händen seiner Frau, die diese innenarchitektonische Riesenaufgabe mit der von ihr gewohnten Zügigkeit bewältigte. Er hätte auch nicht viel Zeit gehabt, sich zu kümmern. Deutschland war ja sein Arbeitsplatz geblieben. Folglich war er nun ein Extrempendler über den Atlantik.

In SAT.1 zog er noch, mehr routiniert als inspiriert, seine stark der Werbung verpflichtete Show »Gottschalk kommt« durch, die 1999 auslief – mit der Meldung, Thomas werde künftig exklusiv dem ZDF zur Verfügung stehen.

Hier also enden seine Ausflüge in die Privatsender. Alles in allem waren es Expeditionen mit hinreichend guter Ausbeute, beileibe aber keine Riesenerfolge. Er hatte viel Lehrgeld gezahlt. Durch »Wetten, daß..?« waren sämtliche Maßstäbe verschoben worden: Die Erwartungen, die seine Zuschauerzahlen für den Samstagabend im ZDF weckten, konnten selbstverständlich in den Nacht- oder Abendformaten der Privatsender nicht erfüllt werden. Folglich galt dort als mageres Ergebnis, was eigentlich, mit eineinhalb bis vier Millionen Zuschauern, für RTL und SAT.1 ein Spitzenwert war.

Dafür hatte der Showmaster sich manchmal bis zur Unkenntlichkeit verbiegen müssen. Er tat auch das noch mit Charme, ließ sich aber mitunter anmerken, wie wenig Lust er hatte, ein redaktionelles Konzept umzusetzen, das er für unsinnig hielt. Es gab Sendungen, in denen sein Talent regelrecht meistbietend verschleudert wurde.

Schlimmer war, daß er auf diese Weise in Gefahr geriet, jene Identität zu verspielen, die ihm die Liebe des Publikums eingebracht hatte: der strahlende, witzige, jungenhafte Zirkusdirektor, der den Riesenladen »Wetten, daß..?« mit unvergänglichem Lächeln zusammenhält und präsentiert.

Vielleicht war es seine klügste Entscheidung, von 1999 an ganz auf seinen Haussender ZDF zu setzen. »Wetten, daß..?« lief zu immer neuen Superlativen auf.

Am 20. Februar 1999 gibt sich Gerhard Schröder sechs Monate nach seiner Ernennung zum Bundeskanzler auf der »Wetten, daß..?«-Bank die Ehre; die Quote steigt auf 18,1 Millionen Zuschauer, gleichbedeutend mit 51% Marktanteil. Das war nicht nur viel, das war für die Konkurrenz geradezu deprimierend.

Überhaupt hielt das Jahr 1999 ein Füllhorn für Thomas bereit. Der Mann, der mit der Jahrtausendwende sein fünfzigstes Lebensjahr vollenden würde, fügte seiner Bilanz erstaunliche Eckwerte hinzu: Gestützt von Zuschauerzahlen in einer Größenordnung, die für unmöglich gehalten worden war, zeigte er politisches Engagement, das sich viele von ihm gewünscht, das er jedoch mit Rücksicht auf seine Mainstream-Absicht bisher kaum riskiert hatte.

Er erhielt den Bayerischen Ehren-Fernsehpreis und konterte: »Ich freue mich und staune. Den Preis fürs Lebenswerk schon mit 49 zu bekommen, wo soll das hinführen?«

Schließlich und endlich kam 1999 der erste Kinofilm heraus, in dem er als Schauspieler sehenswert war. Nicht sein bester Film, denn es gab keine guten zuvor, auch nicht der erfolgreichste, aber sein erster guter: »Late Show« unter der Regie von Helmut Dietl.

Beginnen wir mit der Politik. Das Foto ließ die Opposition schäumen. Von Großanzeigen der Bundesregierung, in denen für ein neues Staatsbürgerschaftsrecht geworben wurde, blickten in den großen Tages- und Wochenzeitungen der Republik drei ernste, nicht mehr ganz junge, freilich überaus bekannte Männer auf den Betrachter herab. Sie verkündeten: »WIR wollen stolz sein auf eine moderne, weltoffene Bundesrepublik Deutschland.«

Die drei Herren, die für diesen Zweck die Bundesregierung mit ihren Gesichtern unterstützten, waren, von links nach rechts gesehen, Marius Müller-Westernhagen, Boris Becker und Thomas Gottschalk. Ersterer und letzterer blickten seriös, fast ein wenig besorgt, waren aber sehr schön fotografiert; wache Helden. Nur Boris in ihrer Mitte hatte seinen üblichen Muß-ich-denn-schon-aufstehen-Blick. Daß die drei die rotgrüne Koalition bei der Reform des Staatsbürgerschaftsrechts, gegen die CDU und CSU auch um den Preis ultrarechter Zustimmung Sturm liefen, unterstützten, trug ihnen in der *Süddeutschen Zeitung* den Titel »Drei Engel für Schily« ein[192] – eine treffliche Schlagzeile, die Thomas heftig und anhaltend begeisterte. Ausgedacht hatte sich die Initiative einer der häufigsten »Wetten, daß..?«-Gäste, Marius Müller-Westernhagen, in dessen Düsseldorfer Studio die Aufnahme auch entstanden war.

Die Opposition gab sich nicht deshalb empört, weil dieser glänzend gelungene Coup des Bundespresseamtes am Rande der Legalität plaziert war. Vor allem hatten die Christdemokraten Gottschalk und Becker eher auf ihrer Seite erwartet.

So kann man sich täuschen. Ein Blick zurück wäre lehrreich gewesen: auf Gottschalk als Kerzenträger bei den Münchner Lichterketten gegen Fremdenfeindlichkeit im Dezember 1991 – als Wiedergutmachung für die mißglückte Sendung mit Schönhuber. Oder noch ein paar Jahre früher, als Thomas die bayerische Staatsregierung kräftig geärgert hatte. Damals ging es um Müll. Im Landratsamt Starnberg hatte man 1987 geplant, direkt neben dem Feuchtbiotop an der Nordspitze des Ammersees, dem sogenannten Ampermoos, eine riesige Mülldeponie für die Abfälle des ganzen Landkreises und möglichst auch der Nachbarlandkreise anzulegen. Der Freistaat störte sich weder an der Gefahr der Vergiftung des Biotops durch die Sickerwässer noch daran, daß das Ampermoos seit Jahrzehnten durch die Bundesregierung bei der UNESCO als Schutzgebiet hinterlegt war.

Einer Bürgerinitiative gelang es, das Projekt zu verhindern. Ihr prominentestes Mitglied: Thomas Gottschalk, der in Pressekonferenzen überregionale Aufmerksamkeit garantierte. Selbstverständlich durchsuchten auch damals sensationsgierige Reporter – vergeblich – seine Hausmülltonnen, um nachzuweisen, daß die Familie Gottschalk mehr Müll als andere produziere.

Sein Engagement trug ihm Häme und den Vorwurf ein, als Ammerseeanrainer lediglich aus Eigennutz zu handeln. Freilich traf hier persönliches mit allgemeinem Interesse zusammen. Er hielt durch und machte die Erfahrung, daß bürgerliches Engagement siegreich sein kann und der Erfolg als Entertainer politische Stellungnahme nicht ausschließt.

22 Jahre später wird ihm besonders gefallen haben, daß ebenjener bayerische Ministerpräsident Stoiber, der öffentlich so wütend gegen die »Drei Engel für Schily« polemisiert hatte, ihm kurz darauf den Ehrenpreis zum Bayerischen Fernsehpreis überreichen mußte. Lächelnd, versteht sich.

Auch »Wetten, daß..?« geriet 1999 ZDF-intern zum Politikum, und zwar wegen der Kosten seiner Sommerausgabe, die aus Mallorca übertragen wurde. Ein Wahnsinnsunterfangen.

Bereits die Sendung der Super-Show aus einer deutschen, zu Lande erreichbaren Halle ist logistisch eine Unternehmung, die generalstabsmäßig geplant werden muß. Drei Wochen vorher rücken die Mannschaften an, laden die etwa zwanzig Container mit Garderoben, Küchen, Büros, Regieeinheiten hinter der Bühne ab; rund 25 Kilometer Kabel müssen verlegt, ein halbes Tausend Scheinwerfer im Gesamtgewicht von rund dreizehn Tonnen montiert, zweitausend Quadratmeter Bühnenboden verlegt werden.

In den Sendestunden arbeiten zweihundert Menschen vor, auf und hinter der Bühne, darunter mindestens sechs Kameraleute, fünfzehn Bild- und Tontechniker, zweiundzwanzig Lichttechniker und so fort. Und das alles für ein Publikum im Saal, das je nach Hallengröße zwischen tausend und viertausend Menschen umfaßt, die das Glück hatten, aus der zehnfachen Masse der Kartenwünsche ausgelost worden zu sein. Kein Opernhaus der Welt kann sich einen derartigen Aufwand leisten.

Nun stelle man sich vor, daß all dies nach Mallorca transportiert werden muß, und man wird verstehen, warum der Regisseur Sascha Arnz damals von einer Schnapsidee sprach.

Arnz gehört zu den Urgesteinen unter all den größeren und kleineren Kometen, die sich in konzentrischen Kreisen um die Sonne Gottschalk bewegen.

Da gibt es, neben Antonio Geissler, seit frühester Zeit die Maskenbildnerin Uschi Weber, die inzwischen jedes Haar auf Thomas' Lockenkopf kennen muß; die Leiterin seines Büros, Gaby Helgemeir, die in der schwierigen Lage ist, den Meister je nach Anfrage abzuschotten oder zu vermitteln; die ZDF-Redakteurin Beate Weber, »*Mutter aller Wetten*«, die seit Beginn der Show 1981 aus den jeweils mehr als tausend Wettvorschlägen zwischen dreißig und fünfzig auswählt und die Kandidaten vorab prüft; und, zusammen mit dem Bühnenbildner Pit Fischer, eben Alexander Arnz, genannt Sascha, der nur mit Schweißausbrüchen an die erste »Wetten, daß..?«-Folge mit Frank Elstner in Düsseldorf zurückdenken kann, als so ungefähr alles schiefging, was schiefgehen konnte: Ein halbblinder Curd Jürgens verfehlte beim Pfeilschuß das Ziel und wurde von Elstner dennoch als Sieger gefeiert, die Kulissen wackelten wie Pappe im Wind, Scheinwerfer gaben ihr Licht auf. Es war so grauenhaft, daß Arnz noch vor der Premierenfeier zu seiner Frau nach Köln floh und sagte: »Ab morgen muß ich zurück zum Wanderzirkus und Plakate kleben.« Er täuschte sich. Der Zirkus, den er seither inszeniert, braucht keine Plakate mehr.

Nach über hundert Sendungen kann man nicht mehr von Routine, man muß von Gewohnheit sprechen. Der bärig-kauzige Arnz hat alles überstanden: Grace Jones, die er kurzerhand aus der Halle und der Show warf, als sie ihm Vorschriften zum Bühnenbild machen wollte; auch Michael Jackson, das Gespenstgesicht von Saarbrücken am 20. März 1999, nach dessen wirrem Welt-Kinder-Rettungs-Geschwafel sogar Thomas sich die Hand auf den Magen legte und meinte, er wolle niemals eine Legende werden. Als hätte er nicht gewußt, daß er längst auf dem Weg in die Hall of Fame war.

Sein Regisseur Arnz hat »Wetten, daß..?« in einer Weise arrangiert, die man nicht mögen muß, die aber perfekt zum Charakter der Sendung paßt. Er inszeniert eine Illusionswelt als Illusion. Gewissermaßen ehrlich, als schönen Schein. Hier wird nicht behauptet, »Wetten, daß..?« habe mit Lebenswirklichkeit zu tun. Im Gegenteil, es ist Kulissenzeit, die Thomas mit seiner erklärten Absicht ausfüllt, den Zuschauern im Saal und außerhalb zwei Stunden Urlaub von der Realität zu verschaffen.

Mallorca schien solchen Abstand schon aufgrund der Insellage zu garantieren – als Ferienmythos, auch als geographische Herausforderung an die Logistik.

Die Gäste waren einigermaßen berechenbar. Die unvermeidliche Verona Feldbusch würde wie immer das nette Dummchen spielen und mehr von ihrer Haut als von ihren inneren Werten zeigen; Moderatorin Nina Ruge würde ihre rechte Augenbraue nicht unter Kontrolle bekommen; die Schnellfahrer Häkkinen und Coulthard würden es nur kurz aushalten, Sophia Loren etwas länger, und Montserrat Caballé würde aus ihrer Ton- und Leibesfülle dem Tingeltangel unter freiem Himmel einen Augenblick hoher Kunst hinzufügen.

In der ersten Publikumsreihe würden von Frank Elstner bis Jürgen Drews Personen die Arena schmücken, die in anderen Sendern Stargast gewesen wären. Ein gigantisches Fest unter südlichen Sternen. Sechseinhalbtausend Zuschauer im Coliseo Balear, der Stierkampfarena von Palma. Und Thomas, weiß gewandet und mit Zopf im Nacken, würde trotz verrutschter Bandscheibe mit Frau Caballé ein Tänzchen wagen.

War es so? Ja, auch. Vor allem aber war es ein Transportunternehmen, das fast der Landung der Alliierten in der Normandie gleichkam. Sechs Lastwagen mit Licht-, Ton- und Sendetechnik, drei Lastwagen voller Scheinwerfer, vierzehn Großcontainer mit Bühnenausstattung, fahrbare Generatoren für die komplette Stromversorgung, dies alles per Fähre auf die Insel zu schaffen, dazu die über vierhundert Mitarbeiter einzufliegen und unterzubringen – das war nicht nur ein einigermaßen überspanntes, sondern vor allem ein teures Unterhaltungsabenteuer. Rechnete man für eine »Wetten, daß..?«-Folge in Deutschland mit rund eineinhalb Millionen Mark Kosten, so lag die Planung für Mallorca bei zweieinhalb und wurde um mehr als eine Million überzogen.

Daß ein solches Projekt nicht ohne nachhaltige Unterstützung von Sponsoren gelingen konnte, war selbstverständlich. Da genügten die Goldbären nicht mehr, das Luftfahrtunternehmen LTU wurde eingemeindet, für den Transport, aber auch für den Kartenverkauf. Dafür wehten dann die Fahnen des Urlaubsfliegers am Stadion neben denen des ZDF. Alles in allem wurde die Grenze von öffentlich-rechtlichem Fernsehen und werbefinanziertem Privatfernsehen erstmals so gründlich verwischt, daß sie kaum mehr sichtbar war.

Vor der Arena demonstrierten rund tausend Jugendliche und ein paar Erwachsene. Warum, wußte niemand so ganz genau: entweder weil die Kühlaggregate so laut brummten oder weil den Deutschen Arroganz unterstellt wurde oder weil man keine Karten – regulär 88 Mark, am Ende auf dem Schwarzmarkt tausend

Mark – erhalten und die Back Street Boys nicht zu Gesicht bekommen hatte.

Aber die Show war ein Erfolg. Möbelstücke fuhren Wasserski, eine Schweizer Feuerwehrfrau schwebte auf vier Wasserstrahlen, Sophia Loren war mißmutig, Thomas gut aufgelegt und sangesfreudig, er begrüßte auf spanisch, überzog die Sendezeit noch mehr als sonst, und am Ende maß das ZDF einen Marktanteil von 54,6 Prozent. Die Chefetage zeigte sich hoch zufrieden, und der Moderator vertraute seine lädierte Bandscheibe dem Fußballerarzt Müller-Wohlfahrt an.

Unzufrieden waren ein paar Tierschützer, die sich über den Veranstaltungsort, die Stierkampfarena, empörten. Thomas ließ zurückfragen: »Nun, solange wir da waren, starben dort wenigstens keine Stiere, oder?«

Der Streit darüber, wie weit Sponsoring und Product placement in der Riesenshow gehen durften, hatte bereits vor Mallorca eingesetzt, im Februar desselben Jahres, als Thomas unter seinen Gästen auch Veronica Ferres, Harald Schmidt und Helmut Dietl begrüßte.

Es ging um den Start des Films *Late Show*, bei dem Dietl als Drehbuchautor und als Produzent auftrat sowie für die Regie verantwortlich zeichnete. Eine erfreulich böse Satire über das Medium Fernsehen und seinen Menschenverschleiß. Professionell gemacht, wie von Dietl gewohnt, und ein herrliches Thema für »Wetten, daß..?«.

Mit einem kleinen Haken. Gastgeber Gottschalk spielte selbst in diesem Medienereignis eine Hauptrolle. Seine Promotion für den Film war also schlichte Eigenwerbung. Und nicht nur das. Es war der Höhepunkt einer beispiellosen Ankündigungsstrecke, auf der über sechzig Millionen Menschen bereits in Interviews und Vorberichten auf den Start von *Late Show* hingewiesen worden waren.

Die Mediensatire wurde von ebenden Medien, die der Film aufs Korn nahm, derart ausführlich vorgestellt, daß bald nach dem Kinostart das Publikumsinteresse nachließ: man hatte das Gefühl, den Film bereits aus der Werbung vollständig zu kennen. Das Produkt war totgeworben worden.

Tatsächlich ist der Streifen – der übrigens gar nicht fürs Kino, sondern fürs Fernsehen und mit Fernsehgeldern produziert worden war – nicht Dietls bester, immerhin aber weit besser als alles, worin Thomas bisher schauspielerisch aufgetreten war. Als Rundfunkmoderator Hannes Engel, der in die quotengeile Fernsehwelt versetzt wird, konnte er sich selbst spielen. Und Dietls Regie vermochte es, ihm das Amateurhafte, das er in allen Filmen zuvor ausgestrahlt hatte, zu nehmen.

Er beklagte sich, der Regisseur habe ihn gequält[193], manche Einstellung habe er dreißigmal wiederholen müssen. »Fernsehen macht blind und blöd, und Fernsehn ist Scheiße!« lautet einer der Kernsätze des Films. Thomas mußte ihn dreimal sagen. »Reicht's nicht, wenn ich das einmal sage?« »Nein«, widersprach Dietl, »das sagst du dreimal.« Die Qual hat sich gelohnt. Auch wenn der Film weit hinter den Erwartungen zurückblieb und nicht das war, was die Werbung vorab verkündet hatte: »Garantiert der Höhepunkt des deutschen Films 1999«.

Für Thomas war es der vierzehnte Einsatz als Schauspieler. Und, vorerst, der letzte. Jetzt konnte er wenigstens über sich schmunzeln. In der amerikanischen Produktion *Sister Act II*, wo er eine Nebenrolle als täppischer Koch spielt, hatte ihn angesichts seiner darstellerischen Misere noch das heulende Elend gepackt. Seit *Late Show* weiß man, er kann es, aber nur, wenn er geschunden wird.

Ende des Jahres 1999 fand »Wetten, daß..?« in Berlin statt. Thomas zog wieder mit 15,3 Millionen Zuschauern einen Marktanteil von über fünfzig Prozent auf sich und war offensichtlich weniger von seinem internationalen Stargast Tina Turner gefesselt als von dem französischen Model Laetitia Casta. »Ich glaube zwar an Gott«, bekannte er, »aber wenn ich dich sehe, könnte ich ihn für eine halbe Stunde vergessen.«[194] So hoch gegriffen hatte er noch bei keinem seiner zahllosen, nicht immer ganz lupenreinen Komplimente.

Auch für ihn selbst galten in der Presse fortan nur noch die höchsten Höhen oder tiefsten Tiefen: Die Prädikate hießen der »Einzige«, der »Beste« oder der »Ausgebrannte«, der »Überlebte«.

Zwischen den Extremen gab es kaum mehr abgewogene Urteile. In den Höhen des Publikumszuspruches, auf denen er wandelte, schieden sich die Geister. Doch die, die ihn gern hätten stürzen sehen und bei Gelegenheit zum Stoß ansetzten, schienen zu spüren, daß der Kerl zur Not auch fliegen konnte; es waren schwache, mehr mißlaunige als zupackende Kommentare, nörgelnde Sätze, wie von Untertanen, die am König herummäkeln, ihm aber zuwinken, wenn sie ihn in einer vorbeifahrenden Kutsche vermuten.

Auch für den Jubel waren nahezu alle Superlative schon mehrfach geschrieben worden: der »Riese«, der »Gigant«, der »König«, der »Größte« – nichts wird rascher langweilig als das Positive im Quadrat.

Thomas fängt an, mit seinem öffentlichen Eindruck zu spielen, leichtzunehmen, was man ihm anhängt. Offenbar verhilft ihm Kalifornien zu einer souveränen Perspektive. Wenn er heimkehrt, läßt er auch seelischen Ballast in Deutschland zurück.

Seinen Kritikern zuliebe sorgt er dafür, daß man ein bißchen an ihm kratzen kann. Wenn er sich zum Beispiel als alter Rocker und »besorgter Vater« für die Vergangenheit gesanglich stark macht und anklagend fragt, was man denn nur unserem guten alten Rock'n'Roll angetan habe[195], schlägt die Kritik zurück: die Antwort sei er selbst. Auch darf man ihm in Feuilletons, die sich zuvor nur wenig um den europäischen Schlager-Grand-Prix gekümmert haben, bescheinigen, daß er nun wirklich nicht in der Endausscheidung als musischer Herold der Nation anzutreten habe.

Er liefert der Kritik Vorlagen, clownesk genug für grollende Verrisse, zieht sich rechtzeitig zurück, hält die Öffentlichkeit auf

Trab und spielt mit den Medien in einer schon fast beängstigend sicheren Weise.

Dabei ist all das kein Kalkül – es ist schlichte Intuition. Nicht geplant und überlegt, aus dem Moment heraus, schwebend, mit dem ungeheuren Vertrauen des Taugenichts: »Wem Gott will rechte Gunst erweisen…« Das alte Wort Gunst trifft vielleicht am besten, worauf er sich zeitlebens verließ und weiter verläßt: die Gunst der Stunde, die Gunst des Augenblicks.

Den Augenblick mit seinen Möglichkeiten zu begreifen, ihn auf sich zukommen zu lassen, ist eines seiner Erfolgsgeheimnisse. Mehr das Instrument als der Beherrscher des Augenblicks zu sein, schützt ihn vor Überheblichkeit und macht ihn dankbar – eine Haltung, die ihn charakterisiert. Immer wieder betont er in den Interviews dieser Jahre, wie dankbar er sei, mit seinem »unerheblichen« Tun so viel zu verdienen und so oft im richtigen Augenblick am richtigen Ort gewesen zu sein.

Seinem Vertrauen auf die irgendwo für ihn vorrätig gehaltenen Chancen ist mit den Jahren ein Konvolut aus Erfahrungen, guten wie schlechten, zugewachsen; eine Menge Routine, Entzauberung, Enttäuschungen, Gewißheiten über das Medium Fernsehen, die er lieber nicht hätte.

Wird ihn dieser Rucksack voller Fernsehjahre schwerfällig machen? Kann er sich im Betrieb der Routiniers und Zyniker die Begeisterung für die Manege erhalten? Sich den Zauber des »Vorhang auf!«, »On air!«, »Auf Sendung!« bewahren?

Fünf Monate nach der Jahrtausendwende wird er fünfzig. Da tritt zum Geburtstag in der Inninger Villa die Freundesriege zum Familienfoto zusammen. Es ließe sich betiteln: Hans-Dietrich Genscher meets Gunter Sachs. Und von nun an bewahrheitet sich eine Sentenz, die Theodor Fontane zugeschrieben wird: Man muß nur alt genug werden, dann sind Ehrungen nicht zu vermeiden. Die Auszeichnungen, bisher schon nicht knapp, kommen nun überfallartig.

21

Geehrt, gefragt, gefordert

Vielleicht ist die Urkunde zur Ehrenbürgerschaft der Stadt Kulmbach doch die schönste an der Wand im Herrenzimmer der Mühle von Malibu. Möglicherweise hat sie als weltliche Ikone das Haus beschützt, als die verheerenden Waldbrände im Oktober 1996 das Anwesen immerhin so nah bedrohten, daß Thea mit den Kindern evakuiert werden mußte, während Thomas zu Dreharbeiten in Berlin war. Weder die nahezu jährlich aufflammenden Feuer um Los Angeles noch die immer wieder beschworene Erdbebengefahr am kalifornischen St.-Andreas-Graben haben den schlesisch verwurzelten Oberfranken schrecken können. »Ich bringe die Ruhe des Kulmbacher Eisbocks in die Gegend!«[196]

Wo er einst als Russe durch die Gassen lief und für erhebliche Irritationen sorgte, wo er seine ersten mundwerklichen Erfahrungen als Discjockey sammelte, wo er das humanistische Gymnasium abgeschlossen hatte: dort nun mit der größten Würde beschenkt zu werden, die seine Vaterstadt zu vergeben hat – das geht ihm zu Herzen. Daß er sich bald darauf, zu Gast in der Talkshow »Beckmann«, als »Kulmbacher Kleinbürger« outet, geschieht nicht ohne Stolz und Hintersinn: »Nur ein Kleinbürger kann Kleinbürger unterhalten!«[197]

Ganz so klein ist der oberfränkisch-amerikanische Schlesier dann doch nicht: Im Antiquarium der Münchner Residenz muß er seiner Größe wegen sogar unter leisem Gelächter der Umstehenden vor dem bayerischen Ministerpräsidenten Stoiber ein wenig in die Knie gehen, als der ihm am 20. Juni 2001 das fünfmal gestreifte weißblaue Seidenband um den Hals legt, an dem das

Malteserkreuz aus Email hängt, mit dem runden Rautenzentrum auf der Vorderseite und dem Löwen aus Gold auf der Rückseite. Laut Satzung des Bayerischen Verdienstordens wird Thomas wegen »Hervorragender Verdienste um den Freistaat Bayern und das bayerische Volk« geehrt. Das hätte Edmund Stoiber seinerzeit, als er über die »Drei Engel für Schily« schimpfte, kaum so gesehen. Doch schließlich wird nun zusammen mit Thomas auch Bundesinnenminister Schily den Bayerischen Verdienstorden erhalten. *Liberalitas Bavariae.*

Das Jahr hält noch viele Ehrungen für Thomas bereit. Die Goldene Feder, Burdas Ehren-Bambi, den er nun – Streit abgehakt! – doch wieder annimmt, den Preis für Sprachkultur der Gesellschaft für deutsche Sprache in Wiesbaden, der ihm 2001 zugesprochen und im Jahr darauf überreicht wird. Da folgt dann auch die Aufnahme in die Hall of Fame des Deutschen Fernsehpreises. Sein Jugendtraum während der *Jerry-Cotton*-Lektüre hatte sich erfüllt – nur war es nicht die Ruhmeshalle der FBI-Agenten, sondern die der Fernsehpreisträger, in der sein Name jetzt stand.

Was kann noch kommen? Wer nahezu jeden Medienpreis schon eingesammelt hat, dazu allerlei Orden, gerät in Verdacht, sich zufrieden in die Polster seiner Würden zurückzulehnen. Dagegen haben die großmütterlichen Anlagen in Thomas Vorsorge getroffen. Auch mit fünfzig spürt er den Juckreiz des Enfant terrible in sich. Wo immer es sich anbietet, springt er aus dem vorgegebenen Gleis, bevorzugt in Umgebungen, die wenig oder nichts mit seinem Medium zu tun haben.

Eingeladen zur großen Geburtstagsfeier des achtzig gewordenen Marcel Reich-Ranicki, kommt er zu spät in den Festsaal im Frankfurter Interconti-Hotel, wo die hochmögenden Persönlichkeiten aus deutschem Verlags- und Zeitungswesen nebst Autoren und Ministern tafeln. Selbstverständlich weiß er, daß dort Schwarz und Dunkelblau modisch vorherrschen, folglich kommt er in Bunt.

Als er eintrifft, spricht gerade Reich-Ranickis Verleger, Jürgen Horbach, und nach ihm wird Thomas aufgefordert, doch auch etwas zum Jubilar zu sagen. Er ziert sich kaum, tritt vor die geballte Wortmacht des Landes und bekennt:

»Ich bin nur deswegen nicht vorbereitet, weil ich niemals damit gerechnet habe, vor einer so erlauchten Versammlung sprechen zu dürfen. Für mich eine ganz neue Situation: Ich stehe in dem einzigen Saal in Deutschland, wo zweihundert Menschen versammelt sind, von denen mich keiner kennt, alles Intellektuelle.«

Schon hat er auch dieses Publikum, und die wenigen folgenden Sätze für den Jubilar werden mit größtem Wohlwollen vernommen.[198] Erstaunlich, wie sein Spiel immer wieder funktioniert: Stelle dein Licht unter den Scheffel, und alle werden sagen, daß du eine Leuchte bist.

Dieser scheinbare Antiintellektualismus steht natürlich nur jemandem, dessen intellektuelle Fähigkeiten Niveau haben. Ein dummer Mensch ist nicht klug genug, um mit seiner Dummheit zu kokettieren. Thomas kann sich zu einem naiven Erstaunen verstellen, das nichts mit Schauspielkunst zu tun hat, sondern Mimikry ist – instinktiv angenommen, wenn die Umgebung dies erfordert.

Diese Rolle funktioniert seit Juli 2000 in den diversen Werbespots für die Deutsche Post AG. Sei es Aktie, sei es Pakettransport – er ist der Ahnungslose, Überraschte, Hilfsbedürftige, der von seinem Bruder Christoph gesagt bekommt, wo's langgeht. Die Komik besteht nicht nur in der fiktiven Situation, sondern auch in der Umkehrung der Wirklichkeit: in beider Lebensgeschichte war ursprünglich Thomas derjenige, der dem jüngeren Bruder die Richtung vorgeben und ihm nicht selten aus verzwickten Lagen helfen mußte.

In den Imageumfragen, die im Auftrag der Post durchgeführt wurden, liegt der ältere Gottschalk bei den Sympathie- und Spaßwerten weit vorn; was aber Kompetenz und Seriosität angeht, ist der jüngere um Längen führend. Wer hätte das seinerzeit gedacht.

Einst der schwierige Lausebengel, hatte Christoph Gottschalk sich nach dem Jurastudium in den Veranstaltungs- und Vermarktungsbereich hochgearbeitet, sogenannte Events geplant, mit hohem Risiko organisiert und zu Festpreisen verkauft – beispielsweise einen Münchner Tennis-Showkampf der Geschlechter zwischen Steffi Graf und Henri Leconte. Nun ist er vorrangig in zwei Bereichen tätig: Zum einen vermittelt er zwischen werbender Wirtschaft und Fernseh- und Filmproduktionen, sorgt also für die bezahlte Plazierung bestimmter Produkte in Spielfilmen, zum anderen beschafft er Lizenzen und Sponsoren, wo sie benötigt werden.

Am liebsten aber vermarktet er den großen Bruder Thomas. Er vertritt die Verwertungsrechte an allem, was irgendwie nach »Wetten, daß..?« heißt, klingt oder aussieht. An seiner Firma Dolce Media sind das ZDF, die Post und – mit zusammen knapp über fünfzig Prozent – die Brüder Gottschalk beteiligt. Als Produzent tritt er nicht in Erscheinung.

Dafür ist Antonio Geissler mit seiner schon erwähnten Agentur Angenehme Unterhaltung GmbH, AUG, zuständig, die 1998 aus den früheren Gottschalkfirmen Soll und Haben und Brot und Spiele hervorgegangen ist. Die AUG wird zu jeweils fünfzig Prozent von Geissler und seinem Partner Gregory Heath gehalten. Geissler war, neben seiner Mitgestaltung von »Wetten, daß..?«, der Produzent der Late-Night-Shows bei RTL und der »Hausparty« bei SAT.1, er hat außer seinem Freund Thomas auch Fritz Egner und Günther Jauch unter Vertrag. Aus dem einstigen Aschaffenburger Installateur und Discoveranstalter, der mit schulterlangen schwarzen Locken und Schnurrbart ins sizilianische Hochland gepaßt hätte, ist ein vielbeschäftigter Manager und Familienvater geworden.

Beide, Antonio und Christoph, sind mit und durch Thomas zu dem geworden, was sie heute sind: gutbetuchte Agentureigner mit besten Kontakten. Sie sind Teil eines Beziehungsgeflechts, das Gottschalk in konzentrischen Zirkeln um sich herum aufgebaut oder zugelassen hat. Erstaunlich viel hängt an dem Publikumsliebling, umkreist ihn, wächst mit ihm, lebt in seinem Magnetfeld.

Er weiß, daß auch außerhalb der Familie Existenzen von seiner abhängen und mit seinem Erfolg oder Mißerfolg verwoben sind. Er versucht, Nähe und Distanz gerecht zu regeln, damit keine großen Konkurrenzen in seinem Hofstaat entstehen. Eifersüchteleien, auch zwischen Antonio und Christoph, kann er dennoch nicht ganz vermeiden.

Seine Fürsorglichkeit – vielleicht sein bestimmender Wesenszug – macht ihn in weit umfänglicherem Sinne als am heimischen Herd zu einem Paterfamilias. Auch hier half ihm der Umzug in die USA, Abstand zu gewinnen. In Malibu hat er kaum gesellschaftliche Verpflichtungen. Thea zieht sich mittlerweile ohnehin lieber zurück und bekennt offen, daß ihr der Medientrubel auf die Nerven geht: »Ich merke immer mehr, daß ich nicht zu den Menschen gehöre, die zu allem öffentlich ihren Senf dazugeben müssen. Außerdem haben wir ja schon einen davon in der Familie.« Nicht mal zum Deutschen Fernsehpreis kam sie mit, der Kinder wegen – aber auch, weil das Ritual so vertraut ist.

In einem charmanten, liebevollen Interview, das die beiden Gatten anläßlich ihrer Silberhochzeit am 11. November 2001 miteinander geführt haben[199], resümiert Thea die gesellschaftlichen Großereignisse: »Ich steh rum, und du gibst zweihundert Interviews und quatschst mit hundert Leuten, von denen ich zwanzig kenne. Dabei werden wir tausendmal fotografiert, und die Fotos, auf denen ich am dämlichsten aussehe, kommen in die Zeitung.«

Das Gespräch der beiden endet übrigens harmonisch. Thomas fragt seine Thea, ob sie ihn noch einmal heiraten würde, und sie gibt sofort zurück: »Schön, daß du mich nach fünfundzwanzig Jahren noch fragst. Wenn du dich erinnerst, hast du damals mir die Frage überlassen.« Er darauf: »Mir wird ganz schlecht bei der Vorstellung, ich hätte damals nein gesagt ... Also, was jetzt? Würdest du ein zweites Mal ja sagen?« Und Thea mit fränkischer Offenheit: »Jetzt, wo ich weiß, was ich verpaßt hätte, erst recht!« Er war sehr erleichtert. Tatsächlich ist ihm nichts wichtiger als das häusliche Glück.

In der Öffentlichkeit ist viel von seinen diversen Firmen, ihren Fusionen und Veränderungen, Investitionen und Finanzierungen geredet worden. In regelmäßigen Abständen melden Zeitungen und Illustrierte, Nachrichtenmagazine und Wochenblätter, sie hätten die endgültigen, zutreffenden Einkommensziffern errechnet, das »Gottschalk-Imperium«, den »Gottschalk-Clan« entwirrt und die Geschäfte der »Millionenbrüder« korrekt beschrieben. Dabei müßte längst klar sein, daß der Journalismus bei Thomas an zwei Themen gescheitert ist: an seinem Privatleben und an seinem Vermögen. Unverdrossen werden dieselben Märchen immer wieder in neuen Gewändern präsentiert.

Im April 2004 beziffert ein Nachrichtenmagazin[200] in seiner Titelgeschichte die »Geldmaschine Gottschalk« auf ein Vermögen von 85 Millionen Euro, einen Umsatz von 33 und Immobilienwerte von 41 Millionen Euro. Der Artikel, bis hin zu Bildunterschriften grotesk fehlerhaft und von einem Boulevardblatt ohne weitere Recherchen so begierig wie fahrlässig aufgegriffen und weiterverbreitet[201], ruft dann doch den Zorn des Großverdieners auf den Plan. In bewährt ironischer Manier sendet Thomas am 26. April 2004 aus Malibu einen Brief an den Herausgeber des Magazins in München:

> Lieber Herr Markwort,
> (...) ich muß zugeben, daß mich die wirtschaftliche Seite meines Wirkens eher weniger interessiert und ich Euren Journalisten nachrecherchieren mußte, bevor meine Frau aufgrund meines offensichtlichen Reichtums wieder neue Handtücher anmahnt. Das Ergebnis ist für *Focus* ebenso erschütternd wie

für mich, denn die Fakten, Fakten, Fakten sehen anders aus; was die fünfzehn Millionen von Haribo betrifft, hatte ich die korrekte Summe im Kopf und habe die freundliche Frau T.T. sofort auf die Tatsache aufmerksam gemacht, daß sie sich um neunzig Prozent verhoben hat. (...) Die Summe des Post-Vertrags liegt um ca. 35 Prozent zu hoch und die des geschätzten Gesamtvermögens um ca. siebzig Prozent.
Nachdem der Artikel ja mit ›Geldmaschine Gottschalk‹ überschrieben ist und Eure öffentlich-rechtlichen Krokodilstränen nur Begleitmusik sind, komme sogar ich als schwacher Rechner zu dem erstaunlichen Gesamtergebnis, daß die Zahlen einer *Focus*-Titelgeschichte eine Trefferquote von vierzig Prozent haben. (...)

Schon bedenkenswert: dieselbe Presse, die sich seines Namens und seiner Bilder gern bedient, um die Auflage zu steigern, hat offensichtlich das Bedürfnis, ihn samt seinem Bruder in einen mafiosen Zusammenhang zu stellen: »Millionenbrüder«, »Gottschalk-Imperium«, das klingt nach Pate und ehrenwerter Gesellschaft und soll auch genau das suggerieren.

Dabei ist die geschäftliche Seite die allereinfachste in seinem Leben. Sie läßt sich – trotz der vielen gegründeten und wieder aufgelösten Firmen – eigentlich leicht nachvollziehen. Thomas Gottschalk ist sowohl ein Besitz- wie auch ein Einkommensmillionär. Aber er könnte seinen derzeitigen Lebensstil nicht fortführen, wenn er von heute auf morgen die Hände in den Schoß legte. Ob all das notwendig ist, was ihn an Bequemlichkeit, Spleens und Luxus umgibt, ist eine ganz andere Frage – eine, die er je nach Laune mal mit Ja, mal mit Nein beantwortet. Innerlich abhängig vom Geld ist er nicht, jedenfalls nicht im Sinne der Bemerkung Schopenhauers, mit dem Reichtum verhalte es sich wie mit dem Meerwasser: »Je mehr man davon trinkt, um so durstiger wird man.«

Gottschalk hat eigentlich kein besonderes unternehmerisches Talent; er verdient gern gut, wie jedermann, aber seine Einstellung zum Geld gleicht der von Woody Allen: »Geld haben ist besser als in Armut leben, allerdings nur in finanzieller Hinsicht.« Daß Thomas sein Geld genießt, darf jeder sehen. Ein offenes Geheimnis, daß er eine epikureische Natur ist, leiblichen Genüssen ebenso zuneigt wie geistigen und sich seinen Auto- und Uhrenfimmel einiges kosten läßt. Schwierig in seinem Leben ist nicht die Ordnung der Firmen und Finanzen, nicht das Materielle. Dafür hat er Leute.

Schwierig ist das Bewußtsein, keine Person mehr zu sein, sondern ein namentlicher Kosmos, in dem alles zur Mitte hinstrebt und Nähe sucht. Bei keinem anderen Fernsehstar sind Beruf und Freundschaften so eng verwoben. Das macht auch Trennungen, wenn sie aus professionellen Gründen notwendig werden, besonders mühsam. Vor allem für einen Menschen wie Thomas, der Konflikte nur kurz erträgt und schnell gelöst wissen will.

Sein ausgeprägtes Harmoniebedürfnis scheint freilich Teil seines seelischen Sonnengeflechts zu sein, Teil seiner Fähigkeit, Menschen mitzureißen in ein Zweistundenreich der Einfachheit, ein Schlaraffenland des Gemüts, in dem die zwiespältige Wirklichkeit keinen Zutritt hat.

Privat kann das nicht mit derselben lächelnden Leichtigkeit gelingen wie auf der großen Zirkusbühne. Vor allem die Tatsache, daß das Verhältnis zwischen Thea und seiner Mutter Rutila von Anbeginn nicht gerade einfach war, forderte ihm einen emotionalen Spagat ab, der Kraft kostete; die Schwester Raphaela, die sehr an ihrem großen Bruder hängt, ist der dritte, selbstbewußte Bezugspunkt. Ironisch wendete er immer wieder die Zerrung seines Lebens ins Positive und antwortete auf die Frage, woher seine existentielle Zuversicht stamme, mit dem Satz, der ihm auch schon als Erklärung für seinen einzigartigen Medienerfolg gedient hatte: »Weil ich zwischen starken Frauen eingespannt bin.«[202]

Das dürfte bestenfalls die halbe Wahrheit sein. Zumindest erklärt die Pointe, hinter der kein ungetrübter Schönwetterhimmel strahlt, nicht den bewundernswerten inneren Motor des Entertainers, der nach seinem fünfzigsten Geburtstag nicht zurückschaltet, sondern erneut auf Hochtouren läuft.

Er könnte sich längst zurücklehnen. Hat er nicht den Auftrag des Vaters in dessen letzten Worten erfüllt: »Haltet alle fest zusammen«? Hat er nicht die Richtung eingeschlagen und vorgegeben, nach der alle drei Kinder des Anwalts Hans Gottschalk nun in einer materiellen Sicherheit leben, die der Vater sich kaum erträumt haben dürfte?

Gewiß, die Mutter Rutila rechnete sich den erstaunlichen Weg ihrer drei Kinder zu Recht selbst als Leistung an. Ohne Thomas wäre vermutlich dennoch alles anders gekommen. Er hatte die Gewißheit, daß die Verhältnisse, in denen er aufgewachsen war, seiner Neugier aufs Leben nicht standhalten würden. Daß es gelingen müsse, Pflicht zum Spiel und Spiel zur Pflicht zu machen. Und jetzt, als erreicht war, was am Anfang bloß als Ahnung und Wunsch in ihm existierte – jetzt, wo manch anderer sich Zeit genommen hätte, in Ruhe zu betrachten, was die Summe war: Jetzt tritt er noch einmal kräftig an, verlängert seinen Vertrag mit dem ZDF bis ins Jahr 2007 – neben »Wetten, daß..?« und einigen Einzelshows wird er eine neue Sendereihe mit insgesamt zwölf Sendungen gestalten – und weiß doch genau, daß es nicht weitergehen kann wie bisher: in LA ins Flugzeug, vierundzwanzig Stunden nach Ankunft »Wetten, daß..?« moderieren, am Morgen darauf zurück nach LA.

Hat ihn der zu schnelle Takt seines Gewerbes doch fest im Griff? Dieses Zuviel in zu kurzer Zeit, diese hektische Ablösung eines Ereignisses durchs andere, wodurch die Erinnerung sich zu einem Dunst verflüchtigt? Manchmal, gibt er zu, sei er inzwischen für Ruhepausen dankbar, die er früher nicht ertragen hätte. Zugleich steigen aber die Anforderungen, denen er sich stellt.

»Wetten, daß..?« wird immer noch aufwendiger, die Spielorte werden größer, der Druck, die hohen Quoten wieder und wieder zu erreichen, bleibt. Höhepunkte wie die Sommersendung am

6. Juli 2002 aus dem Euro-Disneyland bei Paris schrauben die Erwartungen zusätzlich hoch. Das Format hat eine Größenordnung erreicht, die ohne Sponsoren überhaupt nicht mehr zu bewältigen ist, dem Moderator aber den durchaus nachvollziehbaren Vorwurf einträgt, er verwandle die Show in eine große Werbesendung. Dagegen weist er souverän auf den Konflikt hin, der im Interesse des Zuschauers gelöst werden muß: Kein Geld, kein Glanz. Kein Glanz, kein Gottschalk. Kein Gottschalk, kein »Wetten, daß..?«.

Wer wollte das riskieren. Die Sendung ist längst eine »Bank und ein gelobtes Land für die Werbewirtschaft«.[203] Zusätzlich zu den 111 Millionen Werbeeinnahmen des ZDF im Jahr 2003 hat das Sponsoring dem Sender gut 21 Millionen Euro eingebracht.[204] Bester Platz für die Sponsoren: »Wetten, daß..?«

Den Entertainer lastet die teuerste Show Europas offenbar noch immer nicht aus. Er plaudert zusätzlich in seiner Reihe »Gottschalk America« mit Filmsternen und Sternchen, verglühten oder hell strahlenden, er moderiert Galas, Rock-'n'-Roll-Shows, Nostalgieabende, Filmnächte, Preisverleihungen; es fällt ihm zu schwer, nein zu sagen.

Mehr denn je wird er für nahezu jedes Großereignis gefragt, er gilt als die Sahne, der Kick, der Sonnenstaub, der jedes Fest leuchten läßt. Menschen drängeln sich zu ihm hin, um ihn her. In seinen Dunstkreis zu geraten, scheint nahezu jede Anstrengung wert. Die Mediengesellschaft macht ihn zum Verzauberten und Zauberer, in dessen Nähe viele sich erhoffen, daß etwas von seinem Erfolgsglück auf sie überspringt.

Macht ihn das schwindlig? Hebt er ab? Gar nicht. Er kann unaufmerksam sein, unachtsam gegenüber Menschen, die sich um ihn scharen, genervt, vergeßlich. Aber kaum einer im Showgeschäft ist derart unempfindlich für den eigenen Ruhm und sieht sich selbst weniger als Besonderheit unter der Sonne. Er bleibt, ohne schwer zu sein, auf dem Boden.

Der Junge, vom Vater frühzeitig gegen Dünkel geimpft, hat

sich im Star erhalten. Ein Mann ohne Allüren. Jedermann kann sehen, wie er am Gepäckband im Flughafen zugreift, wenn eine alte Dame sich mit ihrem Koffer müht. Wie er im Restaurant das Messer aufhebt, das einer Bedienung herunterfiel. Keine großen Gesten, Handlungen, ohne zu denken, die Reflexe guter Erziehung. Er erwartet keinen Dank.

Er sieht in Erfurt im Vorbeifahren an einem Kleiderladen eine Verkäuferin am Telefon weinen, hält an, steigt aus, betritt das Geschäft, die Verkäuferin legt auf, erstarrt. Er fragt: »Na, ein Schwarzhaariger, gell?« Sie nickt und fällt ihm schluchzend an die Brust. »Ich hab doch immer gesagt: Haltet euch an die Blonden«, löst er den Leidensknoten. Spricht mit der ihm völlig Unbekannten eine Viertelstunde, nach der sie tatsächlich wieder lachen kann. Vielleicht Mut faßt, weil etwas vollkommen Unerwartetes geschah.

Das ist weder das Stück »Der König kommt und holt dich auf sein Schloß« noch »Der Samariter teilt seinen Mantel mit dir«. Es ist eine Eingebung des Augenblicks, der Thomas im besten Sinne unüberlegt folgt. Wieso weint die? Mal sehn, ob ich sie nicht zum Lachen kriege. Recht besehen: »Wetten, daß..?« im kleinen. Solche Episoden sind der Nährboden des großen Zustimmungszirkus für die Millionen.

Handlungen, die so nur gelingen können, wenn sie mit einer Lebenseinstellung verquickt sind, mit seiner Art, sich selbst zu sehen, die wiederum von Grundüberzeugungen und Glaubenssätzen bestimmt wird. Er hat darüber mehrfach gesprochen, in Teilstücken Auskunft gegeben. Im Zusammenhang hört sich die Reflexion von Thomas über Thomas so an:

> Also wenn es jetzt so um die gesamte Lebensmoral geht: Dieses ›Liebe deinen Nächsten wie dich selbst‹ erscheint mir in sich logisch. Das ist für mich nachvollziehbar, leicht, nicht hochphilosophisch, nicht in Frage zu stellen. Dieses kleine Sätzchen ›Liebe Deinen Nächsten wie dich selbst‹: Wenn ich das tue und

der andere das tut, geht's mir gut, geht's dem andern gut, kein Streß. Und wenn man das als simplen Grundzug einer Philosophie oder Religion sieht, kann mir das im Leben nicht schaden. Wenn ich am Ende mal die Augen zumache – und merke, Jesus ist doch nicht Mensch geworden, Gott hat seinen Sohn doch nicht auf die Welt geschickt, und der Heilige Geist, den hat's auch nie gegeben – dann habe ich trotzdem nichts falsch gemacht. Das ist das geringere Risiko, als wenn ich mir jetzt einen rationalen Atheismus anerziehe, und nachher gibt es doch die Erlösung. Natürlich erhoffe ich mir, weil ich einfach so denke: Wär schön, wenn irgendwann die Himmelspforte aufgehen würde; wär schön, wenn's so ein ewiges Leben gäbe und ich – zumindest nach kurzem Fegefeuer, was ich mir sozusagen verdient habe; wäre ganz in Ordnung – aber dann in die ewige Seligkeit. Das wär mir recht.

Ich gebe zu, daß ich einer von vielen Katholiken bin, die sich so eine Art von verständnisvollem Gott zurechtlegen. Ich sage, ich habe einiges Vernünftige getan – also ich mach so meine kleine persönliche Buchhaltung. Ich schau, daß ich im Fegefeuerbereich bleibe. Für einmal »abgefuckt« gesagt, dreimal »abgefuckt« vermieden.

Das ist für mich ein Grunddenken: Ich halte mich für intellektuell genug, um Religion nachvollziehen zu können. Und die Künste. Wenn ich auch nicht auf einem einzelnen Bereich intellektuell in die Tiefe gebohrt habe, habe ich es doch breitenmäßig angelegt und interessiere mich für vieles und für alle, ich kann nach einem Konzert der Dixie Chicks genauso meinen Senf dazugeben wie nach einer Aufführung des Sinfonieorchesters der Berliner Philharmoniker oder einer Opernaufführung in Salzburg.

Ich neige nicht dazu, mich zu quälen. Aber ich bin diszipliniert. Ich bin präzise. Allein das ist schon ein Vorteil gerade in meinem Beruf, wo es so viele Spinner gibt. Ich glaube, ich habe den Boden der Wirklichkeit nie verlassen. Aber meine Demut ist keine edle Grundhaltung, sondern eine Vorsichtsmaßnahme. Das ist bei mir einfach so. Immer in der klaren Überlegung, eines Tages wirst du vielleicht daran gemessen werden. Ansprüche, denen ich selber nicht genüge, kann ich nicht an andere stellen.

Und jetzt überlege ich: Menschenskinder, gehst du den steinigen Weg des Showmasters zu Ende? Ich war mit meiner relativ seltenen, aber doch überhaupt nicht erstaunlichen Begabung in der exakt richtigen Zeit am richtigen Ort, also in einer Phase des steifen, auch etwas in die Jahre gekommenen Radios habe ich plötzlich eine Begabung entwickelt, die genau zu diesem Zeitpunkt und nur zu diesem Zeitpunkt erwünscht war. Vorher hat ein Sprecher seinen Text abgelesen.

Und als ich Fernsehen anfing, war die Zeit reif für eine Figur wie mich. Nach diesen händeringenden Spielunterhaltern. Dann war plötzlich eine Konkurrenz zu ZDF und ARD da, und da habe ich natürlich auch bei RTL in den Goldgräberjahren gut verdienen können. Und jetzt, wo es wirklich mühsam wird und wo man sagt: O Gott, was ist das alles, diese Container- und Ekel-Shows, hätte ich die Chance, mich rauszuziehen. In diesem Zeitfenster gewesen zu sein, das ist ein Glücksfall, und es werden – das sagt Günther Jauch, das sage ich, das sagt jeder, der die Szene kennt –, es werden Figuren wie ich nicht mehr entstehen. Nicht weil ich so einzigartig wäre, sondern weil die Außenbedingungen andere geworden sind.

Ich bin vom Teenie-Entertainer, beziehungsweise vom Infotainer mit komödiantischen Ansätzen, siehe »Thommys Radioshow«, zum Familienunterhalter, siehe »Wetten, daß..?« geworden. Habe im Grunde als Kinderstar McDonald's für die Teenies beworben, habe als lustiger Vater den Haribo-Effekt, trete als erfolgreicher Geschäftsmann für die Post auf. Daß ich all die Facetten in dieser logischen Konsequenz durchmachen konnte, das wird es nicht mehr geben. Ein Teenie-Star, der heute für McDonald's wirbt, ist damit »verbrannt«. Und daß ich diese gesamte Tour hinter mich gebracht habe, das lag eben einfach daran, daß die Zeitläufte so waren.

Das ist für mich faszinierend, das genieße ich auch: Wenn ich in Berlin bin, und da wird abgesperrt, Unter den Linden, da winken die Kinder, da freuen sich die Alten, und mit der Oma rede ich schlesisch, und mit der Hausfrau mache ich den Frisurenvergleich, es gibt für jeden irgendwo etwas, wo ich sage: ja, es ist ein Bezug da. Diese Breitenwirkung, glaube ich, die wird es nicht mehr geben.[205]

So ist das bei ihm. Gerade noch denkt er übers Jenseits nach, schon ist er Unter den Linden in Berlin. Nicht sortiert zwischen Überleben und Nachleben, nicht Kröpfchen und Töpfchen. Alles gehört in ihm zusammen. Auch das ist Teil seiner schlesisch-barocken Art, katholisch zu sein.

Unsterblichkeit hat er nie mit seiner Zuschauerquote verknüpft, selbst wenn jedes Bild, jedes Wort aufgezeichnet ist und die Vorstellung, in den Fernseharchiven als bewegtes, sprechendes Wesen fortzuexistieren, eine Mischung aus Trost und Schrecken erzeugt. Dort liegt die digitale Ewigkeit. Aber was ist mit dem unvermeidlichen, dem realen Ende?

«Ich weiß nicht«, sagt er, »aber die Vorstellung, hier in Kalifornien unter so einer kleinen polierten Marmorplatte zu liegen, gefällt mir nicht. Ich glaube, ich vertraue doch mehr auf die Kulmbacher Friedhofsgärtnerei.«[206]

Noch immer die Flucht in die Pointe. Doch in Kulmbach liegt auch der Vater. Und seit dem 12. Juni 2004 hat auch Rutila Gottschalk dort ihre Ruhestatt gefunden. Zwei Tage zuvor war sie im Beisein ihrer drei Kinder ruhig gestorben. Nach mehreren Herzinfarkten in den letzten Jahren hatte sie häufig vom Tod gesprochen, und Thomas befürchtete, nicht bei ihr sein zu können, wenn sie stürbe. Am 7. Juni hatte ihn die Nachricht erreicht, daß er aus Malibu nach Kulmbach kommen müsse. Es blieb ihm genug Zeit, Abschied von der Mutter zu nehmen.

Noch mehr als zuvor binden ihn seine Gefühle an die Stadt Kulmbach. Der Name ist der Klang der Kindheit. Mit ihm verbindet Thomas Vertrauen, Heimat, Sicherheit. Und vielleicht ist der Vorgriff der Phantasie auf das Unvermeidliche für ihn, nicht anders als für die meisten, ein Rückgriff auf die Zeit, in der Lebensgewißheiten noch nicht erschüttert worden waren.

Der gereifte Taugenichts ist bemerkenswert mutig, wenn es um letzte Fragen geht. Doch bis die unausweichlich werden, will er sich tragen lassen von jenem wiederkehrenden Augenblick, wenn es heißt »Auf Sendung!«, »Los!«, wenn er aus der Gasse der Kulisse tritt, die Titelmusik einsetzt, das Licht auf ihn fokussiert wird, er die fünf Stufen auf die Vorderbühne hinuntergeht und der Beifall ihm so entgegenbrandet, daß er unwillkürlich die Arme ausbreitet, als wäre es das erste Mal, um diesen herrlichen Lärm entgegenzunehmen; das große Rauschen, das er liebt und das ihm sagt: du wirst geliebt.

Er war und ist kein Mann für die Wohnzimmerkulissen der Shows im Privatfernsehen. Darum waren die Formate in den miefigen Studios aus schlecht lackierten Preßspanplatten, Styropor und Pappe mit dreihundert lustlosen Zuschauern auf unbequemen Bänken keine Welt, in der er aufblühen konnte.

Er ist ein Kolosseumtypus, ein Mann für die Arena. Er hat in der Garderobe vor Beginn kein Lampenfieber, sondern er dampft wie ein Zirkusroß vor dem Auftritt, mit Witterung für die Manege, für den Zucker des Beifalls. Gleich wird er mit einem Lächeln vor sein Publikum treten, das signalisiert: ich bin glücklich.

Ein Faszinator. Wenn es den Beruf bisher nicht gab, für ihn müßte der Titel erfunden werden. Seine Mutter meinte, seine Wirkung im großen Samstagabendfernsehen liege darin, daß er die Menschen liebe. Der langjährige Programmchef von SAT.1, Fred Kogel, spricht sogar von einer Lebensbindung zwischen »Wetten, daß..?« und Gottschalk: »Diese Ehe versteht die ganze Bevölkerung, und sie funktioniert einwandfrei.«[207] Vielleicht ist er aber auch nur der letzte Entertainer, der sich ein Stück »Wahrheit« der Illusion bewahrt hat, diesen »ehrlichen Glanz« des schönen Scheins.

Fast alle Moderatoren außer ihm geben ihr Medium Fernsehen als Teil der Wirklichkeit aus. Er aber tritt auf mit der Gestik des Zirkusdirektors und stellt von Anfang an klar: Jetzt laßt uns zwei Stunden lügen, die Wirklichkeit überlisten! Wir alle haben das Recht auf einen Augenblick abseits der Schrecken der Welt!

Er spielt den großen Pausenclown zwischen den Nachrichtensendungen, die uns bekunden, er habe nicht recht mit seinem Lächeln. Doch wenn er lächelt, ist die Wirklichkeit im Nachteil.

Was ihn aber ausmacht, den Spielleiter Thomas Gottschalk, ist gar nicht seine Sendung »Wetten, daß..?«, nicht ihr Glanz, nicht ihr Ablauf. Entscheidend ist das, was unmittelbar vorher geschieht, die zehn Minuten, in denen das Phänomen Gottschalk offenkundig wird.

22
Warm-up

Was hat man als Zuschauer dieser Show nicht alles gesehen! Menschen, die mit verbundenen Augen auf Matratzen herumhopsen und mit den Sensoren ihres Sitzfleischs exakt die Marke nebst Art und Anzahl der Sprungfedern erspüren. Zwei riesige Bagger, zwischen deren Schaufeln eine einzelne trockene, brüchige Spaghetti gehalten und über einen Kochtopf transportiert wird. Einen Bauern, der in fünf Minuten mit seiner Kuh in einem Mächtigkeitsspringen über Hürden setzt und das zuvor frisch gemolkene Glas Milch in der Hand nicht verschüttet. Fallschirmspringer, die in der Luft einander rasieren, eine Frau, die aus Tausenden Horoskopen bekannter Persönlichkeiten die dazugehörenden Namen erkennt, und einen Mann, der unter Hochdruck einen Wasserstrahl aus dem Tränenkanal seines rechten Auges spritzt, um damit zehn in einem Bottich schwimmende Teelichte zu löschen. Jemand fädelte mittels eines Traktors einen Faden ins Nadelöhr ein. Ein Mann spielte zwei Trompeten gleichzeitig, auf denen er vier Literkrüge voll Bier balancierte. Ein anderer erkannte antike und neue Münzen der ganzen Welt am Klang. Sogar aus dem Text einer Sprechblase von beliebigen Asterix-Comics wollte ein Kandidat die Nummer des Heftes und die sprechende Figur erkennen.

Wie oft hat man sich gefragt, was Menschen zu solchen Hochleistungen treibt? Und woher sie die Zeit zum Üben nehmen? Die »Wetten, daß..?«-Bühne ist ein Tummelplatz für liebenswerte Spinner, die der Nützlichkeit des Alltags adieu gesagt haben, Monomanen und Anarchisten, Leute, die der ohnehin auffälligen Absurdität unseres Lebens weitere absurde Wegmarken hinzufügen und hinterlistig behaupten, dadurch habe ihr Leben neuen Sinn bekommen. Leute, die mit der bloßen Faust 5-Zoll-Nägel durch ein 3-Zentimeter-Brett schlagen oder Briefmarken aus dreiunddreißig Ländern am Geschmack der Gummierung erkennen.

Nach jeder Sendung melden sich Tausende solcher Philosophen des Unsinns und müssen daraufhin überprüft werden, ob sie vielleicht nur spektakulär öffentlich Selbstmord begehen oder gar eine Wette wiederholen wollen, die vor Jahren schon mal schieflief. Will wieder einer Joghurtbecher am Klang erkennen oder grobe Maschinen zarte Bewegungen ausführen lassen? Bei über 140 Folgen in 23 Jahren ist es nicht einfach, den Überblick zu behalten. Die Vernunftverweigerer, Alchimisten, Equilibristen, Gedächtnismonster und Hasardeure drängen in diese Sendung, weil sie Europas letzter Tummelplatz sinnloser Eitelkeit ist, auf dem die zugelassenen Kandidaten noch einmal Kind sein dürfen – und das unter den Augen von Millionen.

Sie kommen, weil dieser Zirkus der perfekten Amateure von einem Mann geleitet wird, der ihre Sehnsucht nach großem Kinderspiel versteht und ihnen dafür das Publikum bietet. Nicht weil ein paar mehr oder minder bedeutsame Prominente auf der Couch sitzen, unter deren Blicken man fünfzig Menschen an der Form ihrer Zunge erkennt, sondern weil die *Welt* zusieht. Und weil Thomas die Zuschauer in einer Weise zu Beteiligten am Zauber der Manege macht, wie es kein Entertainer außer ihm kann.

Dieses Publikum hat viel Geld bezahlt. Es sitzt in der riesigen Halle und wartet darauf, unterhalten zu werden: 4. Oktober 2003. Eine neue Staffel von »Wetten, daß..?« startet, und mit diesem Abend wird die neue Messehalle am Stadtrand von Karlsruhe eingeweiht.

Noch ist rundherum Baustelle. Seit vierzehn Tagen werden bereits die unendlichen Gerätschaften des ZDF, die Ausrüstung der Techniker und Bühnenbildner in der Riesenhalle installiert. Die

Absperrungen draußen sind eingerichtet, um den Publikumsstrom zu lenken. Wer einen Backstage-Ausweis um den Hals hängen hat, kann am Seiteneingang die Sicherheitskontrollen passieren und in der erstaunlichen Ruhe vor dem Sturm betrachten, welch gigantischer Aufwand für die zwei Sendestunden getrieben wird.

Die fahrbaren Kulissen, über deren künstlerischen Eindruck man streiten kann, die technischen Vorbereitungen für die Wetten (ein Profitrampolin, zwei Traktoren, deren Auspuffrohre mit Absaugleitungen verbunden werden müssen), die Container mit Garderoben, Maske, Aufenthaltsräumen, Versorgungsküchen, die Übertragungs- und Regiewagen des ZDF, die sich trotz ihrer Größe in den gigantischen Dimensionen dieser Halle fast verlieren, die am Boden verlegten Kabelbäume, die Monitorwand hinter der Bühne – all das trägt zum Eindruck der Maßlosigkeit bei. Vor allem ist es die Anzahl der Kameras, die den Laien überwältigt. Als Fernsehzuschauer hat man ja eigentlich nur drei Bühnen vor Augen: das Sofa mit den Gästen, die Show-Bühne für die Musik, die Wettbühne für die abstrusen Einfälle der Kandidaten. Da müßten ja, denkt der Gebührenzahler, drei Kameras reichen.

In Karlsruhe sind es elf, die ständig in Bewegung sind. Unter dem Hallendach, an einem etwa vierzig Meter breiten Gitterbalken, hängen zwei Körbe mit Kameraleuten. Auf dem Proszenium vor dem Sofa stehen fünf fahrbare Stativkameras. Ein Kameramann hat die Handkamera geschultert. Ein weiterer läuft mit der Steadicam herum – einer Gestellkonstruktion vor der Brust, die es ihm ermöglicht, das schwere Gerät auch in schnellem Lauf ruhig zu halten oder langsam zu bewegen. Eine Galgenkamera ist für den Effekt gut, von oben steil nach unten zu fahren und wie eine Schlange auf ihr Opfer niederzustoßen. Eine weitere Deckenkamera ist fest installiert für die Trampolinwette. Die anderen zehn sind während der Show ständig in Bewegung, nach einer erprobten Regie und unter dem Gesetz, daß möglichst keine Kamera im Bild der anderen sein sollte. Alle haben eine Ausgangsposition und Zwischenpositionen gemäß der Dramaturgie des Abends.

Dann sieht es doch chaotisch aus, wenn sie herumgerissen werden, fahren, sich drehen, kippen, wenn die Kabelträger hinterherhasten mit den roten Gedärmen. Die Erfahrung des Abends am heimischen Fernsehgerät ist eine ganz andere als die der Zuschauer im Raum, die keine geregelte Folge, sondern alles gleichzeitig sehen: den Aufbau der einen Seitenbühne, während auf dem Sofa Small talk gemacht wird, den Abbau der Wettbühne, während auf der Musikbühne eine hochverkitschte *Aida*-Version von Elton John mit technischer Perfektion zelebriert wird.

Die Gleichzeitigkeit der Vorgänge, die das Fernsehbild zu einem zeitlichen Ablauf ordnet, hat im Saal nur einen Anker, einen, der das Zentrum all dieser scheinbar verworrenen Glitzerwelt bildet: Thomas Gottschalk.

Wer hinter das Geheimnis kommen will, warum er die erfolgreichste Show Europas über einen schon fast unheimlich anmutenden Zeitraum hinweg moderiert, muß dieses Volksfest live erleben. Denn um nichts anderes als ein Fest handelt es sich.

Thomas ist die Mitte des Festes. Durch ihn vollzieht sich, auch wenn dies nicht in jeder Stadt und bei jeder Sendung gleichermaßen gelingt, eine seltsame Metamorphose: Das Publikum wird Gottschalk, Gottschalk wird das Publikum. Für zwei Stunden haben nahezu alle das Gefühl, Teil eines Lebewesens zu sein, das die Halle ausfüllt: ein glücklicher Riesenleib namens »Wetten, daß..?«

Wie wird dieses Wesen geboren?

Zehn Minuten, bevor die Sendung beginnt, setzt die Verwandlung ein: Nahezu vollzählig haben die Zuschauer ihre Plätze eingenommen, auch die »Abonnenten«, die seit Jahren zu jeder Sendung anreisen. Die geladene Prominenz in der erste Reihe steht noch herum, tauscht Sätze aus, man hat den Eindruck, daß sie die Konversation eigentlich nur spielen, um einen Grund zu haben, nicht zu sitzen; sie wollen gesehen werden. Man spielt »bei Hofe«, und so stehen und gehen und begrüßen sich die VIPs zum dritten Mal, heben schon mal lässig den Fuß über das Absperrseil zur Bühne, um dem Volk zu zeigen, daß man Zugangsrechte zum Allerheiligsten hat.

Plötzlich nimmt der Hofstaat Platz.

Jetzt beginnt die Phase, die Warm-up heißt, die Einstimmung des Publikums. In manchen Shows gibt es dafür spezialisierte Stellvertreter des Moderators. In »Wetten, daß..?« spielt Thomas grundsätzlich selbst den Anheizer.

Er tritt aus der Kulisse, noch nicht im braunen Nadelstreifenwams, sondern in Hemd und Weste –»Teuflisch elegant heute abend«, läßt sich eine Damenstimme aus der zweiten Reihe lauthals vernehmen. Beifall braust auf, wird um so stärker, je heftiger der Bejubelte die Handflächen nach unten bewegt, um den Applaus zu beschwichtigen.

Er tut dies mit dem Charme dessen, der scheinbar überrascht ist von den Ovationen. Das ist alte Operntradition: den Überwältigten geben. Aber dahinter strahlt ein glücklicher Mensch, der die Applauswoge liebt und das auch zeigt.

Endlich kommt er zu Wort: »Danke, aber alles umsonst, wir sind nicht auf Sendung, kein Mensch sieht zu.« Lacher. Er bittet, daß der Applaus beim echten Beginn der Sendung nicht »als schon einmal abgeleistet« unterlassen werde. Gelächter. Schon sind die Zuschauer seine Komplizen.

Jetzt wechselt er von der Bühne ins Publikum. Die Handkamera begleitet ihn, man sieht ihn neben sich und zugleich auf dem Riesenbildschirm über der Bühne.

Er steigt durch die Ränge einer Dame entgegen, die sich verspätet hat, führt sie galant an ihren Platz, lobt die perfekte Kombination von Handtasche und Schuhen, läßt die Kamera seine Feststellung beweisen, entdeckt im Vorübergehen, daß die Irokesentolle eines Zuschauers aus der Fettstütze zu kippen droht, und richtet sie, angeblich auch um die eigene Frisur besorgt, beidhändig auf. Schon ist er bei einem jungen Mann, der neben einem leeren Platz sitzt, fragt ihn, ob die Freundin keine Lust gehabt habe, erhält die traurige Auskunft, es ermangele überhaupt an einer Begleitung. Sofort fragt der Moderator ins Publikum, ob sich nicht eine Schöne erbarmen würde, läßt die Kamera auf dem Jungen ruhen, der sieht nicht schlecht aus, wird gefragt, ob er eine Blonde oder Schwarze neben sich bevorzugen würde – und tatsächlich, von weit hinten, oben, macht eine junge Frau sich auf, dem Kuppler Gottschalk zu folgen und sich neben den einsamen Jüngling zu setzen.

Immer Gelächter, immer Applaus. Ein paar Prominente werden angepflaumt – und die Zeit läuft auf den Sendebeginn zu, Nervosität breitet sich aus, der Maestro bleibt gelassen, ruft zur Bühne: »Ihr sagt mir hoffentlich, wann es losgeht?!« Einem Fußballer in der ersten Reihe wird vom Entertainer angedroht, während der Sendung vor die Kamera geholt zu werden.

Langsam zieht sich der Star, der sich unters Volk begeben und damit selbst in Stimmung gebracht hat, auf die Bühne zurück.

Plötzlich spürt man: Das Publikum und er sind ein Leib geworden, er hat aus den Zuschauern und sich einen einzigen Körper gemacht, eine gemeinsame Absicht. Er gehört dem Publikum, und es gehört ihm.

Genau in diesem Augenblick verschwindet er in den Kulissen, auf der Anzeigetafel laufen die letzten Sekunden ab. Gummibärchen kündigen den Trailer an. Jeder im Saal hat jetzt das Gefühl: Wir sind auf Sendung.

Ja, wir. Denn von nun an geht es nicht darum, daß Gottschalk dem Publikum einen fröhlichen Abend bereitet, es geht darum, daß alle sich wünschen, der Abend möge gelingen, und was sie dazu beitragen können, tun sie. Zwei Stunden lang. Das Fest beginnt. Gottschalk kann sich von einem Publikum tragen lassen, das *ihm* gefallen will.

Der Vorgang ist nicht unbekannt. Thomas hat ihn nicht erfunden. Große Schauspieler kennen solche Augenblicke, wenn sie die unsichtbare vierte Wand der Bühne verschwinden lassen und spüren, daß sie die Seelen der Zuschauer kneten, sie zu Gelächter anpeitschen, zu Tränenbächen rühren können. Auch manchen Politikern ist das schon gelungen, nicht gerade den angenehmsten.

Das Erstaunliche an Gottschalk ist, daß er weder Gefühlswallungen noch Feindbilder braucht, um dieses Einswerden mit dem Publikum zu erzeugen. Er ist nur leicht, nett, überwiegend witzig, galant, und er vermittelt eine einzige Aufforderung: Laßt uns zusammen dafür sorgen, daß es uns zwei Stunden gutgeht! Die Welt ist voller Grauen, ich kann das mit meinen Möglichkeiten nicht ändern. Aber ich kann euch die »Lippen zum Lächeln verbiegen«.

Ein Quentchen Ironie ist immer dabei. Sie ist in der Vereinigung mit dem Publikum das entscheidende Gewürz: Eine winzige Spannung zwischen Bühne und Zuschauerraum, ein kaum merklicher Rest Distanz bleibt, und ebendieser Rest hält die Anstrengung der Zuschauer wach, noch mehr Nähe herzustellen und vollkommene Symbiose zu erreichen.

Durch Selbstironie entzieht sich der Entertainer am Ende seiner totalen Vereinnahmung. Ebendarum will ein Großteil des Publikums nach der Show nicht aus der Symbiose entlassen werden. Es will sie fortsetzen und vollenden. Man kann Menschen beim Verlassen der Halle weinen sehen wie nach einem Abschied. Danach beginnt die Jagd auf Thomas Gottschalk, der Drang nach seiner Nähe, die Gier nach einem Blick von ihm, einem Foto mit ihm, einem Autogramm, nach Devotionalien.

In Karlsruhe hatte er seine Saalwette verloren: entgegen seiner Vermutung war es doch gelungen, in der Nacht alle Abteilungen des Karlsruher Rathauses mit den zuständigen Arbeitskräften zu besetzen. Folglich mußte Gottschalk dort seinen Wetteinsatz realisieren: unmittelbar nach der Sendung im Referat für Frauenfragen Beratung für das andere Geschlecht durchzuführen.

Vor der Messehalle bildet eine mehr als neugierige Menge Spalier, um bei der Abfahrt des Stars einen Blick ins Wageninnere zu erhaschen, dem Star aus der Nähe zuzuwinken. Vor der schwarzen S-Klasse-Limousine mit Thomas, dem ZDF-Unterhaltungschef Viktor Worms und der Maskenbildnerin Uschi Weber fahren drei Polizisten auf Motorrädern, hinter dem Wagen ein Polizeiauto, dann die Limousine der Sicherheitsleute mit Knopf im Ohr und Spiralkabel im Hemdkragen. Zum Schluß wieder Motorräder der Polizei. Ein Blaulichtkonvoi. Fehlt eigentlich an Gottschalks Wagen nur noch der schwarzrotgoldene Stander, und man dürfte annehmen, hier sei der Bundeskanzler unterwegs.

Vor dem Rathaus, an dem er um 23 Uhr eintrifft, harren Tausende seit Stunden in der Kälte aus, um ihren Liebling leibhaftig zu sehen. Der springt aus dem Wagen, winkt kurz, wird, von Polizisten umringt, durch die Masse gequetscht und ins Foyer gebracht, wo ihn der Oberbürgermeister begrüßt. Die Sicherheitsleute hasten samt Maskenbildnerin hinter ihrem Bewachungsobjekt her, das zum freien, hinteren Treppenhaus gelotst wird, um im ersten Stock auf den Balkon des säulengeschmückten Baus zu treten, wo ein Kamerateam wartet.

Von unten brandet Lärm herauf, den man mit Recht beängstigend nennen darf, eine Kakophonie aus Beifall, Kreischen, Schluchzen, Lachen, Johlen, Pfeifen. Ohrenbetäubend. Der Star wirkt einen Augenblick, als wolle er fliehen, dann nimmt er die Huldigung entgegen, sagt ein paar freundliche Worte über die Stadt Karlsruhe und ihre Bürger ins Mikrophon. Das freut den an seiner Seite harrenden Oberbürgermeister – und die Menge, die erneut, heftiger noch als zuvor, in hysterischen Jubel ausbricht.

Keine Frage, sie sehen ihren König dort oben auf dem Balkon, jede seiner Handbewegungen wird mit Glücksblicken verfolgt, sein Lächeln zeigt, daß es der Welt gutgeht. Gleich wird er die Monarchie ausrufen und alle Probleme der Gesellschaft beseitigen. Sein blondes Lockenhaupt glänzt wie gekrönt im Scheinwerferlicht.

Doch dann beläßt er es bei der Demokratie, wendet sich ins Innere des Hauses, wo sich das Volk nun auch vor den Balkontüren staut. Man schafft es, Gottschalk über eine Nebentreppe ein Stockwerk höherzudirigieren, wo sich vor dem Referat für Frauenfragen die sehnsüchtigsten Damen bereits vor zwei Stunden, als die Saalwette verkündet worden war, einen Warteplatz gesichert haben.

Im Empfangszimmer der Referentin sind wieder Kameras aufgebaut. Thomas schnappt sich ein weißes Kinderstühlchen, hockt sich, Knie unterm Kinn, an den Couchtisch. Die Sicherheitsleute lassen die ersten Frauen ein: selbstbewußt und problembeladen.

Da sitzt er nun, der Liebling der Nation, und soll Rat geben. Die junge Frau vor ihm hat drei Kinder, ist alleinerziehend, lebt seit zwei Jahren von Sozialhilfe, will dringend arbeiten und findet in keinem Büro eine Halbtagsarbeit.

Und er? Was soll er tun? Er ist betroffen und ratlos. Die Ungerechtigkeit der Welt. Er habe ja nur Glück gehabt, jeder Schrankenwärter trage mehr Verantwortung. Nur hilft das der arbeitslosen jungen Mutter nicht. Er kann noch so verständnisvoll zuhören, sich selbst noch so klein reden, er wird nicht klein genug, um in das Schicksal der jungen Frau zu passen.

Er legt sie dem Bürgermeister, der ebenso ratlos neben ihm steht, zur besonderen Beachtung ans Herz, umarmt die junge Frau, spricht dann mit zwei anderen. Ähnliche Probleme, keine Lösungen. Alles, was er geben kann, ist seine Anteilnahme. Schließlich, um ein Uhr nachts, bricht er auf – zurück in seine Welt: der Rathauskorridor voller Menschen empfängt ihn, die ihm alles, was beschriftbar ist, entgegenstrecken, Mützen, T-Shirts, Papier, die blanke Haut. Kein Durchkommen. Feuerpolizeilich betrachtet ein Alptraum. Um überhaupt voranzukommen, greift er, seine Größe nutzend, über die Köpfe so weit nach vorn, wie sein langer Arm reicht, schnappt sich mit Fingerspitzen die Autogrammunterlage, onduliert darauf seine Namensschlingen und trägt das begehrte Objekt dorthin, wo es herkam und er hinwill. So kommt er Meter um Meter durch die Menge voran, Autogramm um Autogramm erschreibt er sich seinen Weg.

Am nächsten Tag die Zahlen: Nahezu fünfzig Prozent aller deutschen Fernsehhaushalte haben die Sendung gesehen – eine Traumquote. Mag Gottschalk auch noch so sehr und zu Recht gegen den Unsinn der Quotenmesserei wettern – am Morgen danach zeigt die Tabelle auch ihm, daß er nach wie vor der Größte ist; nicht nur bei den Deutschen; »Wetten, daß..?« steht auch in Österreich und der Schweiz seit 1985, als die Messungen eingeführt wurden, ununterbrochen auf Platz eins. Dafür darf's dann auch ein bißchen länger sein: Bisher wurden die Sendezeiten um insgesamt 45 Stunden überzogen, Thomas hat es persönlich auf 34 Stunden gebracht.

Als er am 27. März 2004 in Basel seine hundertste Sendung feiert, gratuliert der Erfinder der Show, Frank Elstner, neidlos: »Zum hundertsten Mal steigst du heute in den Ring für ›Wetten, daß..?‹. Live, am Samstagabend. Und die erfolgreichste Sendung der deutschen Fernsehunterhaltung. Du moderierst sie mit Mut, Schlagfertigkeit, Kraft und Elan – ein Bündel von Talenten, wie es heute selten ist. Weißt Du noch, wie du ungläubig gestaunt hast – damals, vor 16 Jahren, als ich die Last von ›Wetten, daß..?‹ nicht mehr tragen mochte und dich als optimalen Nachfolger sah?«[208] Das klingt ein bißchen nach: Vergiß nicht, wem du es verdankst.

Inzwischen aber verdankt Thomas den Ruhm und die Beständigkeit seines Erfolges ausschließlich sich selbst.

Der Weg des Jungen aus Kulmbach, Sutte 11, bis zur Mühle in Malibu, wo noch immer nachts die Kojoten im Canyon heulen und im rosigen Frühlicht Kaninchen durch den Park hoppeln, ist gewiß eine der ungewöhnlichsten deutschen Lebenslinien. Nicht allein, weil Thomas Erfolg und Reichtum erworben hat. Ungewöhnlich ist die unerschöpfliche Zuversicht dieses Lebens. Sie ist ein Geschenk, vielleicht sogar eine Begnadung. Verbunden mit seiner Schlagfertigkeit und Redegewandtheit, hätte sie für viele Berufe gelangt. Jedenfalls hat die Kirche an ihm einen eigenwilligen Priester verloren.

Kaum abzusehen, was der Jongleur mit seiner Eloquenz noch alles anstellen wird. 2004 testet er, etwas lustlos, wie sicher die Deutschen in Fragen der Etikette sind: Gottschalk als Knigge sehen immerhin acht Millionen Zuschauer. Um sein Publikum muß er sich keine Sorgen machen. Fast zwölf Millionen Zuschauer erreicht er am 3. Juli 2004 mit einem »Sommer-Wetten, daß..?« in der Berliner Waldbühne, wo ihm von den Freilichttribünen eine Begeisterung entgegenschlägt, wie er sie in Hallen nicht erleben kann. 20000 Menschen sind gekommen, um ihn live zu erleben, und bereiten ihm Ovationen.

Drei Tage später ist er bereits wieder zu sehen: Mit der neuen Sendung »Gottschalk zieht ein!« nutzt er sein Talent zum Paterfamilias für eine Reality-Show, in der er jeweils für einige Tage in einer Jedermannfamilie den Vater, nicht den Ehemann, ersetzt. Gelegenheit, sich dem Publikum ungeschminkt zu präsentieren und auf diese Weise sein allzulang getragenes Jünglingsimage abzulegen. Hier kann er sich morgens beim Zähneputzen filmen lassen und über sein faltenreiches Spiegelbild seufzen: »Wie Hildegard Knef in ihren schlechtesten Tagen.«[209] Die Locken sind nicht so füllig wie sonst, die Augen verschwiemelt. »Ich sehe früh am Morgen immer aus wie der japanische Botschafter.« Hier zeigt er sich im Wortsinn ohne Maske und spielt seinen Hang zur Selbstironie frei und offen aus wie in seinen besten Radiojahren. Indem er sich so alt zeigt, wie er ist, scheint er jünger zu werden. Ist das der Anfang einer neuen Showkarriere jenseits von Sonnyboy und Taugenichts? Da er sich »Gottschalk zieht ein!« selbst ausgedacht hat, spricht viel dafür, daß er die Zuschauer mit dieser Show an einen neuen, gereiften, aber unverändert gewitzten Gottschalk gewöhnen will, einen, der nun weniger auf Bewunderung setzt und mehr auf Sympathie.

Wenn er aber dem bestehenden Angebot des Medienmoguls Haim Saban, in den Aufsichtsrat von SAT.1 zu wechseln, folgt? Eine lockende Offerte, die er 2002 nur darum nicht wahrgenommen hat, weil ZDF-Intendant Dieter Stolte darin verständlicherweise einen gewissen Interessenkonflikt sah. Thomas als Manager in einer Aufsichtsratssitzung? »Unvorstellbar!« lacht Günther Jauch.[210] Gewiß. Aber war nicht alles, was Thomas zum Erfolg geführt hat, anfangs unvorstellbar?

Vielleicht auch wird er einfach, wenn endlich ein Talent in Sicht kommt, die schöne Last weitergeben, wie einst Elstner an ihn. Und sich an einem hübschen Flecken in Europa niederlassen. Schon geistern Umzugsnachrichten durch die Gazetten: ein Wasserschloß in Sachsen-Anhalt steht im Verdacht, ein herrschaftliches Anwesen in der Schweiz. Gewiß ist nur, daß er zumindest mit einem Fuß wieder zurückwill nach *Good old Europe*. Ohne Zweifel wird er unter den alten Adelsgemäuern des Abendlandes ein passendes finden und dort zuschauen, wie Thea Zimmer um Zimmer mit ihrer unerschöpflichen Phantasie gestaltet, ausschmückt und verwandelt. Vielleicht wird er dort ruhig werden. Sich an die zurückgelegte Strecke erinnern. An die Söhne denken, die Amerika den Vorzug geben ... Während er sich – zur Ruhe setzt?

Das müßte er erst lernen. Was er schon kann, ist für sich sein.

Und so wollen wir ihn hier verlassen – mitten im Fluß, ohne *finis*. Mit dem rückblickenden Satz seines *Taugenichts*-Dichters Joseph von Eichendorff: »O Freunde, das ist eine Zeit! Glückselig, wer darin geboren ward, sie auszufechten!«[211]

So beschrieb die Romantik den heutigen Begriff »Zeitfenster«. Dem, der in einem solchen Zeitfenster der Mediengeschichte glücklicherweise anwesend war und auch noch die Gabe mitbrachte, die Fensterflügel aufzustoßen und hinauszusteigen in die Landschaft der neuen Zeit – ihm sei am Schluß einer so vorläufigen Biographie das letzte Wort belassen[212]:

Reporterfrage: »Haben Sie auch Humor, wenn Sie allein sind?«
Gottschalk: »Nur dann. Denn ich bin ja der einzige, der meinen Humor wirklich versteht. Andere muß ich mit meinem Witz erst konfrontieren, ich dagegen habe sowohl den Witz als auch das Lachen als Gesamtwerk schon im Kopf gespeichert.«

Nachwort

In Zeiten, in denen im Fernsehen sich Egomanen und Narzißten drängeln und schnell verschlissen werden, landet vielerlei Erlebtes, das sich langfristig herausheben will, auf dem Buchmarkt, selbstverfaßt oder von dienstbaren Geistern zu Text gemacht. Nach den verblichenen Ismen des letzten Jahrhunderts sind noch drei geblieben: der Kapitalismus, der Terrorismus und der Voyeurismus, und manchmal ist der eine wie der andere.

Was hier zu lesen ist, hat mit dieser Entwicklung zu tun. Und doch auch nicht. Weil es einen Menschen zum Inhalt hat, der sich nicht verschleißen ließ und durch keinen Ismus, nicht einmal seinen Katholizismus, zu fassen ist.

Ich kenne Thomas Gottschalk seit seinen Anfängen im Radio. Als der Student 1972 im Bayerischen Rundfunk als Stationssprecher begann, hatte ich eine wöchentliche Sonntagvormittagssendung mit experimentellem Rock und politischer Literatur; sie hieß, nicht ganz zutreffend, »Pop Sunday«.

Da kam eines Tages ein blondgelockter Sonnyboy, der Stationsdienst hatte, in den Sendekomplex 2 des BR, stellte sich vor und sagte mir, daß er meine Sendung schätze, vor allem die Musikauswahl. Daß so ein »Politintellektueller« wie ich live Platten starten konnte, schien ihn, den sechs Jahre Jüngeren, zu beeindrucken. Ein kurzer Plausch – der in viele Begegnungen und Gespräche mündete.

Wir waren nicht nur jahrelang im selben Rundfunksender tätig, wir waren in derselben Zeit Nachbarn in den Dörfern Weßling und Inning im Westen von München. Unsere Kinder gingen zusammen in den Kindergarten, die Familien trafen sich, später folgten Besuche in den USA.

Die Beständigkeit über die Jahre lebte auch davon, daß Thomas sich treu geblieben ist. So ließ sich die Freundschaft trotz der Inkompatibilität seines und meines Lebens erhalten. Er ist heute, was er schon damals war: ein manchmal ungeduldiger, immer zuverlässiger Freund von geradezu hartnäckiger Fürsorglichkeit. Ich kenne niemanden, der von der eigenen Prominenz derart unbeeindruckt ist wie er. Man kann ihn gewiß kritischer sehen, als ich das hier getan habe, auch freundlicher. Mein Blick hat den Vorteil, daß er sich über dreißig Jahre lang bewährte.

Als uns die Idee zu dieser Biographie gleichsam zugeworfen wurde, meinte Thomas: »Uns kriegt doch keiner im Kopf zusammen. Ich gehöre in die *Bunte*, du gehörst in die *F.A.Z.* Ich glaube immer noch nicht, daß mein Leben für eine Biographie interessant genug ist, und habe deshalb alle Anfragen bisher abgelehnt. Aber wenn es denn sein soll, dann bist du mir der Liebste. Laß uns zwei Tage nachdenken.«

Ein typisches Gottschalk-Statement. Zwei Tage später waren wir uns einig, daß sein Leben sehr wohl interessant genug ist, betrachtet man den Bogen vom Kulmbacher Buben bis zum erfolgreichsten Entertainer Europas, der in Malibu in seinem Anwesen sitzen und sagen darf, alles von Null auf selbst erarbeitet – mit seinen Worten: »Alles selber zusammengeschwätzt.«

Ich danke Thea und Thomas Gottschalk für die vielen Tage freundschaftlicher Gastlichkeit und ausführlicher Unterhaltungen in Malibu. Ich hatte das große Glück, mit Rutila Gottschalk, die an präziser Erinnerung alle Familienmitglieder übertraf, noch wenige Monate vor ihrem Tod lange Gespräche führen zu können, ruhige Stunden des Erzählens, zwischen denen ich die Wege des Schülers und Jugendlichen Thomas in Kulmbach nachgehen konnte. Rutila Gottschalk hat mir vertrauensvoll das Familienalbum zugänglich gemacht. Ich bin ihr sehr dankbar. Christoph Gottschalk und Raphaela Ackermann haben mir zahlreiche Geschwistergeschichten anvertraut und mir ermöglicht, den Bruder aus ihrer Perspektive zu sehen.

Günther Jauch sei hier für das angenehme und fundierte Gespräch über Thomas und für die Zustimmung gedankt, das Interview als zusammenhängenden, autorisierten Text einzufügen. Rechtsanwalt Dr. Peter Schmalisch, Antonio Geissler und Prof. Dr. Udo Reiter bin ich dankbar für ausführliche und informative Gespräche. Hilfreiche Hinweise verdanke ich der Intendanz des Bayerischen Rundfunks und vielen ehemaligen Wegbegleitern Gottschalks.

Die Leiterin des Gottschalk-Büros in München, Gaby Helgemeir, hat mir geduldig Fragen nach Korrespondenzen beantwortet, Dokumente zugänglich gemacht und mich stets informiert, wo die Hauptperson der Biographie jeweils für Fragen auffindbar war.

Mein besonderer Dank gilt Frau Ute Fuhrmann, die mir seitens des Verlages die extrem umfängliche Archivrecherche über Thomas Gottschalk mustergültig aufbereitet hat. Ebenso bin ich Karin Graf für ihre überraschende Anregung des Themas und meiner Lektorin, Christiane Schmidt, für hilfreiche Vorschläge und für ihre einfühlsame Genauigkeit im Umgang mit dem Text dankbar.

Nicht zuletzt danke ich meiner Frau Gisela für Ermutigung, Unterstützung und Geduld. Und meinem Sohn Julian, der meine Entscheidung für das Projekt durch sein bedachtes Zureden letztendlich bestimmt hat.

Anmerkungen

1 *Abendzeitung,* 17. 5. 1980

2 »Bullenfresse voller Haß / Der Himmel oben, und er auf einer Straße namens Liebe / Wann werden sie es endlich kapieren? / Alter Bulle, junger Bulle, ihnen geht's gut / an einem warmen Abend in San Francisco / Die Kinder sind cool / Aus ihnen werden keine Idioten / Das ist ein amerikanischer Traum / Gilt auch für Indianer« Aus: Lothar Schirmer (Hg.), *Tambourine man,* München 2003

3 Gespräche des Autors mit Thomas Gottschalk, Malibu, CA, 17. 8. 2003 bis 26. 8. 2003

4 *Bild,* 18. 5. 2000

5 Joseph von Eichendorff, *Aus dem Leben eines Taugenichts,* Berlin 1826

6 Gespräche des Autors mit Rutila Gottschalk, Kulmbach, 21.–23. 11. 2003

7 JWG, »Zahme Xenien«, 6. Buch (1823)

8 »Wir tanzen Rock'n'Roll rund um die Uhr, bis der Tag anbricht.«

9 Hamburger Bühne, auf der vornehmlich Volksstücke und vom niederdeutschen Dialekt geprägte Komödien zur Aufführung kommen. Heidi Kabel war von Beginn an die bestimmende Schauspielerin und wurde durch das Fernsehen bundesweit bekannt.

10 *Quick,* 17. 11. 1983

11 Gespräche des Autors mit Rutila Gottschalk, a.a.O.

12 Gespräche des Autors mit Thomas Gottschalk, a.a.O.

13 *Biographisch-Bibliographisches Kirchenlexikon,* XXII, 2004

14 *TV Today,* 3. 11. 1995

15 Gespräche des Autors mit Thomas Gottschalk, a.a.O.

16 Ebd.

17 Gespräche des Autors mit Raphaela Ackermann, Herrsching, 21. 1. 2004

18 Kölner Volksschauspieler und Regisseur, der im eigenen Theater in meist selbstverfaßten Farçen die komische Hauptrolle mit einem nicht geringen Maß Selbstironie spielte und im Fernsehen dem Hamburger Ohnsorg-Theater mit Heidi Kabel Konkurrenz machte.

19 »Ach, Freunde, älter sind wir, weiser nicht. Denn in uns'ren Herzen sind die Träume immer noch dieselben.« aus: Mary Hopkin, *Those Were the Days,* 1968
20 *Die Zeit,* 28. 8. 1981
21 *Bild,* 10. 10. 2001
22 *Die Woche,* 20. 4. 2000
23 Bad Godesberger Programm, 1959
24 Norbert Albrecht/Ralf Husemann, *Deutschland. Die Geschichte der Bundesrepublik,* Bd. III, Zürich/München 1979, S. 447
25 »Was zu beweisen war«, Erinnerungen von Hanno Heidrich in Korrespondenz mit dem Autor, 11. 3. 2004
26 Gespräche des Autors mit Thomas Gottschalk, a.a.O.
27 *Das Neue,* 24. 4. 2004
28 *tz,* 4. 2. 1976
29 Ebd., 29. 1. 1977
30 Gespräche des Autors mit Thomas Gottschalk, a.a.O.
31 *Hör zu,* 18. 6. 1977
32 Gespräche des Autors mit Thomas Gottschalk, a.a.O
33 Ebd.
34 Gespräch des Autors mit Christoph Gottschalk, Inning, 3. 2. 2004
35 Gespräch des Autors mit Thea Gottschalk, Malibu, CA, 17. 8. 2003 bis 26. 8. 2003
36 Gespräch des Autors mit Antonio Geissler, Seeshaupt, 19. 2. 2004
37 Ebd.
38 Ingeborg Drewitz/Wolfhart Eilers (Hg.), *Mut zur Meinung. Gegen die zensierte Freiheit,* Frankfurt a.M. 1980
39 Gert Heidenreich, »Diese Art von Stimmungsmache ist lebensgefährlich«, Gespräch mit Heinrich Böll, 28. 9. 1977, in: Heinrich Böll, *Werke,* Interviews I, 1961–1978, Köln o.J., S. 684
40 *Quick,* 15. 11 .1979
41 Ebd.
42 *Abendzeitung,* 17. 5. 1980
43 Gespräche des Autors mit Thomas Gottschalk, a.a.O.
44 Ebd.
45 *Bild,* 7. 5. 1980
46 *Abendzeitung,* 28. 3. 1981
47 Ebd., 17. 5. 1980
48 Ebd., 29. 7. 1981
49 Ebd., 25./26. 7. 1981

50 Ebd., 30. 7. 1981
51 *Nürnberger Nachrichten,* 19. 11. 1985
52 *Münchner Merkur,* 18. 5. 1982
53 *Abendzeitung,* 9. 11. 1982
54 Gespräche des Autors mit Thomas Gottschalk, a.a.O.
55 *Münchner Merkur,* Stefan Fuchs, 31. 3. 1982
56 *Süddeutsche Zeitung,* Michael Frank, 31. 3. 1982
57 *Kölner Stadt-Anzeiger,* 10. 2. 1986
58 *Passauer Neue Presse,* 10. 2. 1986
59 *tz,* 20. 10. 1986
60 *Hör zu,* 7. 11. 1986
61 Ebd.
62 *Münchner Merkur,* 7. 12. 1983
63 *Abendzeitung,* 7. 12. 1983
64 Ebd.
65 *Abendzeitung,* 10. 12. 1983
66 Gespräch des Autors mit Prof. Dr. Udo Reiter, Rottbach, 28. 11. 2003
67 *Gong,* 24. 12. 1983
68 Ebd., 24. 9. 1983
69 *Rheinischer Merkur,* Achim Barth, 24. 2. 1984
70 Ebd.
71 Ebd.
72 *Neue Revue,* 16. 12. 1983
73 Gottschalks Selbstauskunft, *Gong,* 21. 9. 1984
74 Gespräch des Autors mit Antonio Geissler, a.a.O.
75 *Abendzeitung,* Thomas Gottschalk, 5. 2. 1985
76 Ebd.
77 Ebd.
78 Ebd.
79 Ebd., 19. 4. 1985
80 Jerry Mander, *Schafft das Fernsehen ab! Eine Streitschrift gegen das Leben aus 2. Hand,* Hamburg 1979
81 Nobert Frei, »Hörfunk und Fernsehen«, in: *Die Geschichte der Bundesrepublik Deutschland,* hg. von Wolfgang Benz, Band 4, Frankfurt a.M. 1989, S. 417
82 *Münchner Merkur,* Peter A. Weckert, 8. 10. 1985
83 Ebd.
84 *Abendzeitung,* Peter Stützer, 8. 10. 1985
85 *Münchner Merkur,* Peter A. Weckert, 8. 10. 1985

86 *Der Spiegel,* 21. 9. 1987
87 *Bild am Sonntag,* Wolfgang Windel, 23. 8. 1987
88 Michael Völkel, *Das Lexikon der TV-Moderatoren,* Berlin 2003, S. 255
89 *Gong,* 15. 11. 1985
90 *Bild,* München, 15. 11. 1985
91 *Gong,* 15. 11. 1985
92 Anspielung auf den Terminus »Nullösung« aus der Rüstungsdebatte und friedenspolitischen Diskussion der achtziger Jahre
93 *Süddeutsche Zeitung,* Christian Grefe, 15. 11. 1985
94 *Abendzeitung,* 18. 7. 1986
95 Ebd.
96 *Stuttgarter Nachrichten,* Karl Stankiewitz, 1. 8. 1986
97 *Abendzeitung,* 1. 8. 1986
98 Klaus Traube (u.a. Hg.), *Nach dem Super-GAU,* Reinbek bei Hamburg, 1986
99 *Abendzeitung,* Fritz Janda, 27. 7. 1989
100 Ebd., 9. 8. 1986
101 Gespräche des Autors mit Thomas Gottschalk, Malibu a.a.O.
102 *Süddeutsche Zeitung,* Achim Zons, 25. 9. 1986
103 Ebd.
104 *tz,* 9. 10. 1986
105 Gespräch des Autors mit Prof. Dr. Udo Reiter, a.a.O.
106 Ebd.
107 *Gong,* 24. 7. 1987
108 Gespräch des Autors mit Frances Schoenberger, München, 7. 3. 2004
109 Gespräch des Autors mit Prof. Dr. Udo Reiter, a.a.O.
110 *Bild am Sonntag,* 23. 8. 1987
111 *Der Spiegel,* 21. 9. 1987
112 Kopie des Briefes liegt dem Autor vor.
113 Thomas Gottschalk, »Der Fall Jauch oder Vom Elend des öffentlich-rechtlichen Rundfunks«, in: *Bild,* 29. 7. 1989
114 Ders., »Sexberater – eigentlich war's zum Weinen«, in: *Bild,* 3. 6. 1989
115 *Abendzeitung,* 27. 7. 1989
116 *Süddeutsche Zeitung,* 31. 7. 1989
117 Zitate sämtlich: *Gong,* 4. 8. 1989
118 Ebd., 11. 8. 1989
119 *Süddeutsche Zeitung,* 29. 8. 1989
120 *Abendzeitung,* 20. 9. 1989
121 *Süddeutsche Zeitung,* 14./15. 2. 2004
122 *tz,* 15. 12. 1986

123 Ebd.
124 *Abendzeitung,* 28. 9. 1987
125 *Stern,* 24. 9. 1987
126 Ebd.
127 *tz,* Oswald Wolf, 28. 9. 1987
128 *Stern,* 24. 9. 1987
129 *Münchner Merkur,* 22. 3. 1985
130 Äußerung gegenüber dem Autor, 1986
131 Benno von Wiese, *Die deutsche Novelle,* Düsseldorf 1963
132 *Abendzeitung,* 2. 5. 1992
133 Ebd., 18. 5. 2000
134 Gespräch des Autors mit Günther Jauch, Potsdam, 6. 3. 2004, autorisierte Fassung
135 Ebd.
136 *tz,* 29. 7. 1988
137 Gespräch des Autors mit Thomas Gottschalk, a.a.O.
138 *Passauer Neue Presse,* zit. nach *Abendzeitung,* München 29. 7. 1988
139 *Stern,* 4. 8. 1988
140 *Bunte,* 5. 11. 1987
141 *Kölner Stadt-Anzeiger,* 30. 11. 1987
142 *Abendzeitung,* 28. 11. 1987
143 Völkel, *Das Lexikon der TV-Moderatoren,* a.a.O., S. 308
144 Thomas Gottschalk: »›Wetten, daß..?‹ wird mit der falschen Elle gemessen«, in: *Hör zu,* 28. 10. 1988
145 *Hör zu,* 14. 7. 1989
146 *Der Tagesspiegel,* Michael Stone, 5. 10. 1990
147 *tz,* 8. 5. 1990
148 *TV Spielfilm,* 4. 12. 1991
149 *Die Zeit,* Barbara Sichtermann, 20. 12. 1991
150 *Abendzeitung,* 6. 2. 1992
151 *Nürnberger Zeitung,* 1. 5. 1992
152 *Bild,* 15. 4. 1991
153 *tz,* 21. 9. 1991
154 *stern TV,* 29. 4. 1992
155 *Stern,* Christian Krug, 24. 9. 1992
156 *Süddeutsche Zeitung,* Magazin, Dirk van Versendaal und Andreas Lebert, 30. 4. 1992
157 *Frankfurter Allgemeine Zeitung,* 4. 5. 1992. (Für Opernignoranten: Escamillo ist der Stierkämpfer aus Bizets *Carmen.*)

158 *Stern,* Christian Krug, 24. 9. 1992
159 *Frankfurter Allgemeine Zeitung,* Christian Geyer, 13. 11. 1992
160 *Bild,* 30. 10. 1992
161 *Die Zeit,* Barbara Sichtermann, 27. 11. 1992
162 *Der Spiegel,* 30. 11. 1992
163 *Süddeutsche Zeitung,* Magazin, 30. 4. 1992
164 *Stern,* 11. 2. 1993
165 *Die Welt,* 26. 3. 2004
166 *Abendzeitung,* 4. 2. 1993
167 *Bild,* 14., 15., 16. 7. 1993
168 *tz,* 29. 7. 1993
169 Ebd., 23. 7. 1993
170 *Stern,* 22. 7. 1993
171 Gespräche des Autors mit Thomas Gottschalk, a.a.O.
172 *Frankfurter Allgemeine Zeitung,* Magazin, 14. 1. 1994
173 *tz,* 28. 3. 1996
174 Zit. nach *Gong,* Nürnberg, 9. 2. 2001
175 *Frankfurter Allgemeine Zeitung,* Magazin, 14. 1. 1994
176 *TV Spielfilm,* 31. 10. 1997
177 *Süddeutsche Zeitung,* 2. 12. 1995
178 *Berliner Zeitung,* 17. 2. 1999
179 Gespräche des Autors mit Thomas Gottschalk, a.a.O.
180 *Süddeutsche Zeitung,* 28. 2. 1995
181 *Bunte,* 9. 3. 1995 (Auszug)
182 *TV Today,* 3. 10. 1997
183 Die Formulierung stammt vermutlich vom ZDF-Unterhaltungschef Viktor Worms. Sie wird vielfach in der Presse benutzt, erstmals vom *Spiegel,* 12. 7. 1999, wo Thomas Tuma folgerte, inzwischen sei aus dem Lagerfeuer »der größte und mächtigste TV-Hochofen Europas« geworden.
184 Gespräche des Autors mit Thomas Gottschalk, a.a.O.
185 *Süddeutsche Zeitung,* Starnberger, Wolfgang Prochaska, 7. 5. 1996
186 München, 14. 5. 1996. Kopie liegt dem Autor vor.
187 Frank Schirrmacher, damals Feuilletonchef der *Frankfurter Allgemeinen Zeitung*
188 Thomas Gottschalk, »Great Car, Man«, in: *Spiegel special,* 8, 1997, S. 82f.
189 Gespräche des Autors mit Thea Gottschalk, a.a.O.
190 *Der Tagesspiegel,* Reinhart Bünger, 23. 7. 1997
191 *Süddeutsche Zeitung,* 25. 7. 1997
192 Ebd., 1. 2. 1999

193 Gespräche des Autors mit Thomas Gottschalk, a.a.O.
194 *Die Welt*, 15. 11. 1999
195 Besorgte Väter, »What have they done to Rock'n'Roll«, 2001
196 Gespräche des Autors mit Thomas Gottschalk, a.a.O.
197 *Abendzeitung*, Ponkie, 10. 10. 2001
198 Gespräch des Autors mit Jürgen Horbach, München, 20. 1. 2004
199 *Gala*, 1. 10. 2001
200 *Focus*, 26. 4. 2004
201 *Abendzeitung*, 26. 4. 2004
202 Gespräche des Autors mit Thomas Gottschalk, a.a.O.
203 *Süddeutsche Zeitung*, Juan Moreno, 8. 7. 2002
204 Pressedienst: Funkkorrespondenz, 13. 2. 2004
205 Gespräche des Autors mit Thomas Gottschalk, a.a.O.
206 Ebd.
207 *tz*, 25. 3. 2004
208 *Bild*, 27. 3. 2004
209 »Gottschalk zieht ein!«, ZDF, 8. 7. 2004, 20.15 Uhr
210 Gespräch des Autors mit Günther Jauch, a.a.O.
211 Joseph von Eichendorff, *Ahnung und Gegenwart*, Nürnberg 1815
212 *Süddeutsche Zeitung*, Magazin, Dirk van Versendaal/Andreas Lebert, 30. 4. 1992

Personenregister

Gert Heidenreich bei der DVA

Im Augenlicht
Gedichte

136 Seiten
€ 16,90/sFr30,20
ISBN 3-421-05674-9

»Mit Souvenirs beschenkt der Münchner Schriftsteller in seinem dritten Gedichtband seine Leserschaft. Ob eine kleine Moschee in der algerischen Wüste oder eine Winterreise nach Rostock: Heidenreichs Worte tragen Sehnsucht, Leid und Liebe.«

Johano Strasser

»Die Gedichte, die der Band versammelt, sind schön, manchmal betörend schön. Aber es sind beileibe keine Idyllen.«

Süddeutsche Zeitung

Der Geliebte des dritten Tages
Erotische Mysterien

224 Seiten
€ 19,90/sFr35,20
ISBN 3-421-05106-2

»In seinen Erzählungen hat sich Gert Heidenreich zur Meisterschaft aufgeschwungen. In aufs äußerste verknappter, präziser Form gelingt es ihm zu berichten, was mit Menschen passiert, die der Eros plötzlich packt und aus dem Lebenstrott wirft. Heidenreich sind erotische Mysterien gelungen, die zum Besten gehören, was dieser Autor publiziert hat.«

Handelsblatt

www.dva.de